1 y 2 de Reyes

Un Análisis Devocional de los Reyes de Israel y Judá

F. Wayne Mac Leod

Distribuidora de Libros Lumbrera a mi Camino
Sydney Mines, NS Canada

1 y 2 Reyes

ÍNDICE

INTRODUCCIÓN A 1 Y 2 DE REYES

Autor:

En los libros de 1 y 2 de Reyes no se hallan evidencias claras con respecto a su autoría. Se han ofrecido numerosas sugerencias con respecto a sus posibles autores.

Al establecer una comparación entre 2 de Reyes 24:18-25:27, y Jeremías 52:1-11, nos percatamos de que ambos pasajes son casi idénticos en su redacción. Esto, unido al hecho de que los libros de 1 y 2 de Reyes parezcan mostrar que los acontecimientos que tuvieron lugar fueron cumplimiento directo de las profecías de la época, ha provocado que algunos sugieran que el profeta Jeremías pueda ser el autor de estos libros. Él aún vivía en esta época.

Otros sugieren que los libros fueron escritos por Esdras, después de que el pueblo de Dios regresara del exilio en   Babilonia. Es posible que él hubiera compilado varios textos escritos y los hubiera incluido en un solo libro para recordarle al pueblo acerca de su pasado, y acerca de los acontecimientos que lo habían llevado al exilio.

Aunque no existe ninguna evidencia bíblica clara con respecto a la autoría humana de estos libros, ambos han sido inspirados por Dios, quién es su único y verdadero autor.

Antecedentes:

Originalmente, 1 y 2 de Reyes formaban un solo libro en las Escrituras hebreas. Posteriormente se dividieron en dos libros, y comenzaron a conocerse como 3 y 4 de Reyes, siendo 1 y 2 de Samuel lo que hoy se conoce como 1 y 2 de Reyes.

1 y 2 de Reyes

Los libros de 1 y 2 de Reyes abarcan la historia del pueblo de Dios durante un período de poco más de 450 años (desde el reinado de Salomón hasta el exilio en Babilonia). El objetivo principal de los libros, como su título indica, es analizar la forma en la que los diferentes reyes de Israel y de Judá gobernaron a la nación.

Hay que señalar que estos libros constituyen realmente la historia espiritual de Israel y de Judá. Aunque se centran en los reyes que gobernaron durante este período, la intención del autor es mostrarles a sus lectores el impacto que tuvieron esos liderazgos, tanto los buenos como los malos, en la nación de Israel y de Judá. Ambos libros contienen poderosos elementos proféticos. Ambos pretenden mostrar cómo la obediencia a Dios y a Sus propósitos acarrearon ricas bendiciones a las naciones de Israel y de Judá. Por su parte, la desobediencia las llevó a la perdición.

Importancia de estos libros en la actualidad:

Los libros de 1 y 2 de Reyes son importantes en nuestros días por muchos motivos diferentes. Desde el punto de vista histórico, nos brindan una perspectiva de lo que ocurrió en los 450 años que transcurrieron entre el reinado de Salomón y el regreso del exilio en Babilonia. Sin embargo, apartándonos de este contexto, también constituyen la historia del clima espiritual que predominó en las naciones de Israel y de Judá en esa época.

En 1 y 2 de Reyes podemos observar cuán fácil es que el pueblo de Dios se desvíe y caiga en el pecado. El pueblo de Dios fue tentado por el mundo y se enfrentó a muchos de los problemas que también enfrentaban los incrédulos en esa época. Es imposible leer este libro sin sentir la intensa batalla espiritual que ocurre para la gloria de Dios en la tierra. El corazón del pueblo de Dios se inclinaba de forma natural hacia el mal. No tenemos que escudriñar mucho dentro de nosotros mismos para observar esa misma inclinación.

En los libros de 1 y 2 de Reyes podemos observar que la clave del éxito no se hallaba en el poderío militar, ni en la fuerza o sabiduría humanas. La bendición de Dios caía sobre aquellos que escogían servirle con un corazón amoroso e íntegro. Las victorias y las bendiciones eran el resultado de una obediencia genuina. Ese principio permanece intacto hoy en día. Si obedecemos a Dios, y le obedecemos de todo corazón, y en todas las cosas, nuestras iglesias y naciones serán bendecidas. Las cosas que Dios hace a través de aquellos que deciden honrarlo en todo, son increíbles.

Por último, estos libros tienen que ver con el liderazgo de Israel y Judá. Revelan cómo los líderes de estas naciones ejercieron una influencia absoluta en sus pueblos respectivos. Estos libros contienen advertencias y desafíos para aquellos que ostentan cargos de autoridad en la Iglesia y en nuestras naciones. Los libros de 1 y 2 de Reyes revelan la importancia que tiene un liderazgo santo para la salud de nuestras iglesias y naciones.

PRÓLOGO

Los libros de 1 y 2 de Reyes narran la historia de las naciones de Israel y de Judá, abarcando un período de 450 años, desde el reinado de Salomón, hasta el regreso del exilio en Babilonia. Es la historia de cómo una sola nación, guiada por Dios, fue posteriormente dividida en dos, y cayó. Todo esto ocurrió en un corto período de tiempo. A los habitantes de Israel en tiempos de Salomón les hubiera sido difícil imaginar que serían despojados de la increíble riqueza y prosperidad a la que estaban habituados. Tras disfrutar de maravillosos tiempos de prosperidad y paz en la época de Salomón, la salud espiritual del pueblo de Dios comenzó a empeorar progresivamente, hasta que todo aquello que había conocido fue quemado, quebrantado o arrebatado de sus manos. Los dos libros de Reyes narran una trágica historia acerca de lo que la desobediencia y la pérdida del amor y la devoción hacia Dios pueden provocarle a una nación, a una iglesia o a un individuo. Es, ciertamente, la historia de una encarnizada batalla espiritual que se prolonga en nuestros tiempos, a fin de que Dios sea glorificado en nuestras iglesias, naciones y vidas privadas.

Al leer estos libros, dedíquele un tiempo al análisis de la naturaleza de la batalla espiritual en Israel y Judá. Observe lo que sucedió cuando los líderes comenzaron a transigir en su fe y a apoyarse en su propio entendimiento, en lugar de buscar la dirección del Señor. Si usted es líder, analice qué tipo de influencia ejercieron los reyes de Israel y Judá en sus naciones respectivas. Que estos libros constituyan una advertencia y un desafío para usted en sus obligaciones espirituales hacia aquellos que Dios ha puesto bajo su cuidado. Estos libros nos recuerdan que la clave para alcanzar prosperidad y bendiciones no se halla ni en la sabiduría ni en la fuerza humanas, sino en la sencilla obediencia a Dios y a Sus preceptos. Que las lecciones de estos libros le motiven a tener una mayor devoción hacia Dios, y hacia Su propósito para esta tierra, y para su vida personal.

Tómese el tiempo necesario para leer este libro. Permita que el Espíritu Santo le dé la percepción necesaria para poder poner en práctica lo aprendido en cada sección. Permítale que le muestre todo aquello que pueda constituir un obstáculo para que usted desarrolle una relación más estrecha con Él. Esté listo para que Él le revele cualquier pecado. Dedique tiempo a confesar esos pecados y a buscar Su victoria. Oro para que el Señor estimule a cada lector a dar un paso hacia adelante, y a mostrar más obediencia y fidelidad cada día. Es mi deseo también que Dios le bendiga durante la lectura de este libro, y que le plazca al Señor emplear este sencillo estudio para bendecirlo y alentarlo en su recorrido personal con Él.

F. Wayne Mac Leod

1 - SALOMÓN ES DECLARADO REY

Leer 1 Reyes 1:1-53

El rey David había envejecido, y ya tenía muchos problemas de salud. Por ello, sus siervos decidieron hallar a una joven virgen para que lo cuidara. Esta joven virgen debía acostarse al lado de David para calentarlo en las noches. Se encontró a una hermosa joven llamada Abisag (versículo 3), quien fue llevada a la presencia del rey para que lo cuidara. El versículo 4 aclara que David no tuvo relaciones sexuales con ella.

Este pasaje es importante debido a lo que nos dice de David. Quien en otra época había sido un poderoso guerrero, era ahora un hombre débil y frágil. Aquel que había controlado a toda la nación, ahora necesitaba que una joven cuidara de sus necesidades personales. Su cuerpo estaba frágil. Su salud estaba decayendo. El fin de su vida estaba aproximándose. Había llegado el momento de transferirle su reino a uno de sus hijos.

En el versículo 5 vemos que Adonías, el hijo que David había tenido con su esposa Haguit, deseaba convertirse en rey para sustituir a su padre. Adonías se montaba en carros, y había escogido a 50 hombres que corriesen delante de él. Esto era lo mismo que Absalón había hecho cuando deseaba convertirse en rey y así sustituir a su padre David (ver 2 Samuel 15:1). El versículo 6 nos dice que Adonías había nacido poco después de Absalón. Al igual que su hermano, era muy apuesto. Es posible que los esfuerzos de Absalón por obtener el trono lo hubiesen inspirado a hacer lo mismo. David no había interferido en los planes de Adonías.

Con el paso del tiempo, Adonías había obtenido el apoyo de Joab, el comandante del ejército, y del sacerdote Abiatar (versículo 7). Es posible que estos fieles defensores de David ya se hubieran percatado de que había llegado el momento de que David entregara su reino. Sin embargo, Adonías no pudo obtener el apoyo del sacerdote Sadoc; ni el de Benaía, el comandante militar; ni el del profeta Natán; ni el de Simei; ni el del escolta especial de David (versículo 8).

Sin embargo, Adonías creía que poseía el apoyo suficiente como para dar el siguiente paso y convertirse en rey. Convidó a sus hermanos, seguidores, y funcionarios reales a un gran sacrificio que hizo de ovejas, vacas y animales gordos en la peña de Zohelet, cerca de la fuente de Rogel. No convidó a este sacrificio a los defensores de David (versículo 10).

Cuando el profeta Natán escuchó que Adonías había exigido estos sacrificios, y que estaba amenazando con apoderarse del trono de David, fue a ver a Betsabé, la esposa de David y le habló sobre los planes de Adonías (versículo 11). A Natán le preocupaban estos acontecimientos, y sentía que las vidas de Betsabé y de su hijo Salomón, estaban en peligro (versículo 12). Le aconsejó que fuera a ver a David, y que le preguntara acerca de su promesa de convertir a su hijo Salomón en rey en lugar de él. Debía preguntarle por qué Adonías estaba siendo coronado como rey en lugar de su hijo Salomón (versículo 13).

Natán le dijo a Betsabé que mientras ella aún estuviera hablando con David, él entraría y confirmaría lo que Betsabé estaba diciéndole acerca de Adonías. Betsabé obedeció el consejo de Natán, y fue a ver a David. En ese momento, Abisag estaba cuidando de las necesidades del rey (versículo 15). Betsabé se inclinó ante el rey David. Cuando David le preguntó qué deseaba, Betsabé le recordó su promesa de convertir a su hijo Salomón en rey (versículo 17). Le informó también que Adonías había sacrificado un gran número de cabezas de ganado, corderos engordados y ovejas, y que el sacerdote Abiatar y Joab, su comandante en jefe, estaban apoyándolo para que se convirtiera en el nuevo rey (versículo 19). Betsabé le dijo a David que Salomón no había sido invitado a esa celebración. También le comentó que los ojos de la nación estaban puestos en él, esperando que él determinara quién sería el rey que lo sustituiría.

Betsabé le dijo a David que si Adonías se convertía en rey, su vida estaría en peligro. Sabía que tanto ella, como su hijo Salomón, serían tratados como malhechores una vez que David falleciera (versículo 21). Serían considerados una amenaza para el reinado de Adonías.

Betsabé aún no había terminado de hablar con David, cuando el profeta Natán llegó, tal y como había dicho que haría (versículo 22). Se inclinó ante David, y le preguntó si había declarado que Adonías reinaría en lugar de él (versículo 24). Nathan le comentó a David que Adonías había ofrecido un gran número de cabezas de ganado, corderos engordados y ovejas (versículo 25). Había invitado a este banquete a los hijos del rey, a los comandantes del ejército, y al sacerdote Abiatar. Durante la celebración, esos individuos, mientras comían y bebían, habían dicho: "¡Viva el rey Adonías!" Natán le informó también a David que Adonías no había invitado ni al sacerdote Sadoc, ni a Benaía, ni a Salomón (versículo 26). Luego le preguntó a David si él había autorizado esas celebraciones (versículo 27).

Cuando David escuchó estas noticias, llamó a Betsabé (versículo 28). Cuando ella llegó, David hizo un juramento y le dijo:

"Vive Jehová, que ha redimido mi alma de toda
angustia, que como yo te he jurado por Jehová Dios
de Israel, diciendo: Tu hijo Salomón reinará después

*de mí, y él se sentará en mi trono en lugar mío; que
así lo haré hoy" (versículos 29 y 30).*

Cuando Betsabé escuchó esta promesa, se inclinó ante el rey, con su rostro a tierra, y haciendo reverencia al rey, dijo: "Viva mi señor el rey David para siempre" (versículo 31). Fue una expresión de su gratitud hacia David, y era una frase que normalmente se empleaba para agradecerles a los miembros de la realeza.

Entonces David llamó al sacerdote Sadoc, a Natán, y Benaía, su comandante militar. Cuando éstos se presentaron delante de David, el rey les dijo que pusieran a Salomón en su mula y que lo llevaron a Gihón. Allí el sacerdote Sadoc debía ungirlo como rey de Israel. Luego tocarían las trompetas y gritarían ¡Viva el rey Salomón! (versículo 34). Una vez hecho esto, debían tomar a Salomón y colocarlo en el trono de David. Al hacer esto, David estaría declarando públicamente sus intenciones de que Salomón ocupase el trono en su lugar (versículo 35). Benaía, el comandante militar, bendijo a David por esta decisión, y oró pidiendo a Dios que hiciera mayor el trono de Salomón que el de David (versículo 37).

Obedeciendo las órdenes del rey, Sadoc, Natán, y Benaía colocaron a Salomón en la mula del rey, y descendieron hasta Gihón (versículo 38). El sacerdote Sadoc tomó un cuerno de aceite y ungió a Salomón como rey. Luego tocaron las trompetas, gritando: ¡Viva el rey Salomón! (versículo 39). Luego el pueblo se reunió alrededor de Salomón para apoyarlo, de manera que el clamor de la celebración inundó el aire y sacudió la tierra.

Adonías escuchó el clamor, y comenzó a preguntarse qué estaba sucediendo (versículo 41). Mientras aún se preguntaban qué había ocurrido, Jonatán, el hijo del sacerdote Abiatar, llegó. Les informó que David acababa de convertir a Salomón en rey en lugar de él (versículo 43). Jonathan les dijo que toda la ciudad estaba aclamando a su nuevo rey (versículo 45). Salomón ya había ocupado su lugar en el trono real, y los funcionarios reales habían acudido a felicitarle. Les dijo también que hasta el mismo rey David se había inclinado ante él desde su lecho (versículo 47).

Cuando Adonías y sus invitados escucharon estas noticias, se llenaron de gran temor. La comitiva se dispersó rápidamente (versículo 49). Adonías se llenó de temor hacia Salomón en lo personal, y se dirigió al templo para asirse de los cuernos del altar, rogándole a Salomón que perdonara su vida (versículo 51). Los cuernos del altar eran un lugar seguro. A menudo las personas se asían de estos cuernos, creyendo que nadie se atrevería a cometer un asesinato delante del altar sagrado del Señor.

Pero cuando Salomón escuchó que Adonías había huido en busca de seguridad, y estaba suplicándole que tuviese misericordia, declaró: "Si él fuere hombre de bien, ni uno de sus cabellos caerá en tierra; mas si se hallare mal en él, morirá." (versículo 52). Salomón entonces mandó a sus hombres a que sacaran a Adonías del altar. Adonías, reconociendo su derrota, se inclinó delante de Salomón en señal de sumisión, y éste lo envió a su casa sin hacerle ningún daño.

Para meditar:

- ¿Qué evidencias nos muestra el texto de que había llegado la hora de que David entregara su reino a su hijo?
- ¿De qué manera usó Dios la decisión de Adonías de autoproclamarse rey para mostrarle a David que había llegado el momento de transferirle su reino a su hijo Salomón? ¿Usa Dios las circunstancias que nos rodean hoy en día para mostrarnos cuáles son Sus tiempos y Sus propósitos? ¿Tiene usted algún ejemplo de esto en su vida personal?

- Adonías deseaba convertirse en rey, pero ése no era el plan de Dios para su vida. ¿Alguna vez ha deseado usted algo que no era el plan de Dios para su vida? ¿Pueden estos planes o proyectos tener éxito en última instancia?

Para orar:

- Pídale a Dios que le ayude a conocer cuáles son Sus tiempos para su vida. Pídale que le ayude a ser receptivo a Sus claros mandatos e instrucciones, como lo fue David en este pasaje.
- Agradézcale al Señor por Su deseo de guiarle. Pídale a Dios que le dé la sensibilidad necesaria para escuchar y obedecer Su voz en cualquier circunstancia que se le presente en la vida.
- ¿Tiene usted planes y deseos que no están en consonancia con el plan de Dios para su vida? Dedique, en este instante, algunos momentos para entregarle esos planes al Señor. Pídale que elimine cualquier deseo que usted sienta que no honre ni glorifique Su nombre.

2 - SALOMÓN ESTABLECE SU REINADO

Leer 1 Reyes 2:1-46

Se acercaba la hora de la muerte para David. Sin embargo, antes de morir, llamó a su hijo Salomón para darle algunas últimas instrucciones. En el versículo 2, David instó a su hijo a que fuera fuerte y demostrara su valía como hombre. David también lo alentó para que siempre caminase en los caminos del Señor. Esto le traería prosperidad en todo cuanto hiciera (versículo 3). Esto demuestra algunos aspectos acerca de la filosofía de liderazgo que poseía David. Para él, la clave de un liderazgo exitoso radicaba en una correcta relación con Dios. Cuando ignoramos nuestra relación con Dios, nuestra capacidad de liderazgo se ve afectada. David le dijo a Salomón que si deseaba prosperar en su reinado, debía poner a Dios en el primer lugar de su vida y andar en Sus caminos. Este principio es válido también para nuestras vidas y ministerios. No podemos esperar que nuestros ministerios prosperen si no aprendemos primero a caminar con el Señor en obediencia absoluta. El Señor se deleita en derramar Sus bendiciones sobre aquellos que viven fielmente para Él. Para David, por tanto, el ingrediente fundamental para tener un reinado exitoso era tener una relación adecuada con Dios.

La promesa que David había recibido del Señor Dios constituía la base para su visión del liderazgo. En el versículo 4 David le dice a Salomón que el Señor le había prometido que, si sus descendientes obedecían a Dios fielmente y con todo su corazón y toda su alma, jamás faltaría varón en el trono de Israel. Esta profecía dependía de que la familia de David obedeciera los planes de Dios. Existen muchas bendiciones que están condicionadas por nuestra obediencia. Cuando desobedecemos, podemos sacrificar muchas bendiciones. David había instado a su hijo Salomón a obedecer a Dios fielmente, para que las promesas divinas tuviesen su cumplimiento a través de él.

Después de exhortar a Salomón a que viviera para el Señor, David le expresó su preocupación con respecto a aquellos que podrían oponerse a su reinado. David tenía muchos enemigos. Posiblemente a él le preocupaba que esos enemigos se volvieran contra su hijo Salomón. David le dio consejos a Salomón acerca de cómo lidiar con cada uno de sus enemigos, para que su reinado se afirmara y no tuviese ninguna amenaza.

En primer lugar, David le aconsejó a Salomón la forma en la que debía lidiar con Joab, su comandante militar. Joab no vacilaba en matar a aquellos que consideraba sus enemigos. David mencionó específicamente a Abner (2 Samuel 3:25-32) y a Amasa (2 Samuel 20:10). David le contó a Salomón cómo Joab había matado a estos dos hombres en tiempo de paz. Es preciso recordar aquí que Joab también había asesinado a Absalón, el hijo de David, cuando estaba completamente indefenso y colgando de un árbol por sus cabellos (2 S. 18:14). David creía que Joab no era confiable y le sugirió a Salomón que lidiara con él según su propia sabiduría. Le sugirió a Salomón que lo matara (versículo 6).

Sin embargo, David le ordenó a Salomón que tratara con bondad a Barzilai galaadita (versículo 7), quien había estado al lado de David y lo había apoyado cuando estaba huyendo de Absalón (ver 2 Samuel 17:27-28). A cambio de su apoyo, David le pidió a Salomón que lo tratara como a un convidado a su propia mesa (como a un pariente). Salomón lo bendeciría y supliría todas sus necesidades.

Después, David le mencionó a Simei, el benjamita. En 2 Samuel 16:5-13, Simei había maldecido a David, y le había gritado insultos cuando estaba huyendo de Absalón. David le había perdonado la vida, pero no confiaba en él. David había sido fiel a su promesa de perdonarle la vida a Simei, pero ahora que estaba a punto de morir, le ordenó a su hijo que lidiara con él conforme a su delito (versículo 9).

David murió y fue enterrado en Jerusalén (versículo 10). Él reinó durante 40 años en Israel (siete años en Hebrón y 33 en Jerusalén). Salomón ocupó el trono en lugar de David su padre (versículo 12).

Tras la muerte de David, Adonías fue a ver a Betsabé, la madre de Salomón, para hacerle una petición. A Betsabé le preocupó el hecho de que Adonías fuera a verla (versículo 13). Ya él había intentado apoderarse del trono de David. Sin embargo, cuando él le aseguró que iba en paz, ella aceptó verlo y le preguntó qué deseaba.

Adonías le dijo a Betsabé que creía que el reino realmente le pertenecía a él, aunque hubiese sido transferido a Salomón. Él reconocía que ésta había sido la voluntad del Señor (versículo 15), pero obviamente no era una decisión que podía aceptar fácilmente. Adonías tenía una petición que hacerle a Betsabé. En el versículo 17 le rogó a Betsabé que le pidiera a Salomón que le diera a Abisag sunamita por esposa. Abisag había cuidado a David en su vejez (ver 1 Reyes 1:1-4).

Aunque Abisag nunca había dormido con David, y aun era virgen, esta petición era muy osada e irrespetuosa. El hecho de tomar a la concubina de un rey equivalía a afirmar que ese individuo era el dueño legítimo de algo que le pertenecía al rey. Por medio de su casamiento con Abisag, Adonías deseaba mostrarle a Israel que él se consideraba como el legítimo rey y sucesor de David.

Betsabé accedió a hablar con Salomón. No pareció concederle mucha importancia a la petición de Adonías, y no vio ningún simbolismo en su solicitud.

Sin embargo, la respuesta de Salomón a la petición de Adonías revela que él sí comprendió lo que Adonías estaba tramando. Cuando Betsabé le pidió que le diera a Abisag como esposa a Adonías, Salomón le respondió en el versículo 22:

"Demanda también para él el reino; porque él es mi hermano mayor, y ya tiene también al sacerdote Abiatar, y a Joab hijo de Sarvia."

Salomón se había enojado con su madre por hacerle esta petición. Sentía que si accedía a esta solicitud, estaría diciéndole a la nación que creía que Adonías era el legítimo rey y sucesor del trono. Así habría interpretado la nación de Israel la actuación de Salomón. Él ahora comprendía cuáles eran las intenciones de Adonías, y que se convertiría en una espina en su costado. En esta solicitud de Adonías vislumbraba una grave ofensa hacia David, su padre. En 1 Reyes 1:52, Salomón le había dicho a Adonías que si se hallaba mal en él, moriría. Para Salomón, esto constituía una rebelión contra su padre. Él juró delante del Señor que Adonías pagaría con su vida por esta petición (versículos 23 y 24). Ese mismo día, Salomón le ordenó a Benaía, su comandante, que matara a Adonías (versículo 25).

Después, Salomón mandó a llamar al sacerdote Abiatar. Abiatar había apoyado a Adonías en su conspiración por convertirse en rey de Israel en lugar de David (ver 1 Reyes 1:25). Salomón le dijo al sacerdote que merecía morir por su rebelión. Aunque Salomón era incapaz de matar a Abiatar, probablemente por el respeto que su cargo de sacerdote le inspiraba, sí lo desterró, y lo despojó de sus funciones sacerdotales. Lo envió de regreso a sus heredades en Anatot (versículos 26 y 27). Este proceder de Salomón hizo que se cumpliera la palabra profética que Samuel había pronunciado con respecto a la familia de Elí. En 1 Samuel 2:30-35, Samuel había profetizado que la maldición del Señor caería sobre el linaje de Elí, de manera tal que incluso aquellos que no estuviesen físicamente discapacitados serían despojados de sus funciones sacerdotales. Abiatar era descendiente de Elí. Por tanto, la disposición de Salomón cumplió la palabra profética que Samuel había dado.

La próxima persona en la lista era Joab, el antiguo comandante militar de David. Cuando Joab se enteró de que Salomón lo estaba buscando, huyó al tabernáculo del Señor, y allí se asió a los cuernos del altar (versículo 28). Este sitio se consideraba como un lugar de refugio. ¿Quién querría matar a alguien en la presencia de Dios, delante del altar del tabernáculo? Cuando Benaía le ordenó a Joab que saliera del tabernáculo del Señor, él se negó, diciéndole que prefería morir en el tabernáculo delante del altar (versículo 30). Cuando Benaía le informó al rey sobre esto, Salomón le dio permiso para que lo matara allí mismo. Salomón creía que la muerte de Joab era necesaria para limpiar a la nación del mal y del pecado. Joab era culpable de haber derramado sangre inocente (versículos del 31 al 32). Benaía obedeció las ordenes de Salomón, lo mató y lo enterró en el desierto, limpiando así la tierra de ese mal (versículo 34). Luego Salomón le dio a Benaía el cargo que había tenido Joab y reemplazó a Abiatar con el sacerdote Sadoc (versículo 35).

La última persona con la que Salomón tuvo que lidiar fue Simei, quien había insultado y maldecido a su padre cuando estaba huyendo de Absalón. En el versículo 36, Salomón le dice a Simei que debía construir una casa en Jerusalén y habitar allí. No debía abandonar la ciudad jamás. Lo amenazó con matarlo si en algún momento salía de la ciudad de Jerusalén. "El día que salieres y pasares el torrente de Cedrón, sin duda morirás, y tu sangre será sobre tu cabeza", le había dicho Salomón en el versículo 37. Simei estuvo de acuerdo con obedecer el mandato del rey, y se quedó en

Jerusalén por mucho tiempo. Sin embargo, 3 años después, dos de los siervos de Simei huyeron. Simei se enteró de que estaban en Gat (versículo 39). Cuando él escuchó la noticia, ensilló su asno y fue a Gat a buscar a sus siervos y traerlos de regreso (versículo 40). Cuando Salomón escuchó esto, llamó a Simei a su presencia y le recordó el pacto que ambos habían hecho (versículo 42). También le recordó a Simei el mal que él le había hecho su padre David. Luego Salomón le ordenó a Benaía que matara a Simei. Ese día Simei, quien era el último enemigo de David, fue asesinado, y el reino de Salomón se estableció firmemente en Israel (versículo 46).

Para meditar:

- ¿Cuán importante es para nuestro ministerio nuestra relación con Dios? Del consejo que David le da a Salomón, ¿qué podemos aprender acerca de la conexión que existe entre la obediencia y la bendición?
- David sabía que era importante que Salomón eliminara cualquier obstáculo que impidiera el cumplimiento del propósito divino para su vida. ¿Qué obstáculos le impiden a usted cumplir a cabalidad los propósitos de Dios en su vida y ministerio? ¿Qué necesita usted hacer con esos obstáculos?
- ¿De qué manera se cumplió la profecía de Samuel que se halla en 1 Samuel 2: 30-35 cuando Abiatar fue eliminado de su cargo como sacerdote?
- ¿Por qué la petición de Adonías de tener a Abisag como esposa demuestra que él no había aceptado la voluntad de Dios para su vida? ¿Ha tenido usted alguna vez planes en su vida que no formaban parte del plan de Dios? ¿De qué manera resolvió usted ese problema?

Para orar:

- ¿Cuáles son los obstáculos que impiden que usted cumpla los propósitos de Dios para su ministerio y para su vida? Pídale a Dios que le dé sabiduría para saber cómo lidiar con esos obstáculos.
- ¿Alguna vez ha tenido usted dificultad a la hora de aceptar la voluntad de Dios para su vida? Dedique un momento ahora para someterse a la voluntad de Dios. Pídale que lo ayude a aceptar Su plan.

3 - EL DON DE LA SABIDURÍA

Leer 1 Reyes 3:1-28

Al comenzar este capítulo podemos vislumbrar los problemas que surgieron posteriormente para Salomón durante su reinado como rey. Desde el versículo 1, se nos dice que Salomón hizo una alianza con Faraón, el rey de Egipto, casándose con su hija. Aquí hay varias cosas que debemos observar.

El hecho de que se estableciera una alianza con la nación de Egipto demuestra que Egipto veía a Israel como una potencia importante. Para Egipto, el hecho de establecer una alianza con Israel era beneficioso. Esto nos lleva a entender que la bendición de Dios estaba sobre Israel, y que todas las naciones le prodigaban su respeto. Sin embargo, el problema era que Dios deseaba que Su pueblo permaneciera separado del resto de las naciones. No quería que formara alianzas con los impíos, pues sabía que sería tentado a desviarse hacia el mal (ver Éxodo 34:16, Deuteronomio 7:3-4). La unión matrimonial de Salomón con la hija de Faraón, y con muchas otras mujeres extranjeras, se convertiría a la postre en una piedra de tropiezo para él en su reinado. La esposa de Salomón, hija de Faraón, viviría en la ciudad de David (Jerusalén) hasta que Salomón hubiese terminado de construir su palacio y el templo del Señor (versículo 1).

En el versículo 3 se nos dice que Salomón amaba al Señor Dios. Demostró ese amor por Dios caminando conforme a los estatutos de David su padre, ofreciendo sacrificios y quemando incienso en los lugares altos. El versículo 2 nos dice que como el templo todavía no existía, el pueblo tenía que ofrecer sus sacrificios al

Señor en los lugares altos que estaban destinados para ese propósito.

Salomón demostraba su amor por Dios obedeciendo Sus mandamientos. Si decimos que amamos al Señor, y no hacemos lo que Él dice, necesitamos reflexionar en el verdadero significado de nuestras expresiones de amor hacia Él. La obediencia no siempre es fácil y puede ser costosa. A veces exige que sacrifiquemos nuestro tiempo y energía. A menudo tendremos que morir a nuestros propios intereses y deseos. El amor por el Señor se expresa a través de la obediencia a Dios y a Su palabra. Aquellos que aman al Señor caminan con Él, y están dispuestos a sacrificarlo todo para obedecerle.

En el versículo 4 vemos que en una ocasión específica Salomón se dirigió a Gabaón a ofrecer sacrificios al Señor. En Gabaón se encontraba un lugar alto muy importante. Allí Salomón ofreció 1000 holocaustos sobre aquel altar. Al Señor le agradó la ofrenda de Salomón, y se le apareció en sueños. En ese sueño, el Señor le dijo a Salomón que le pidiera lo que deseara (versículo 5).

Salomón reconoció la gran misericordia que el Señor había tenido para con él al darle el trono de su padre David (versículo 6). Sin embargo, Salomón estaba preocupado porque era joven e inexperto (versículo 7). Se sentía abrumado ante el deber de velar por un pueblo tan grande, y de guiarlo. La enormidad de esta tarea lo agobiaba (versículo 8). Por tanto, le pidió a Dios que le diera un corazón entendido para gobernar bien a Su pueblo y para discernir entre lo bueno y lo malo (versículo 9).

Al Señor le agradó que Salomón pidiese esto, y le dijo que, como su preocupación había sido honrar el nombre del Señor, y no honrarse a sí mismo, recibiría lo que había pedido y mucho más. Dios le prometió darle a Salomón mayores discernimiento y sabiduría que los que ninguna otra persona hubiese jamás tenido.

Dios también le prometió riquezas y honra, de manera que no habría otro rey como él en todos sus días (versículo 13). En el versículo 14, Dios le dijo a Salomón que si él guardaba Sus mandamientos y andaba en Sus caminos, como lo había hecho su padre David, también tendría una larga vida.

Cuando nos preocupamos por servir al Señor y honrar Su nombre, el Señor nos cuida y nos proporciona todo lo que necesitamos. Cuando disponemos nuestros corazones para honrarlo, Dios nos honra. Con demasiada frecuencia nos concentramos en nuestras propias comodidades y prosperidad. Debemos aprender a dejar estos asuntos en las manos del Señor, y a preocuparnos por hacer Su voluntad. Dios cuidará de nosotros a medida que vivamos siéndole obedientes y fieles.

En el versículo 15 vemos que cuando Salomón despertó, se percató de que había estado soñando. Este sueño fue muy real para Salomón. No tenía duda alguna acerca de lo que el Señor le había dicho en aquel sueño. Cuando regresó a Jerusalén se puso delante del Arca del Pacto y ofreció holocaustos y sacrificios de paz al Señor. Luego ofreció un banquete para todos sus siervos. Probablemente esta haya sido su manera de reaccionar ante las bendiciones que el Señor le había prometido. Fue una reacción llena de agradecimiento y de gratitud hacia Dios por Su promesa.

En la última sección de este capítulo ya podemos ver cómo Dios comenzó a concederle a Salomón la sabiduría y el discernimiento que él había pedido. Frecuentemente Salomón debía fungir como juez en difíciles conflictos. En una ocasión, dos prostitutas fueron llevadas delante de Salomón. Una de ellas explicó que ella y su amiga vivían en la misma casa. Le dijo a Salomón que ella había tenido un bebé, y que 3 días después su amiga también había tenido un bebé (versículo 18). Una noche, el bebé de su amiga había muerto, al ella acostarse sobre él, pues ambos dormían en la misma cama (versículo 19). Al percatarse esta mujer de lo ocurrido, se levantó a medianoche, puso al bebé muerto en la cama de la interlocutora, y tomó a su hijo vivo, para que ésta pensara que era su hijo quien había fallecido. Cuando esta última se levantó de madrugada para darle el pecho al niño, se percató de que ése no era su hijo. Pero su amiga aseguraba que el niño vivo era el de ella (versículo 22).

Salomón escuchó a ambas mujeres discutir acerca de cuál bebé era el que había fallecido. Luego les pidió a sus siervos que le trajesen su espada, y dio la orden de que se cortase al niño vivo por la mitad, y se le diese una mitad a cada una de estas madres (versículos 25 y 26). Al escuchar el mandato del rey, la madre del niño vivo se llenó de compasión y le rogó al rey que no matara a su hijo, sino que se lo diera a su amiga. Al ser la verdadera madre, amaba al niño, y prefería que se lo entregaran a su amiga antes de verlo morir una muerte innecesaria. Pero la mujer cuyo hijo había muerto, no sentía ninguna compasión. En lugar de ello dijo: "Ni a mí ni a ti; partidlo". Como no era su madre, no sentía ninguna compasión por el niño.

Cuando Salomón observó la reacción de ambas mujeres ante su mandato, supo cuál era la verdadera madre. Ordenó que el niño fuese dado a la madre que tuvo compasión de él (versículo 27). En esta decisión, Solomon demostró un verdadero discernimiento. Sabía que una madre siempre protegería a su hijo a toda costa. Comprendía que la verdadera madre lo sacrificaría todo por su hijo.

Todo Israel supo de la sentencia que el rey había pronunciado. Posiblemente la anécdota fue narrada en todos los hogares. La gente quedó impresionada ante el discernimiento y la sabiduría de Salomón a la hora de tomar esta decisión. Dios usó estos acontecimientos para mostrarle a toda la nación que Él le había dado a Salomón sabiduría para administrar justicia en la tierra.

Salomón no actuó en beneficio de sus propios intereses. Dios lo ensalzó y le otorgó favor delante del pueblo. Pronto Salomón tuvo muchas oportunidades de utilizar los dones que Dios le había dado. De todas partes del mundo venían personas a él, buscando su sabiduría y discernimiento. Dios honró a Su siervo a los ojos de la nación para poder usarlo.

El reconocimiento público, aun cuando constituya un don de Dios, no es una carga fácil de llevar. La fama y el reconocimiento que Dios le había otorgado a Salomón conllevaban también una gran responsabilidad. Todos demandarían su sabiduría, y tendría también que batallar contra el orgullo en su vida. Sería el centro de atención que todos observarían. No todo el mundo es capaz de manejar bien un reconocimiento semejante. Dicha situación demandaría mucha sensatez.

Para meditar:

- ¿Cree usted que el matrimonio de Salomón con la hija de Faraón y su alianza con Egipto eran parte de la voluntad de Dios, o constituyeron un obstáculo para su ministerio?
- ¿Qué obstáculos entorpecen su ministerio?
- ¿Qué conexión existe entre el amar a Dios y el obedecer Sus mandamientos? ¿De qué manera nuestra obediencia expresa nuestro amor por Dios?
- ¿Qué aprendemos del deseo de Salomón de honrar al Señor y de servirle fielmente? ¿Tiene usted ese deseo?
- ¿Qué necesita usted que Dios le dé para poder hacer la obra a la que Él lo ha llamado?
- ¿Qué aprendemos aquí sobre la carga que supone tener una reputación pública? ¿Cuáles son las tentaciones o desafíos que enfrentan las personas que Dios ha colocado en la palestra pública?

Para orar:

- Pídale al Señor que le muestre cualquier obstáculo en su camino que le impida servirle fielmente.
- Pídale al Señor que le dé un corazón obediente. ¿Tiene usted dificultades a la hora de obedecer a Dios en algún aspecto específico de su vida? Pídale que le otorgue la gracia suficiente para obedecer.
- Agradézcale al Señor por los dones que le ha dado. Pídale que lo ayude a usarlos fielmente. Pídale que lo proteja del orgullo a medida que usted usa esos dones.

4- DESCRIPCIÓN DEL REINADO DE SALOMÓN

Leer 1 Reyes 4:1-34

En el capítulo 4 se nos ofrece una descripción general del reinado de Salomón. El capítulo comienza con un listado de los oficiales de Salomón. La siguiente tabla contiene los nombres de aquellos que trabajaban en estrecha colaboración con el rey, así como los cargos que tenía cada uno:

Oficial	Cargo	Versículos
Azarías	Sacerdote	Versículo 2
Elihoref	Secretario	Versículo 3
Ahías	Secretario	Versículo 3
Josafat	Canciller	Versículo 3
Benaía	Comandante militar	Versículo 4
Sadoc	Sacerdote	Versículo 4
Abiatar	Sacerdote	Versículo 4
Azarías	Oficial distrital	Versículo 5
Zabud	Sacerdote de Salomón	Versículo 5
Ahisar	Mayordomo	Versículo 6
Adoniram	Encargado de los tributos	Versículo 6

Salomón tuvo también 12 gobernadores distritales. Estos gobernadores administraban determinadas regiones de Israel, y se les exigía que suministraran provisiones desde sus distritos para mantener al rey y a su casa real. Durante el año, los gobernadores se turnaban para suministrarle al rey los abastecimientos necesarios para un mes. A continuación, aparece la lista de los gobernadores y sus distritos:

Gobernador	Distrito	Versículo
El hijo de Hur	Efraín	Versículo 8
El hijo de Decar	Macaz, Saalbim, Bet-semes, Elón, Bet-hanán	Versículo 9
El hijo de Hesed	Arubot, Soco y Hefer	Versículo 10
El hijo de Abinadab	Dor	Versículo 11
Baana	Taanac, Meguido, Bet-seán	Versículo 12
El hijo de Geber	Ramot de Galaad, Jair y Argob	Versículo 13
Ahinadab	Mahanaim	Versículo 13
Ahimaas	Neftalí	Versículo 14
Baana	Aser y Alot	Versículo 16
Josafat	Isacar	Versículo 17
Simei	Benjamín	Versículo 18
Geber	Galaad, la tierra de Sehón rey de los amorreos y la región de Og rey de Basán	Versículo 19

Todos estos hombres rendían cuentas ante Salomón, y le suministraban abastecimientos provenientes de sus respectivas regiones.

En el versículo 20 vemos que el Señor bendijo a Israel y a Judá, de manera que eran "muchos, como la arena que está junto al mar en multitud". Percatémonos de la forma en la que se describe al pueblo en la época del reinado de Salomón. El versículo 20 nos dice que el pueblo siempre estaba, "comiendo, bebiendo y alegrándose". Eran tiempos de seguridad y prosperidad en la tierra. La bendición de Dios caía abundantemente sobre la nación y Su pueblo vivía en paz y seguridad.

El versículo 21 nos dice que Salomón señoreaba sobre todos los reinos desde el río (Éufrates) hasta la tierra de los filisteos y hasta sus fronteras con Egipto. Todas las naciones de esta región llevaban tributos a Salomón. Las riquezas entraban a raudales en la ciudad de Jerusalén, provenientes de toda esta región. Fueron tiempos de gran prosperidad para Israel. Los versículos del 22 al 28 nos dan una idea de las riquezas que se disfrutaban en la época. Nos dicen, por ejemplo, que para su provisión diaria, Salomón necesitaba 30 coros de flor de harina, (unos 4,700 kilogramos) 60 coros de harina, (unos 9,400 kilogramos), 10 bueyes gordos, 20 bueyes de pasto y 100 ovejas; así como ciervos, gacelas, corzos y aves gordas. Todo esto era para suplir las necesidades de su casa, sus siervos y oficiales.

Las personas que habitaban en el reino de Salomón vivían seguras. Israel poseía su propia tierra y ésta producía ricas cosechas.

Salomón tenía 40,000 caballos en sus caballerizas para sus carros, y 12,000 jinetes (versículo 26). Todo cuanto Salomón, sus oficiales y caballos necesitaban, provenía mensualmente de sus oficiales distritales, de forma tal que nunca les faltaba nada (versículos 27 y 28). Las abundantes provisiones que Dios le otorgaba a Salomón eran sencillamente maravillosas. He tenido momentos en mi vida en los que me he preguntado cómo obtendré el dinero para sufragar mis gastos, o para continuar el ministerio que Dios me ha dado. Pero lo que vemos aquí en la vida de Salomón debe constituir un aliento para nosotros. Dios puede proveernos de forma ilimitada.

El capítulo 4 concluye con una afirmación acerca de la sabiduría de Salomón. En respuesta a su oración, Dios le había dado a Salomón mucha sabiduría, perspicacia y prudencia (versículo 29). La sabiduría de Salomón era mayor que la de todos los orientales, y que toda la sabiduría de los egipcios (versículo 30). Existían muchos hombres sabios en la época de Salomón. Los más sobresalientes eran Etán ezraíta, Hemán, Calcol y Darda. La sabiduría de Salomón, sin embargo, sobrepasaba a la de todos estos hombres, y era conocido entre todas las naciones de alrededor (versículo 31).

Salomón compuso 3000 proverbios, y sus cantares fueron 1005 (versículo 32). Disertó sobre los árboles, así como sobre los animales, sobre las aves, sobre los reptiles y sobre los peces (versículo 33). Para oír la sabiduría de Salomón, venían personas de todas las naciones (versículo 34).

Al analizar este capítulo no podemos dejar de asombrarnos ante la provisión del Señor para con Salomón durante su reinado. Las bendiciones de Dios sobrepasaron cualquier cosa que Salomón hubiera podido imaginar. Durante su reinado hubo paz y armonía. Al parecer, no padeció los problemas de división que su padre sí experimentó.

Algunas personas creen que esa debiera ser la experiencia de todos los creyentes. Enseñan que el propósito de Dios es darnos la prosperidad y las bendiciones que tuvo Salomón. Si bien es cierto que Dios se deleita en bendecir a Su pueblo, no debemos asumir que les otorga Sus bendiciones a todos de igual manera. Dios trabaja con cada uno de nosotros de forma diferente. El hecho de que Dios haya bendecido a Salomón con grandes riquezas y paz, no significa que ese sea Su propósito para cada uno de nosotros. David fue un hombre conforme al corazón de Dios, sin embargo, pasó gran parte de su vida huyendo de sus enemigos. Sus propios hijos se volvieron en su contra. Del Señor Jesús se dice que no tenía donde recostar su cabeza (Mateo 8:20). Jesús no fue un hombre rico, ni tampoco lo fueron Sus apóstoles, quienes vivían confiando a diario que Dios satisficiera sus necesidades. Las riquezas y la prosperidad solo constituyen una bendición cuando nos hacen acercarnos a Dios.

Lo más importante que debemos comprender es que Dios determinó bendecir a Salomón a través de la prosperidad, la armonía y la seguridad que hubo en la tierra. Es posible que usted no tenga las riquezas que tuvo Salomón. Es posible que tenga que enfrentar enemigos y batallar como hizo David, o sufrir rechazos como los sufrieron el Señor Jesús y Sus apóstoles, y aun así tener la bendición de Dios en su vida. De cualquier manera, podrá sentir Su presencia en sus circunstancias. El propósito de Dios es diferente para cada uno de nosotros, pero Su presencia y bendición nos acompañarán en cada situación.

Para meditar:

* ¿Tiene Dios el mismo propósito para cada creyente? ¿Son similares todas las bendiciones que Él derrama sobre nosotros? Compare a David con Salomón. ¿En qué difieren las bendiciones de David de las de Salomón?
* ¿Por qué resulta peligroso pensar que las bendiciones se limitan solo a las económicas? ¿Puede una bendición económica convertirse en una maldición? Fundamente su respuesta.
* Una bendición solo lo es cuando nos conduce hacia Dios. ¿Cree usted esta afirmación? Fundamente su respuesta.
* ¿Cómo lo ha bendecido el Señor a usted de forma personal?
* ¿Alguna vez se ha sentido usted celoso al ver que el Señor ha bendecido a otro creyente? En este sentido, ¿le resulta

útil saber que las bendiciones de Dios son diferentes en cada persona?

Para orar:

- Pídale a Dios que le dé discernimiento para ver las bendiciones que Él derrama sobre usted.
- Pídale a Dios que lo proteja de sentir celos cuando Él bendiga a otros de una manera en la que no lo ha bendecido a usted.
- Dedique algunos momentos a enumerar algunas de las bendiciones que el Señor le ha dado. Agradézcale por cada una de esas bendiciones.

5 - LA CONSTRUCCIÓN DEL TEMPLO

Leer 1 Reyes 5:6-38

David había deseado construir un templo para el Señor en la ciudad de Jerusalén, pero ese no había sido el propósito de Dios para él. En esta próxima sección de 1 de Reyes veremos cómo Salomón daría cumplimiento a la visión de David.

En 1 Reyes 5:1, Hiram, el rey de Tiro, envió sus siervos a Salomón cuando éste se convirtió en rey. Hiram había tenido una buena relación con David y obviamente esperaba poder mantener esa misma relación con su hijo. En su respuesta, Salomón le recordó a Hiram que su padre David no había podido construir el templo para el Señor debido a las numerosas batallas que había librado (versículo 3). Pero ahora que Dios le había concedido reposo en la tierra, Salomón pretendía construir el templo. Para él, la construcción de este templo era uno de los llamados de su vida (versículo 5). A la luz de este llamado, Salomón le pidió a Hiram que le suministrara trabajadores que le ayudaran a cortar los cedros del Líbano y a transportarlos hasta Jerusalén. Salomón le dijo que les daría a los siervos de Hiram el salario que éste dijera.

Hiram se sintió complacido al escuchar la petición de Salomón, y lo consideró como una señal de que la relación que había disfrutado con David continuaría con su hijo Salomón (versículo 7). Mandó a que se dijese a Salomón que le agradaría mucho proporcionarle la madera de cedro y de ciprés. Sus hombres la cortarían y la llevarían hasta el mar, donde la sacarían en balsas y la enviarían flotando hasta el lugar indicado por Salomón. Entonces los hombres de Salomón podrían separar la madera y conducirla hasta el sitio donde se haría la edificación. A cambio, Salomón debía suministrar alimentos a la casa de Hiram (versículo 9). Se hizo este pacto, e Hiram le proporcionó a Salomón toda la madera de cedro y de ciprés que él deseaba (versículo 10). A cambio, Salomón le suministró a Hiram unos 4,400,000 kilos de trigo y 440,000 litros de aceite de oliva puro al año (versículo 11). Esto aseguraba una relación pacífica entre Salomón e Hiram. Ambos hicieron un pacto de paz (versículo 12).

Salomón decretó una leva de 30,000 hombres, que fueron reclutados en todo Israel, para que ayudaran en la construcción del templo (versículo 13). Esto nos da una idea de la magnitud de este proyecto. Estos obreros eran enviados al Líbano, en turnos de 10,000 por mes. Los obreros estaban, de esta manera, un mes en el Líbano, y dos meses en sus casas. Adoniram era el encargado de esa leva (versículo 14). Aparte de estos 30,000 hombres que trabajaban en el Líbano, Salomón tenía también 70,000 que llevaban las cargas, y 80,000 cortadores en el monte (versículo 15). Había otros 3,300 capataces que supervisaban a los obreros. Estos hombres trasladaban piedras grandes que se utilizarían para edificar los cimientos del templo (versículo 17). Los albañiles cortaban y preparaban la madera para la construcción (versículo 18). Se trataba de una tarea titánica.

El templo comenzó a edificarse cuando ya se habían cumplido 480 años de la salida de los israelitas de Egipto. Ocurrió en el cuarto año del reinado de Salomón (6:1). El capítulo 6 nos describe el templo que Salomón construyó.

Según el versículo 2, el templo tenía 27 metros de largo y 9 de ancho, así como 13,5 metros de alto. El pórtico delante del templo se extendía a todo lo ancho del mismo (versículo 3). Se extendía desde el frente del templo unos 4,5 metros. Salomón hizo que se insertaran una serie de ventanas en las paredes para dejar entrar la luz (versículo 4).

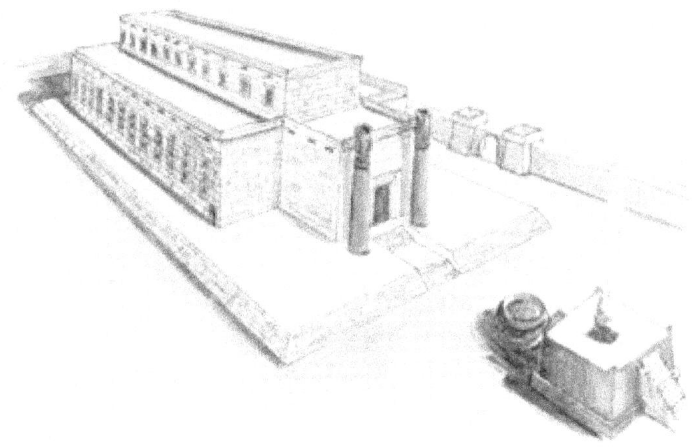

(http://www.bing.com/images/search?q=solomon's+temple+pictures&qpvt=solomon%2
7s+temple+pictures&FORM=IGRE#view=detail&id=851918C7620400E563A8F127A7C612
2C5BA0DA44&selectedIndex=50)

Salomón construyó también un complejo de aposentos de 3 pisos contra las paredes externas del templo. Los aposentos se edificaron de forma tal que no se insertara nada en las paredes del templo (versículo 6). 1 Reyes 6:10 nos dice que la altura de estos aposentos era de 2,3 metros.

Todas las piedras que se empleaban en la construcción del templo se acababan en las canteras, de forma tal que mientras se edificaba el templo, no se escuchara dentro de él el ruido de martillos, cinceles ni ninguna otra herramienta de hierro (versículo 7). La puerta del aposento de en medio estaba al lado derecho de la casa. Una escalera conducía al segundo y tercer piso (versículo 8). El techo del templo estaba cubierto con vigas y con artesonados de cedro (versículo 9).

Mientras Salomón construía el templo, vino palabra del Señor a él. Dios le recordó que si andaba en Sus estatutos, obedecía Sus decretos, y guardaba todos Sus mandamientos, Él cumpliría la palabra dada a David (versículo 12). Dios le prometió que no dejaría al pueblo de Israel (versículo 13). Dios bendeciría al templo y a la nación con Su presencia, siempre y cuando ellos vivieran en obediencia a Él.

Es importante observar que Dios no bendeciría el templo debido a su magnificencia. Dios no se sentía impresionado con la estructura del templo, ni con el despliegue de tanta riqueza. Dios estaba dispuesto a recibir este templo como un regalo de Salomón, pero deseaba recordarle al rey que lo que importaba no era el edificio, sino la obediencia incondicional a Sus mandamientos. La bendición de Dios se derramaría sobre Su pueblo si obedecía. El templo, por más impresionante que fuera, no garantizaría la presencia de Dios si Su pueblo no vivía en obediencia. Esto constituyó un poderoso recordatorio para Salomón. Estos versículos, que se hallan en medio de una minuciosa descripción del templo, nos recuerdan lo que realmente resulta importante para Dios. Él mira el corazón y no las cosas externas.

En los versículos 13 y 14, retornamos a la descripción del templo. Salomón revistió las paredes interiores y la techumbre con tablas de cedro. El pavimento estaba cubierto con madera de ciprés. Salomón asimismo hizo al final de la casa un edificio de 9 metros. Este sería el lugar santísimo, hecho de tablas de cedro (versículo 16). Según el versículo 17, la casa, o sea, el templo de adelante, tenía 18 metros de largo. Todo lo que había dentro del templo estaba hecho de cedro tallado. Dentro del templo no había piedras. Había entalladuras de calabazas silvestres y de botones de flores hechas de madera de cedro (versículo 18). Esto habría requerido importantes esfuerzos y aumentado la belleza del interior del templo.

El arca del pacto se conservaría en el lugar santísimo en la parte trasera del templo. Este santuario interior tenía 9 metros de ancho y la misma altura. Salomón cubrió de oro puro sus planchas de cedro. Hizo lo mismo con el altar (versículo 20). Cerró también la entrada del santuario con cadenas de oro (versículo 21). Esto constituía un recordatorio de que las personas comunes y corrientes no podían entrar allí.

Hizo también, para el santuario interior del lugar santísimo, dos querubines de madera de olivo (versículo 23). Cada querubín medía 4,5 metros de alto, y había 4,5 metros entre la punta de un ala y la punta de la otra. Estos querubines estaban colocados dentro del lugar santísimo, con las alas extendidas, de modo que el ala de uno tocaba una pared, y el ala del otro tocaba la otra pared (versículos 27 y 28). Ambos querubines estaban cubiertos de oro.

Salomón esculpió todas las paredes de los aposentos interiores y exteriores de la casa con querubines, palmeras y botones de flores (versículo 29). Y cubrió de oro el piso de la casa (versículo 30).

Para el santuario interno hizo puertas de madera de olivo, y talló en ellas querubines, palmeras y botones de flores. Las puertas estaban cubiertas de oro (versículos 31 y 32). Las puertas que estaban a la entrada de la casa principal y al frente del templo estaban hechas de madera de ciprés, y talló en ellas querubines y palmeras y botones de flores, y las cubrió de oro ajustado a las talladuras (versículos 33 y 35). Es difícil imaginar la cantidad de dinero y los esfuerzos que se invirtieron en la construcción de este templo. Su edificación culminó al cabo de 7 años (versículo 38).

El templo poseía una estructura impresionante. Miles de personas trabajaron durante 7 años para finalizar su construcción. Obviamente era muy hermoso. Es poco probable que existiera otro edificio más impresionante en todo el mundo. Había sido una obra de amor y devoción. Habría satisfecho el deseo del corazón de David. Sería un lugar donde se honraría y se serviría a Dios. Pero nunca entenderemos este pasaje si no logramos comprender lo que Dios le dijo a Salomón en 1 Reyes 6:11-13. Por muy impresionante que fuera este maravilloso edificio, solo la obediencia de Su pueblo garantizaría la bendición y el favor de

Dios. Dios no habitaría entre ellos solo por el hecho de que le hubieran construido un impresionante edificio. Este templo no lograría que Dios habitara en medio de ellos si sus corazones no le obedecían. Aunque Dios no se sintió especialmente impresionado con el edificio, sí se deleitó en revelar Su presencia en él. Allí Su pueblo se encontraría con Él, y Él recibiría su adoración.

Para meditar:

- ¿De qué magnitud fueron los esfuerzos que se hicieron por construir el templo de Salomón? ¿Hasta qué punto está usted dispuesto a esforzarse por la obra del reino de Dios?
- Salomón dio lo mejor que tenía para construir el templo del Señor. No escatimó nada. ¿De qué manera constituye esto un ejemplo para nosotros hoy en día? ¿Está usted dando lo mejor que tiene?
- ¿Cree usted que Dios se sintió impresionado con el templo y todas las riquezas y talento artístico que en él se derrocharon? Según lo que Dios le dijo a Salomón en 1 Reyes 6:1-13, ¿qué era lo más importante a la hora de adorar Su nombre?
- ¿Nos resulta fácil mirar solo lo externo? Con frecuencia, las personas admiran tanto la belleza de un templo que olvidan que su propósito es adorar a Dios allí. ¿Nos resulta fácil ser absorbidos por las cosas externas, como los edificios, el tamaño de nuestras iglesias, los programas y las personas? Para una iglesia que desea honrar a Dios, ¿qué es lo que realmente importa?

Para orar:

- Pídale al Señor que le ayude a dar todo cuanto usted pueda para la obra de Su reino.
- Pídale al Señor que lo perdone por todas las veces en las que usted no dio de forma generosa y sacrificial para Su reino.
- Pídale al Señor que le dé un corazón obediente, que no se distraiga con las cosas externas.
- Pídale a Dios que ayude a su iglesia o grupo pequeño, a centrarse en lo que realmente importa, y a no distraerse con cosas externas.

6 - EL PALACIO DE SALOMÓN Y LOS UTENSILIOS DEL TEMPLO

Leer 1 Reyes 7:1-51

En la última sección examinamos la construcción del templo. En el capítulo 7 leemos sobre la construcción del palacio de Salomón. El versículo 1 nos dice que la construcción del Palacio demoró 13 años. En 1 Reyes 6:38 podemos ver que la construcción del templo demoró solo 7 años. Algunos comentaristas creen que la mención del tiempo que le tomó a Salomón construir su palacio resulta importante. Creen que el hecho de que a Salomón le haya tomado más tiempo construir su palacio indica que le daba mayor valor a éste que al templo. Pero ese no es necesariamente el caso. Hay que señalar que Salomón construyó el templo primero. Además, él le dio una gran prioridad al templo y tenía un enorme número de obreros trabajando en él.

El palacio recibió el nombre de "casa del bosque del Líbano". Medía 46 m de largo, 23 m de ancho y 13,5 m de alto (versículo 2). Tenía 4 hileras de columnas de cedro con vigas de cedro sobre las columnas (versículo 2).

El techo estaba hecho de tablas de cedro arriba sobre las vigas, que se apoyaban en 45 columnas; cada hilera tenía 15 columnas (versículo 3).

En las paredes había ventanas insertadas en hileras de 3. Las puertas con sus marcos rectangulares se ubicaban en hileras de 3 en el frente del palacio (versículo 5). Salomón construyó el Pórtico de las Columnas, de 23 metros de largo por 13,5 de ancho, y delante de él otro pórtico con columnas y un voladizo delante (versículo 6). Hizo el Salón del Trono o Audiencia, donde administraba justicia; lo recubrió con madera de cedro, desde el piso hasta el artesonado (versículo 7).

La residencia personal de Salomón, en otro atrio dentro del pórtico, era de un estilo parecido. Hizo también otro palacio parecido al pórtico, para la hija de Faraón, con la que se había casado (versículo 8).

El palacio en sí estaba hecho de sillares magníficos, labrados a escuadra, serradas la cara interna y externa (versículo 9). Los cimientos eran de grandes bloques de piedra de calidad, de 4,5 por 3,6 metros de largo. Era obvio que estas enormes piedras habían requerido que numerosos obreros las trasladaran y colocaran en su sitio. El resto de la estructura externa del palacio estaba hecha de piedras especiales, labradas a escuadra, y de madera de cedro (versículo 11). El gran atrio tenía 3 hileras de sillares labrados y una de vigas de cedro (versículo 12).

El rey Salomón mandó a buscar a Hiram de Tiro y lo trajo a Israel. La madre de Hiram era de la tribu de Neftalí, pero su padre era de Tiro. Fue llevado a Israel debido a su reputación como artífice en toda obra de bronce (versículo 14). Hiram vació dos columnas de bronce. Cada columna medía 18,1 metros de alto y 5,4 metros de diámetro. Luego colocó capiteles decorativos hechos de bronce, de 2,3 metros, en cada una de las columnas. Estos capiteles estaban decorados con 7 cadenas entrelazadas y con dos hileras de granadas (versículos 17 y 18).

Hiram hizo también capiteles para las cabezas de las columnas que estaban a la entrada del palacio. Éstos tenían forma de lirios y medían unos 1,8 metros de alto. Estaban también decorados con 200 granadas en hileras alrededor. A la columna que se colocó en el lado sur del palacio le llamó Jaquín, que significa "Él afirma" y a la columna en el lado norte, le llamó Boaz, que significa "Él fortalece". Estas columnas constituían un recordatorio para todo aquel que entrara de que el Señor había afirmado el reino de Salomón, y que Él era la fuerza de Salomón, todo lo cual apuntaba hacia la relación que tenía Salomón con Dios.

Hiram construyó también una gran fuente circular, conocida como el "mar". Es probable que esta fuente fuera usada por los sacerdotes. La misma tenía 4,5 metros de ancho y 13,5 metros de perímetro (versículo 23). Estaba decorada con 2 hileras de calabazas talladas (versículo 24) y descansaba sobre 12 bueyes; 3 miraban al norte, 3 miraban al occidente, 3 miraban al sur, y 3 miraban al oriente (versículo 25). El espesor de la fuente era de unos 8 centímetros. Podía contener alrededor de 44,000 litros de agua (versículo 26).

Hiram hizo 10 basas de bronce para fuentes de agua, que podían ser trasladadas de un lugar a otro según se necesitara. Es probable que hayan sido empleadas por los sacerdotes para hacer los sacrificios. Estas basas medían 1,8 metros de largo, 1,8 metros de ancho y 1,3 metros de alto. En los tableros laterales había tallas de leones, bueyes y querubines. Encima de los leones, bueyes y querubines había añadiduras de bajo relieve (versículo 29). Cada basa tenía 4 ruedas de bronce. Las fuentes de agua quedaban suspendidas por 4 repisas de fundición que sobresalían de los festones (versículo 30). Cada una de las basas tenía una apertura circular tallada de 0,5 metros. El diámetro de cada rueda que estaba en las basas era de 0,7 metros. Cada basa contaba con 4 repisas que sobresalían de las esquinas (versículo 34). Hiram hizo luego 10 fuentes de bronce y cada fuente podía contener 880 litros de agua (versículo 38). Estas fuentes iban encima de las basas que él había hecho. Y puso 5 basas a la mano derecha de la casa, y las otras 5 a la mano izquierda (versículo 39). Hiram hizo además tenazas, y cuencos para los sacerdotes (versículo 40).

Los versículos del 41 al 46 contienen una lista de todas las obras que Hiram de Tiro hizo para Salomón. Se empleó tanta cantidad de bronce que era difícil determinar su peso.

Salomón hizo además otros enseres para el templo. Entre ellos estaban el altar de oro, la mesa de oro y los candeleros de oro purísimo (versículos 48 y 49). Entre los enseres que Salomón mandó a hacer para la adoración en el templo estaban también las tenazas, las tazas de oro, las despabiladeras, cucharillas, bandejas, incensarios y quiciales de las puertas (versículo 50). Cuando todos estos enseres estuvieron terminados, Salomón los colocó en el templo junto con otros utensilios que su padre David había dedicado al Señor (versículo 51).

Para meditar:

- ¿Cómo debemos interpretar el hecho de que a Salomón le haya tomado más tiempo terminar su palacio que el templo?
- Dedique unos instantes a meditar en la tremenda creatividad y talento artístico que se derrocharon durante la construcción del templo, el palacio y los enseres. ¿Existe lugar para la creatividad en la adoración a Dios? ¿Cómo podemos ser más creativos a la hora de adorar y servir a Dios?
- Las columnas que estaban fuera del palacio de Salomón recibieron los nombres de "Él afirma" y "Él fortalece". ¿Cuál era la importancia de esas dos columnas? ¿De qué manera estas columnas les recordarían a Israel su dependencia de Dios? ¿Sobre cuáles columnas ha construido usted su vida?

Para orar:

- Pídale al Señor que examine sus prioridades. Pídale que le dé un corazón que busque de Él.
- Dedique unos instantes a admirar la belleza que le rodea. Agradézcale al Señor por Su creatividad. Pídale al Señor que lo ayude a ser creativo a la hora de adorarle y servirle.
- Agradézcale al Señor por afirmar y fortalecer a Sus siervos. Pídale que le dé la gracia de confiar en Él y no en su propia fortaleza. Pídale que le ayude a recordar que tiene que depender de Él.

7 - DEDICACIÓN DEL TEMPLO

Leer 1 Reyes 8:1-66

Este capítulo comienza cuando Salomón reúne ante sí, en Jerusalén, a los ancianos de todas las tribus de Israel. Pretendía sacar el Arca del Pacto de su ubicación en Jerusalén, donde había estado desde la época de David su padre, y llevarla hacia el templo.

Este traslado probablemente tuvo lugar durante la Fiesta de los Tabernáculos. Durante esta celebración se conmemoraba la forma en la que el Señor había sacado a Su pueblo a través del desierto y hacia la Tierra Prometida. Cuando todos hubieron llegado, el arca del Señor y los utensilios que estaban en el antiguo tabernáculo fueron llevados al templo. Como estipulaba la ley de Moisés, los sacerdotes y los levitas trasladaron estos utensilios y los colocaron en el lugar apropiado (versículo 4). Durante la ceremonia se sacrificaron también numerosos bueyes y ovejas. El versículo 5 nos dice que el número de ovejas y bueyes que se sacrificaron ese día no se pudo contar.

Los sacerdotes metieron el arca del pacto del Señor en su lugar, en el santuario de la casa, (en el Lugar Santísimo) y la colocaron entre las alas de los dos querubines de oro que allí habían sido puestos. El versículo 8 nos dice que las varas eran tan largas que sus extremos podían verse desde la entrada delantera del Lugar Santísimo (versículo 8). El hecho de que las varas pudieran verse era un recordatorio de la presencia de Dios representada a través del arca. El arca contenía las dos tablas de piedra de los mandamientos, colocadas allí por Moisés cuando Dios hizo pacto con ellos en Horeb (versículo 9).

Estas tablas de piedra eran muy importantes. Constituían un recordatorio de que el Señor Dios había llamado a Su pueblo a obedecer, y de que solo serían bendecidos si obedecían. Dios era un Dios misericordioso y compasivo, pero si Su pueblo desobedecía, sus transgresiones rápidamente les harían perder Sus bendiciones y Su favor. Para el pueblo de Dios, esas tablas de piedra constituían un recordatorio permanente de sus obligaciones para con Él.

Cuando el Arca del Pacto fue colocada en su posición, los sacerdotes se retiraron del santuario y el Señor Dios reveló Su presencia. El versículo 10 nos dice que una gran nube llenó el santuario. La presencia del Señor era tan abrumadora que los sacerdotes no pudieron quedarse para realizar sus funciones. Dios detuvo sus celebraciones religiosas. Lo único que los sacerdotes pudieron hacer fue esperar por el Señor y postrarse ante Él llenos de reverencia. Fue una ocasión que el pueblo de Dios no olvidaría fácilmente. Era un recordatorio de la gloria de Dios y de Su imponente santidad. Era también un testimonio de la responsabilidad que tenía el pueblo de Dios de vivir para Él y de honrarle en todo cuanto hiciera.

En medio de toda esta gloria, Salomón exclamó delante de todo el pueblo, "Jehová ha dicho que él habitaría en la oscuridad" (versículo 12). Al decir esto, Salomón le estaba recordando al pueblo la sobrecogedora grandiosidad del santo Dios de Israel. Tenía que ocultar Su gloria en una oscura nube para no consumir a Su pueblo.

Salomón había edificado ese templo para ese Dios grandioso. Casi parecía ridículo imaginar que un Dios tan santo y formidable estuviera dispuesto a habitar en un templo hecho por manos humanas. Dios era inmensamente mayor que ese templo. La estructura del templo, aunque era impresionante para los estándares humanos, no impresionaba a Dios. Esa edificación no era digna de albergar Su gloria, pero aun así el Señor bendijo el templo con Su presencia. Fue un acto de maravillosa compasión y misericordia de Su parte.

En el versículo 14 Salomón bendijo a la congregación que había acudido a la dedicación, y le recordó la manera en la que Dios había sido fiel a la promesa que le había hecho a su padre David (versículo 15). Salomón le recordó a su pueblo que Dios nunca había escogido ninguna ciudad o tribu en específico para que se construyera un templo en el cual estuviera Su nombre (versículo 16). La construcción del templo no había sido un mandato del Señor Dios, sino un deseo de David (versículo 17). Aunque no había sido un mandato específico de Dios para Su pueblo, Él había reconocido la sinceridad del corazón de David y había aceptado su ofrecimiento (versículo 18).

Ese día, estando en pie ante el altar del Señor, y extendiendo sus manos al cielo, en presencia de toda la congregación de Israel, Salomón exclamó:

> *"Jehová Dios de Israel, no hay Dios como tú, ni arriba*
> *en los cielos ni abajo en la tierra, que guardas el*
> *pacto y la misericordia a tus siervos, los que andan*
> *delante de ti con todo su corazón; que has cumplido*
> *a tu siervo David mi padre lo que le prometiste; lo*
> *dijiste con tu boca, y con tu mano lo has cumplido,*
> *como sucede en este día" (versículos 23 y 24).*

Salomón le pidió a Dios que cumpliera otra promesa hecha a su padre David. Dios también le había prometido a David que a su linaje nunca le faltaría varón que se sentara en el trono de Israel, siempre y cuando sus hijos le obedecieran y guardaran Sus mandamientos. Observemos la conexión que se establecía entre la bendición de Dios y la obediencia de Su pueblo. Dios proveería descendientes para el trono de David, siempre y cuando esos descendientes vivieran en obediencia. De lo contrario, Su bendición les sería quitada. En realidad, Salomón le estaba pidiendo a Dios que lo ayudara a él y a sus descendientes a ser fieles al Señor y obedientes a Su palabra.

En los versículos del 27 al 51, Salomón le pidió al Señor que Su bendición cayera sobre el templo. Consciente de que Dios no podía ser restringido a este edificio, Salomón le pidió que aun así se revelara en el templo de una forma muy especial (versículos del 26 al 28).

Salomón comprendía que Dios no podía ser limitado a ningún lugar o estructura específicos, sin embargo, su oración se centró en el edificio del templo. Percatémonos de que en los versículos 29 y 30 le pide a Dios que escuche las oraciones de aquellos que oraran de cara al templo. Esto suscita la pregunta de lo que Salomón creía que sucedería si una persona no se volvía hacia el templo cuando oraba. ¿Estaba Salomón dándole una importancia excesiva y malsana al edificio? Cada lector es libre de tener su propia opinión acerca de esta interrogante. Lo que resulta importante que recordemos es que Dios no está limitado a un lugar específico del espacio o del tiempo. Dios escucha las oraciones de los que oran en una iglesia, y también las de los que oran en sus hogares. No es preciso llevar una ropa determinada, estar en un lugar determinado, ni volverse hacia ninguna dirección. Dios nos escuchará dondequiera que estemos, y se deleitará en responder aquellas oraciones que broten de corazones sinceros.

Salomón le estaba pidiendo a Dios que cuando algún individuo se volviese a Él y buscase Su rostro, orando con sinceridad, Él le escuchase y le respondiese. El templo era el lugar donde se hacían los sacrificios por los pecados del pueblo de Dios. En ese templo estaban los símbolos de la obra que Cristo consumaría eventualmente. Al Salomón pedir que las oraciones de todos los que se volvieran hacia el templo fuesen respondidas, le estaba recordando al pueblo que solo tendría esperanza al volverse al

Señor Dios y confiar en Su sacrificio por sus pecados. Esa era la base para tener una relación adecuada con Dios, pues sin el sacrificio por los pecados todos perecerían.

En los versículos del 31 al 51, Salomón le hace a Dios varias peticiones relacionadas con varias circunstancias. En los versículos 31 y 32 le pide a Dios que imparta justicia desde el altar de su templo. Le pide que juzgue a aquellos que han sido injustos para con sus prójimos, y que haga justicia en cada caso. Le pide también que se justifique al justo para darle conforme a su justicia. El templo debía ser un lugar de justicia, donde el pecado se revelara y se enfrentara.

En los versículos 33 y 34 Salomón le pide al Señor que convierta el templo en un lugar de perdón y restauración. Él oró para que Dios escuchara las confesiones de Su pueblo cuando éste fuese derrotado por sus enemigos a causa de su vida pecaminosa. Le pidió a Dios que se revelara a Su pueblo en este templo, y que le restaurara cuando éste le confesara sus pecados. El templo debía ser un lugar de perdón. Allí los errores debían corregirse. Las relaciones debían restaurarse en ese lugar donde Dios había escogido revelar Su presencia.

Cuando dejase de llover y las bendiciones del cielo se detuviesen a causa del pecado, Salomón le pidió a Dios que perdonase y bendijese a Israel si se volvía hacia Su templo y confesaba Su nombre, apartándose del pecado. Le pidió a Dios que le enseñase al pueblo el buen camino para andar, para que las bendiciones continuasen fluyendo (versículos 35 y 36). El templo debía ser un lugar de instrucción y de orientación. Era allí donde el pueblo de Dios debía aprender a andar en los caminos de Dios para recibir Sus bendiciones.

En los versículos del 37 al 40, Salomón oró para que Dios sacara a la luz los pecados secretos de Su pueblo desde este templo. Cuando en la tierra hubiere hambre, pestilencia, tizoncillo, añublo, langosta o pulgón, o cuando sus enemigos los sitiaren, Salomón deseaba que el pueblo de Dios viniese al templo a buscar de Dios y a dilucidar cuál era la razón por la que estaban recibiendo esas maldiciones. Oró para que cuando el pueblo de Dios fuese al templo y le buscase, todos los secretos de los corazones de los hombres y mujeres fuesen revelados. Solo Dios conocía los corazones de todos. Le pidió a Dios que hiciese del templo un lugar en el que esos pecados ocultos quedasen expuestos, para que las maldiciones fuesen quitadas de la tierra.

El templo debía ser también un lugar dedicado al evangelismo. En los versículos del 41 al 43, Salomón le pidió a Dios que escuchase el clamor de los extranjeros que fuesen al templo a orar. Salomón sabía que habría muchas personas de otras naciones que escucharían acerca del Dios de Israel. Le pidió a Dios que hiciese del templo un lugar donde incluso aquellos que no conocían a Dios pudiese clamar a Él y ser salvos. El templo debía ser un lugar donde los incrédulos pudiesen llegar a conocer al Dios de Israel.

 También el templo debía ser un lugar de apoyo para aquellos que estuviesen peleando en batallas (versículos del 44 al 45). Salomón pidió que las oraciones de todo aquel guerrero que orase con su rostro hacia el templo fuesen respondidas, y que se le hiciese justicia. El templo sería un lugar donde los que estaban peleando en batallas contra sus enemigos podrían hallar apoyo y fortaleza para seguir en su lucha. Debía ser un lugar donde los que estaban luchando contra los enemigos pudieran fortalecerse.

Por último, Salomón pidió que el templo fuese un sitio donde el creyente errante pudiese ser restaurado a la comunión con Dios (versículos del 46 al 51). Salomón le pidió a Dios que mostrara Su misericordia para con Su pueblo cuando estuviese cautivo por causa de su pecado. Le pidió que su arrepentimiento tocase Su corazón. Le suplicó a Dios que escuchase las confesiones sinceras de aquellos que se hubieran arrepentido de sus pecados y que los restaurase para que pudieran volver a estar en comunión con Él.

La oración de Salomón es muy importante también para nosotros en la actualidad. Salomón le pidió a Dios 7 cosas en esta sección. Él oró para que el Señor hiciera del templo:

1) Un lugar donde se hiciese justicia
2) Un lugar donde los creyentes pudiesen alcanzar el perdón
3) Un lugar donde el pueblo de Dios pudiese aprender sobre Sus mandamientos
4) Un lugar donde los pecados ocultos fuesen revelados
5) Un lugar donde los extranjeros hallasen a Dios
6) Un lugar donde el guerrero cansado pudiese hallar la fortaleza
7) Un lugar donde el errante pudiese ser restaurado

La iglesia en nuestros días debiera poseer estas 7 características. En la actualidad nos sería de gran provecho orar por nuestras iglesias de la misma forma en la que Salomón oró por el templo.

En los versículos del 52 al 53 Salomón le pidió a Dios que escuchase su oración por el templo y por el pueblo. Le recordó a Dios que Él había escogido a Israel para que fuese Su pueblo santo. Pero como pueblo, también necesitaba de perdón y de fortalecimiento. Él le rogó a Dios que tuviese misericordia de ellos como pueblo. Sabía que no eran diferentes de las demás naciones que les rodeaban, pero que tenían la obligación de ser fieles a Dios como pueblo escogido Suyo. Pero nunca podrían cumplir con sus obligaciones para con Dios si no contaban con Su misericordia, perdón y fortaleza.

Cuando Salomón terminó de orar, se levantó de estar de rodillas delante del altar del Señor y bendijo a toda la congregación de Israel (versículos del 54 al 55). Le recordó al pueblo que Dios le había descanso de sus enemigos y que había sido fiel a todas Sus promesas (versículo 56). Salomón deseaba que Dios bendijese a Su pueblo de tal manera que toda la tierra supiese que Él era Dios. Sin embargo, le recordó al pueblo que esto solo sería posible si ellos eran cuidadosos a la hora de andar en Sus estatutos y guardar Sus mandamientos (versículo 61).

Cuando Salomón acabó de bendecir al pueblo, él y todo Israel ofrecieron sacrificios al Señor Dios. En total, 22,000 bueyes y 120,000 ovejas y cabras se sacrificaron en esos días (versículo 63). Se trataba de un sacrificio enorme, que demostraba su compromiso de seguir y servir al Señor Dios.

Con el pueblo reunido alrededor de él, Salomón consagró el atrio que estaba frente al templo y ofreció holocaustos, las ofrendas y la grosura de los sacrificios de paz. El altar de bronce era muy pequeño para contener toda la ofrenda quemada y la ofrenda de grano que se presentó ese día (versículo 64). La celebración duró 14 días (versículo 65). Al decimoquinto día, Salomón despidió al pueblo, el cual se fue con corazón alegre y gozoso por todas las cosas que Dios había hecho, cumpliendo así Su promesa a David (versículo 66).

Para meditar:

- El Arca del Pacto guardaba 2 tablas de piedra que contenían los mandamientos de Dios. ¿De qué manera constituían estas tablas un recordatorio para el pueblo de Dios acerca de sus obligaciones para con Él?
- ¿Qué conexión se establece en este capítulo entre la obediencia y las bendiciones?
- En este capítulo vemos que Dios interrumpió las ceremonias de los sacerdotes. ¿Cuál fue el resultado de esa interrupción? ¿Estaría su iglesia dispuesta a que Dios interrumpiese el orden en medio de su culto?

- ¿Cuáles fueron las 7 peticiones que Salomón hizo en su época con respecto al templo? ¿Posee su iglesia todas estas características? ¿Cuáles son sus puntos débiles?

Para orar:

- Pídale a Dios que nos dé una mayor conciencia de nuestros pecados y de la repulsión que Dios siente por ellos. Pídale que nos libere de nuestros pecados.
- Dedique unos instantes a orar por su iglesia. Tenga en cuenta las 7 peticiones de Salomón. Pídale a Dios que ayude a su iglesia a ser ejemplo de estas características. Pídale a Dios que le ayude a reflejar estas características en su vida personal.
- Dedique unos instantes a agradecerle al Señor Jesús por Su perdón y paciencia para con nosotros. Pídale que le ayude a demostrar esa misma actitud para con los que le rodean.

8 - DIOS AFIRMA EL REINADO DE SALOMÓN

Leer 1 Reyes 9:1-28

Tras la dedicación del templo, el Señor Dios apareció a Salomón por segunda vez. La primera ocasión en la que Dios le apareció a Salomón quedó registrada en 1 Reyes 3:4-5. En ese momento, el Señor le dijo a Salomón que le pidiera lo que él deseara. Salomón pidió sabiduría y el Señor concedió su petición.

En esta segunda aparición, el Señor le dijo a Salomón que había escuchado la oración que había hecho con respecto al templo. Dios le dijo que Él había santificado el templo, para que Su presencia habitara en él. Sus ojos y Su corazón siempre estarían allí (versículo 3). Esta fue una promesa maravillosa para Salomón. Dios no solo había recibido el regalo que el rey le había hecho, sino que también había escogido fijar Su residencia en este templo.

En el versículo 4, Dios se dirige personalmente a Salomón. Salomón había orado pidiéndole a Dios que uno de sus descendientes estuviese en el trono de Israel por siempre. Sin embargo, Dios le recordó que esta promesa dependería de la obediencia de sus descendientes y de su fidelidad a los mandamientos de Dios. Siempre y cuando Salomón se mantuviese fiel al Señor y anduviese en Sus caminos, Dios establecería su trono, tal y como le había prometido a su padre, David. No faltaría varón de su descendencia sobre el trono de Israel, siempre y cuando sus descendientes siguiesen al Señor Dios y obedeciesen Sus mandamientos (versículos 4 y 5).

La promesa de Dios dependería de esa condición. Tenemos que comprender que las bendiciones van de la mano de la obediencia. Aunque Dios es misericordioso, debemos percatarnos de que no tenemos derecho de esperar Sus bendiciones si no andamos en Sus caminos.

Percatémonos de que en los versículos del 6 al 9 Dios dice que despojaría a Israel de todas sus bendiciones si caía en la desobediencia. En estos versículos el Señor le recuerda a Salomón que si él o sus hijos se volvían contra el Señor Dios y Sus mandamientos, y comenzaban a servir a otros dioses, serían cortados de Israel, y Dios rechazaría el templo. El nombre de Israel se convertiría rápidamente en el hazmerreír y la burla de las naciones (versículos 6 y 7).

En cuanto al templo, si el pueblo de Dios se volvía en contra de Él, sería destruido. A pesar de que en ese momento el templo poseía una estructura imponente, no sería difícil reducirlo a un montón de escombros. Su destrucción serviría de testimonio contra el pueblo de Dios. Cuando las personas preguntasen por qué el templo estaba en ruinas, la respuesta sería:

> *"Por cuanto dejaron a Jehová su Dios, que había*
> *sacado a sus padres de tierra de Egipto, y echaron*
> *mano a dioses ajenos, y los adoraron y los sirvieron;*
> *por eso ha traído Jehová sobre ellos todo este mal"*
> *(versículo 9).*

Dios estaba dispuesto a revelar Su presencia en este templo, pero para Él, esto no era tan importante como Su relación con Su pueblo. No era el templo lo que agradaba a Dios. Ni el oro, ni la plata, ni los rituales lo impresionaban. Lo que Él anhelaba más que cualquier otra cosa era que Su pueblo anduviese en obediencia. La verdadera religión no tiene que ver con lo externo, sino con el corazón. Dios siempre se ha interesado más en nuestros corazones que en nuestros edificios y rituales.

Durante 20 años el rey Hiram de Tiro había trabajado con Salomón en la construcción del palacio y del templo. Durante todo ese tiempo, Salomón había pagado los salarios de los siervos del rey Hiram. Ahora que la obra se había terminado, Salomón le dio al rey Hiram 20 ciudades en tierra de Galilea (versículo 11).

Hiram fue a ver las ciudades que Salomón le había dado. Pero no le gustaron. "¿Qué ciudades son estas que me has dado, hermano?", le preguntó en el versículo 13. Resulta difícil determinar lo que Hiram estaba esperando. Obviamente sabía de las riquezas que Salomón poseía y del lujo en el que vivía. Es posible que Hiram se hubiera sentido decepcionado al comparar las ciudades comunes y corrientes que había recibido con el lujo en el que vivía Salomón. Llamó a la tierra Cabul, que significa "inservible". El versículo 14 nos dice que Hiram le había suministrado a Salomón para sus construcciones 120 talentos de oro (unas 4 toneladas y media). Esperaba, por tanto, una recompensa más generosa por su contribución a la obra que Salomón estaba haciendo.

Los versículos del 15 al 23 describen la mano de obra esclava que Salomón empleó para la construcción del templo, el palacio, terrazas, los muros de Jerusalén, y las ciudades de Hazor, Meguido y Gezer.

El versículo 16 explica cómo Gezer pasó a ser parte del territorio de Salomón. Faraón había atacado y capturado la ciudad y la había quemado. Tras dar muerte a los cananeos, le dio la ciudad a su hija, la esposa de Salomón, como regalo por su matrimonio. Salomón, a su vez, reconstruyó la ciudad para su esposa (versículo 17). Para llevar a cabo este proyecto, empleó mano de obra esclava. Estos mismos siervos se emplearon para reconstruir las ciudades de almacenamiento de Salomón, así como las ciudades de los carros y de los caballos (versículo 19).

Todos los extranjeros que Israel no había exterminado fueron usados por Salomón en los diversos proyectos constructivos que desarrolló en toda la tierra. De hecho, estos extranjeros se convirtieron en esclavos (versículos 20 y 21).

Sin embargo, Salomón no convirtió a ningún israelita en esclavo. Los empleó como soldados, funcionarios gubernamentales, oficiales, capitanes, comandantes de sus carros y aurigas. Salomón tuvo también 550 funcionarios israelitas que supervisaban a los obreros que trabajaban en sus distintos proyectos (versículo 23). Cuando culminaron las obras, la esposa de Salomón, e hija de Faraón, fue a vivir en el palacio que Salomón le había construido (versículo 24).

El versículo 25 nos dice que Salomón ofrecía 3 veces cada año holocaustos y sacrificios de paz sobre el altar que él había edificado al Señor. Al hacerlo estaba cumpliendo con sus obligaciones para con el Señor en el templo.

Las bendiciones del Señor eran evidentes en la vida de Salomón. Hizo naves en Ezión-geber, ciudad que estaba en la ribera del Mar Rojo (versículo 26). El rey Hiram envió a sus hombres a que trabajasen como marineros de la flota de Salomón. Obedeciendo órdenes de Salomón, estos hombres zarparon hacia Ofir, y regresaron con un cargamento de 16 toneladas de oro para Salomón.

Para meditar:

- En este capítulo vemos que Dios estaba dispuesto a bendecir el templo y a revelar Su presencia allí. ¿Es evidente la presencia de Dios en su iglesia? ¿Ha estado usted alguna vez en alguna iglesia donde la presencia de

Dios no era evidente? ¿Qué cosas pueden mantener alejada la presencia de Dios?

- Percatémonos en este capítulo de que las promesas que Dios le hizo a Salomón estaban sujetas a una condición. Si no estamos dispuestos a vivir en obediencia, ¿podemos esperar las bendiciones de Dios? ¿Podemos perder algunas de las bendiciones divinas cuando no estamos dispuestos a andar en obediencia?

- Dios estaba muy dispuesto a destruir el templo si Su pueblo escogía abandonar Sus caminos. ¿Qué nos dice esto sobre las prioridades de Dios? ¿Tiene usted esas mismas prioridades?

- ¿Cuáles eran las evidencias de la bendición divina en la vida de Salomón? ¿Cómo lo ha estado Dios bendiciendo a usted en lo personal? ¿Son el dinero y las riquezas las únicas evidencias de las bendiciones de Dios? ¿De qué otras maneras bendice Dios a Su pueblo?

Para orar:

- Pídale a Dios que revele Su presencia en su vida y en la vida de su iglesia. Pídale que le muestre todo aquello que mantiene alejada Su presencia.

- Pídale a Dios que le ayude a tener Sus mismas prioridades en su vida.

- Dedique unos instantes a agradecerle al Señor por las bendiciones que Él le ha dado.

9 - LAS RIQUEZAS DE SALOMÓN

Leer 1 Reyes 10:1-29

Gracias a la bendición del Señor Dios, Salomón se volvió un hombre muy rico y sabio. Cuando la reina de Sabá escuchó esto, decidió probarle con preguntas difíciles (versículo 1). No debe sorprendernos el hecho de que las personas nos observen y observen cómo es nuestra relación con el Señor Dios. Tampoco debe sorprendernos el hecho de que nos prueben para ver si lo que afirmamos es verdaderamente cierto. La reina de Sabá llegó a Jerusalén con una gran caravana de camellos cargados de especias, oro y piedras preciosas. Su intención era también hacerle a Salomón muchas preguntas, para que él se las respondiese (versículo 2). Percatémonos específicamente de que la reina de Sabá vino a probarle con "preguntas difíciles". Ella quería asegurarse de que lo que las personas decían sobre Salomón era realmente cierto.

Podemos estar seguros de en nuestra relación con el Señor nosotros también nos enfrentaremos a preguntas muy difíciles. Satanás nos pondrá a prueba. Las personas que nos rodeen nos probarán también. La veracidad de nuestras creencias se podrá constatar mediante nuestra manera de reaccionar ante estas pruebas. El versículo 3 nos dice que Salomón respondió todas sus preguntas. Ninguna pregunta era demasiado difícil para él.

La reina quedó impresionada con lo que vio. Los versículos 4 y 5 nos dicen que se quedó asombrada con las riquezas del reino de Salomón. En todas partes su opulencia se hacía evidente, en la comida que había en su mesa, en los vestidos de sus siervos, y hasta en las ofrendas quemadas del templo. Ella quedó tan anonadada ante tanta sabiduría y opulencia, que le dijo a Salomón que al escuchar en su tierra las noticias sobre su sabiduría y riquezas, no las había creído. Aun viéndolas con sus propios ojos, le costaba trabajo creerlas. De hecho, su sabiduría y fortuna eran mayores de lo que ella había escuchado (versículo 7).

La reina le dijo a Salomón que él y sus siervos era muy privilegiados y dichosos al contar con tales bendiciones de su Dios. Ella alabó al Señor Dios de Israel por la forma en la que se había deleitado en Salomón y su reino. "Porque Jehová ha amado siempre a Israel, te ha puesto por rey, para que hagas derecho y justicia", le dijo en el versículo 9.

La reina de Sabá vio las evidencias de las bendiciones de Dios en la vida de Su pueblo, y quedó tan impresionada que profirió alabanzas a Dios. Lo más probable es que esta visita a Salomón marcara un antes y un después en su vida, por haber presenciado las bendiciones de Dios hacia la nación de Israel. ¿Mira el mundo con asombro las obras que Dios hace en medio nuestro? ¿Profieren las personas alabanzas a Dios al ver las cosas que Él hace en su vida?

La reina de Sabá le dio a Salomón 120 talentos de oro (4 toneladas y media), así como grandes cantidades de especias y piedras preciosas (versículo 10). El versículo 10 nos dice que nunca hubo tan gran cantidad de especias entregadas a Salomón de una sola vez. Obviamente, ella también era muy adinerada. A cambio, Salomón le dio a la reina de Sabá todo lo que ella deseaba y todo cuanto pidió. También le dio presentes de su tesoro real. Tras estos acontecimientos, la reina regresó a su tierra (versículo 13).

En el resto del capítulo, el autor describe las grandes riquezas de Salomón. En el versículo 11 se nos dice que las naves del rey Hiram continuaron llevando oro hacia Israel desde la región de Ofir.

Esas naves llevaban también grandes cargamentos de madera de sándalo, que Salomón empleaba para construir balaustres para el templo y para su palacio real. Esta madera se usaba también para hacer instrumentos musicales. Después de la época de Salomón, Israel nunca más importó esa cantidad de madera de sándalo. La flota de Hiram llevaba también grandes cantidades de piedras preciosas a Israel.

El versículo 14 nos dice que la cantidad de oro que Salomón recibía anualmente era de 666 talentos (unas 25 toneladas). Esta cifra no incluía los ingresos procedentes de los mercaderes, comerciantes, ni de los reyes y gobernadores árabes que había en la tierra (versículo 15). Dichos ingresos posiblemente consistían en algún tipo de impuesto.

Usando el oro que anualmente llegaba a su país, Salomón hizo 200s escudos grandes. Seiscientos siclos de oro gastó en cada escudo (3,5 kilogramos). Hizo también 300 escudos más pequeños de oro batido, empleando menos de la mitad de ese peso en cada uno. Estos escudos los almacenó en la casa del bosque del Líbano (versículo 17).

Salomón también dispuso que le fabricasen un gran trono, todo incrustado de marfil, el cual cubrió de oro purísimo (versículo 18). El trono tenía 6 gradas, la parte alta era redonda por el respaldo y tenía brazos. Junto a los brazos estaban colocados dos leones tallados, así como uno a cada lado de las 6 gradas que conducían al trono (versículos 19 y 20). Era un trono impresionante; en ningún otro reino se había hecho trono semejante (versículo 20).

En la casa del rey Salomón todos los vasos de beber eran de oro. Nada era de plata, porque la plata no tenía gran valor en la época de Salomón (versículo 21).

Además de la flota de Hiram, Salomón poseía otra flota de barcos mercantes en el mar. Una vez cada 3 años, esta flota llegaba a

Israel, llevando oro, plata, marfil, monos y pavos reales (versículo 22).

No había otro rey tan rico como Salomón en toda la tierra (versículo 23). Sobrepasaba a todos los reyes y reinas en riquezas y sabiduría. Su fama era tal, que de todo el mundo iban a visitarlo para conocerlo, y para escuchar la sabiduría que Dios había puesto en su corazón. Percatémonos de que toda la sabiduría que tenía Salomón se le atribuía al Señor Dios, como fuente de la misma. Cuando estas personas visitaban a Salomón para escuchar su sabiduría, le llevaban sus presentes: alhajas de oro y de plata, vestidos, armas, especias aromáticas, caballos y mulos (versículo 25).

Con el tiempo, Salomón llegó a acumular carros y caballos. En el versículo 26 vemos que tenía 1,400 carros, y 12,000 jinetes. Estos carros y jinetes permanecían en las "ciudades de los carros" y también en la ciudad de Jerusalén.

En Jerusalén la plata llegó a ser como piedras, y los cedros como cabrahigos de la Sefela en abundancia (versículo 27). Salomón importó caballos de Egipto y de Coa (versículo 28). En esa época, los carros que se compraban en Egipto costaban unos 600 siclos de plata (unos 7 kilogramos). Un caballo podía comprarse por 150 siclos de plata (unos 1,7 kilogramos). Israel también exportaba caballos a los heteos y a los sirios.

En esta sección de las Escrituras, lo que debemos observar es que la bendición de Dios sobreabundaba sobre Salomón. Dios lo bendijo tan grandemente que se convirtió en la envidia de las naciones. De todas partes del mundo las personas acudían a él para escuchar su sabiduría y contemplar sus riquezas. En todo esto, el Señor Dios recibía la gloria, pues era evidente que todo esto procedía de Su mano. Las naciones alababan a Dios y lo tenían en alta estima al ver el trato que le daba a Salomón.

Para meditar:

- ¿Qué evidencias vemos aquí de las bendiciones de Dios en la vida de Salomón? ¿Cuáles son las evidencias de la bendición de Dios en su vida?
- Las naciones vieron lo que Dios estaba haciendo en la vida de Salomón y acudieron a verlo por sí mismas. ¿Ven las personas lo que Dios está haciendo en su vida? ¿Se sienten atraídas hacia lo que Dios está haciendo en usted?
- La reina de Sabá fue a evaluar la sabiduría de Salomón. Quería ponerle a prueba, para ver si lo que había escuchado era cierto. ¿Cómo se pone a prueba nuestra fe hoy en día? ¿Se sienten las personas motivadas a alabar al Señor por las cosas que Él está haciendo en su vida?

Para orar:

- Dedique unos instantes a agradecerle al Señor por las bendiciones que Él le ha dado.
- Pídale al Señor que lo use para revelar Su presencia a las personas que a usted lo rodean. Pídale a Dios que convierta su vida en un ejemplo de Su gracia y Su poder.
- Pídale a Dios que le dé la gracia necesaria para permanecer firme cuando su fe sea puesta a prueba.

10 - MUERTE DE SALOMÓN

Leer 1 Reyes 11:1-43

Dios había prometido que mientras Su pueblo se mantuviese andando según Sus mandamientos, Él garantizaría que hubiese varón en el trono de David para que reinase sobre Israel. Aunque Salomón comenzó bien su reinado, no lo finalizó muy bien. En el capítulo 11 vemos cómo Salomón, ya en su vejez, fue tentado a apartarse del Señor Dios.

Salomón comenzó a desviarse de los caminos de Dios a causa de su amor por mujeres extranjeras. Ya hemos visto que Salomón había sellado un pacto con Egipto, casándose con la hija de Faraón. Pero Salomón no se conformó solamente con ella. Se casó con mujeres de diversas naciones. El versículo 1 nos habla de mujeres de Moab, de Amón, de Edom, de Sidón, y de mujeres heteas.

Dios le había ordenado a Su pueblo no casarse con personas de estas naciones, para que no los hicieran desviarse de Él (versículo 2). El versículo 2 nos dice que con ellas "se juntó Salomón con amor". Lo que debemos ver aquí es que Salomón amó verdaderamente a estas mujeres. ¡Cuántas veces somos tentados a desviarnos de la senda de la verdad por causa del amor! Pero el amor no es el único motivo por el cual debemos casarnos. Más importantes que el amor son la verdad de Dios y Sus propósitos. Demasiados creyentes han caído en esa trampa. Se enamoran de incrédulos y suponen que su relación tiene que venir de parte de Dios, porque está basada en el amor. Pero ese no es necesariamente el caso. Aquí tenemos un ejemplo claro en

Salomón, quien "se juntó con amor" con estas mujeres incrédulas. Esto claramente iba en contra de la voluntad y el propósito de su Padre celestial.

Salomón tuvo 700 esposas reinas y 300 concubinas (versículo 3). Estas mujeres condujeron a Salomón al error. Cuando envejeció, sus mujeres alejaron su corazón del Señor Dios de Israel (versículo 4).

En su vejez, Salomón siguió a Astoret, diosa de los sidonios, y a Milcom, ídolo abominable de los amonitas (versículo 5). Al hacerlo, le dio la espalda al verdadero Dios de Israel (versículo 6). Dios le había advertido a Su pueblo acerca de la adoración a Milcom y acerca de sus malignas prácticas de sacrificar niños (ver Levítico 18:21). Para agradar a sus esposas, Salomón construyó un lugar alto para adorar a Quemos, ídolo abominable de Moab. Edificó también un lugar para Milcom, ídolo abominable de los hijos de Amón (versículo 7). Permitió que sus esposas adoraran dioses extranjeros en Israel (versículo 8). Al hacerlo, corrompió la tierra que Dios había separado para Su gloria.

Es difícil concebir que Salomón se apartase tanto de la verdad del Señor Dios. Pero la realidad del asunto es que las personas de las que nos rodeamos ejercen una fuerte influencia sobre nosotros. Salomón optó por rodearse de esposas paganas. La influencia de éstas pronto se dejó ver en su vida.

Dios vio lo que Salomón estaba haciendo, y se enojó contra él (versículo 9). Salomón había escogido darle la espalda al Dios que se le había revelado en dos ocasiones diferentes. A pesar de que Dios lo había bendecido abundantemente, Salomón había optado por alejarse de Él. Salomón tenía su libre albedrío. Dios no deseaba despojarlo de esa libre voluntad. Dios no nos obliga a escucharlo ni a obedecerlo, ni tampoco nos impide siempre que pequemos. Debemos disciplinarnos para vivir en obediencia a la voluntad y al propósito de Dios. El amor de Salomón por esas mujeres extranjeras fue el punto de entrada de su desobediencia. ¡Cuán importante resulta que reconozcamos nuestras debilidades y busquemos la protección de Dios!

Dios castigó a Salomón por su desobediencia. En el versículo 11, Él le dijo a Salomón que rompería de él el reino (versículo 11). Pero esto no ocurriría durante sus días. En lugar de ello, Dios lo rompería de la mano de su hijo (versículo 12). El padre de Salomón le había legado una gran herencia y un reino, pero Salomón no podría transferirle ese legado a su hijo. Su rebelión contra Dios repercutiría en generaciones por venir. Dios le dijo a Salomón que le daría una de las 12 tribus para que perpetuase su nombre y el nombre de su padre David (versículo 13). El resto de las tribus sería dado a otra persona. Su gran reino se tornaría muy pequeño e insignificante. No era por causa de Salomón que Dios le concedería esta tribu, sino por amor a David su padre. Salomón moriría sabiendo que su desobediencia provocaría un gran declive en su nación.

Desde el versículo 14 y hasta el final del capítulo, vemos cómo Dios suscitó enemigos contra Salomón en su vejez. En este capítulo se mencionan 3 enemigos. Antes de estos acontecimientos, Salomón no había tenido enemigos. Su pecado y rebelión contra Dios habían cambiado las cosas.

En los versículos del 14 al 22 leemos acerca del primer enemigo que Dios levantó contra Salomón. Hadad era edomita (versículo 14). El versículo 15 nos recuerda que Joab, el comandante militar de David, había matado a todos los varones de Edom. En 2 Samuel 8:13, se narra que David mató a 18,000 edomitas. El versículo 16 nos dice que el comandante militar de David había permanecido en Edom durante 6 meses, matando a todos los hombres.

Hadad era solo un muchacho cuando esa terrible matanza que duró 6 meses tuvo lugar en su tierra. Él había escapado a Egipto con algunos oficiales edomitas que habían servido a su padre (versículo 17). El Faraón de Egipto les dio casa y les señaló alimentos, y aun les dio tierra (versículo 18). Con el paso del tiempo, halló Hadad gran favor delante de Faraón, el cual le dio por mujer a la hermana de su esposa, a la hermana de la reina Tahpenes (versículo 19). Tuvieron un hijo llamado Genubat, quien creció en el palacio real y vivía con los hijos de Faraón (versículo 20).

A pesar de la prosperidad que disfrutaba en Egipto, Hadad nunca olvidó su pasado. Cuando escuchó que David y Joab, su comandante militar, habían muerto, le pidió permiso a Faraón para regresar a su país (versículos 21 y 22). Como hemos visto en este pasaje, Hadad se convertiría en una espina en el costado de Salomón. Ahora era un hombre de enorme influencia y poder.

El segundo enemigo que Dios suscitó contra Salomón fue un hombre llamado Rezón (versículo 23). Rezón había huido de su amo Hadad-ezer, rey de Soba. Al igual que Hadad, Rezón estaba furioso por causa de lo sucedido a su pueblo bajo el reinado de David. En 2 Samuel 8:3-4 leemos que David capturó la región de Soba. Durante esa batalla tomó 1000 carros, 7000 aurigas, y 20,000 soldados. David desjarretó los caballos, dejando solo cien.

Rezón había juntado gente y se había asentado en la región de Damasco (versículo 24). El versículo 25 nos dice que Rezón "fue otro mal con el de Hadad". Aborreció a Israel, y reinó sobre Siria (versículo 25).

El tercer enemigo de Salomón fue un hombre llamado Jeroboam. Este problema surgió de la misma nación. Jeroboam era uno de los oficiales de Salomón (versículo 26).

Salomón se fijó por primera vez en Jeroboam cuando el rey aún era joven y estaba construyendo un terraplén para sus terrazas (versículo 27). Jeroboam tenía una buena reputación en la comunidad. Cuando Salomón vio lo bien que el hombre hacía su trabajo, decidió ponerlo a cargo de la mano de obra esclava de la casa de José (versículo 28).

Un día, al salir Jeroboam de Jerusalén, le encontró en el camino el profeta Ahías, y éste estaba cubierto con una capa nueva. Cuando ambos se encontraron, estaban solos en el campo (versículo 29). Ahías tomó su capa nueva y la rompió en 12 pedazos. Le dijo a Jeroboam que tomara 10 pedazos para él, y profetizó que pronto llegaría el día en el que Dios rompería 10 tribus de Israel de la mano de Salomón y se las daría a él (versículo 31). Ahías le dijo a Jeroboam que, por amor a David, Dios dejaría una tribu para que su familia la tuviese (versículo 32).

Ahías dejó bien claro que la razón por la que Dios le quitaría el reino a Salomón era porque él lo había dejado, y había adorado a Astoret, a Quemos y a Milcom, los dioses de las naciones (versículo 33). Dios le quitaría el reino, pues Salomón había demostrado ser indigno de su papel como rey de Su pueblo.

Ahías le dijo a Jeroboam que se convertiría en rey de las 10 tribus (versículo 37). El profeta le recordó, sin embargo, que Dios lo bendeciría solo si guardaba Sus mandamientos y estatutos. En ese aspecto era donde Salomón había fallado. Él no había sido obediente. A Jeroboam se le hizo la misma advertencia. Si cometía el mismo error de Salomón, perdería su reino. Si, por el contrario, vivía según los mandamientos del Señor y andaba en Sus caminos, Dios lo bendeciría y construiría a través de él una dinastía tan perdurable como la que le había prometido a David. El éxito de Jeroboam dependería de su obediencia a Dios y a Su palabra.

Es probable que Salomón se hubiera enterado de esta promesa hecha a Jeroboam. El versículo 40 nos dice que Salomón trató de matar a Jeroboam, pero éste logró escapar a Egipto, donde se quedó hasta la muerte de Salomón (versículo 40).

Percatémonos de que, en el versículo 39, Dios dice que Él había prometido afligir a la descendencia de David a causa de su rebelión. Se acercaba el día en el que Dios levantaría un gran rey de esta familia. El Señor Jesús sería el rey del linaje de David que reinaría por siempre.

En los anales de Salomón aparecen más detalles registrados sobre la vida de este rey. Se trataba de un documento escrito que registraba los acontecimientos de su vida (versículo 41). En total, Salomón reinó durante 40 años. Al morir, fue sepultado con sus ancestros en la ciudad de David. Su hijo Roboam ocupó su lugar como rey de la nación de Israel (versículo 43).

Para meditar:

- ¿Cuál fue la conexión que se estableció entre el éxito del reinado de Salomón y su obediencia al Señor Dios? ¿Qué cambios se producirían en nuestra tierra si todos viviésemos obedeciendo los mandatos y propósitos de Dios?
- ¿Cuál era la debilidad de Salomón? ¿Cuál es la debilidad suya? ¿Cómo puede usted protegerse para no caer en pecado en su área más débil?
- ¿De qué manera las personas que nos rodean influyen en nuestra vida espiritual? ¿Alguna vez las personas que lo rodean han ejercido su influencia sobre usted para que se aparte de los caminos del Señor?
- Salomón optó por seguir el "amor" y no los caminos de la obediencia. ¿Es posible que nuestro amor por algo o alguien no provenga del Señor?
- ¿Qué aprendemos en este pasaje sobre el libre albedrío? ¿Impidió Dios que Salomón pecase? ¿Cuál es nuestra responsabilidad en nuestro caminar con Dios?

Para orar:

- Pídale a Dios que examine su corazón, y le muestre si de alguna manera usted no ha estado caminando con Dios en obediencia.
- Pídale a Dios que le muestre cuál es su debilidad personal. Dedique unos instantes a pedirle a Dios que lo proteja en esa área de debilidad personal.
- Pídale a Dios que le dé amigos santos, que puedan ayudarle a andar más plenamente en el Señor. Pídale a Dios que lo proteja de la influencia maligna de sus amigos incrédulos.
- Agradézcale al Señor por habernos dado el libre albedrío. Pídale que lo ayude a usarlo para buscar de Él y obedecer Sus propósitos.

11 - UNA NACIÓN DIVIDIDA

Leer 1 Reyes 12:1-33

En el último capítulo vimos cómo Dios le había prometido a Jeroboam que se convertiría en rey de Israel. El capítulo 12 nos brinda los detalles sobre esos acontecimientos.

Tras la muerte de Salomón, su hijo Roboam lo sustituyó como rey. Según el versículo 1, Roboam fue coronado rey en Siquem.

Cuando Jeroboam escuchó que Roboam había sido coronado como rey, abandonó Egipto y regresó a Israel (versículo 2). Él había huido hacia Egipto para escapar de Salomón, quien quería matarlo (1 Reyes 11:40). Cuando Jeroboam llegó a Israel, fue a ver a Roboam para hacerle una petición muy importante,

> *"Tu padre agravó nuestro yugo, mas ahora*
> *disminuye tú algo de la dura servidumbre de tu*
> *padre, y del yugo pesado que puso sobre nosotros, y*
> *te serviremos" (versículo 4).*

Le ofreció a Roboam su lealtad, con la condición de que aliviara la esclavitud que Salomón había impuesto en sus súbditos. Roboam le pidió 3 días para reflexionar al respecto. Les dijo a Jeroboam y a sus seguidores que volvieran en 3 días para darles entonces una respuesta (versículo 5).

Durante esos 3 días, el rey Roboam consultó a los ancianos de la tierra. "¿Cómo aconsejáis vosotros que responda a este pueblo?", les preguntó (versículo 6). Los ancianos le dijeron a Roboam que si servía bien al pueblo y reducía su servidumbre contra ellos, ellos serían sus fieles siervos para siempre (versículo 7). Si concedía esa petición, obtendría muchos fieles seguidores.

Pero no era eso lo que Roboam deseaba escuchar. En el versículo 8, se nos dice que él rechazó el consejo de los ancianos, y decidió consultar a los jóvenes con los que él había crecido. Roboam realmente no estaba buscando consejo. Ya había tomado una decisión. Solo buscaba a alguien que confirmara su postura.

Los amigos de Roboam le dieron el consejo que él deseaba escuchar. Cuando les pidió su opinión, ellos le aconsejaron responder esto:

"El menor dedo de los míos es más grueso que los lomos de mi padre. Ahora, pues, mi padre os cargó de pesado yugo, mas yo añadiré a vuestro yugo; mi padre os castigó con azotes, mas yo os castigaré con escorpiones" (versículo 11).

Tres días después, Jeroboam y el pueblo retornaron para escuchar la respuesta de Roboam. Él les dijo que sería aún más severo que su padre Salomón. Al hablarles de esta manera, Roboam afirmó su autoridad y rechazó el consejo de Jeroboam y de los ancianos. También dio cumplimiento a las palabras del profeta Ahías, quien había profetizado que el reino sería quitado de Salomón y sería dado a Jeroboam (1 Reyes 11:29-31).

Roboam esperaba que, al afirmar su autoridad, el pueblo estaría de acuerdo y se sometería al él por miedo. Pero la respuesta del pueblo fue muy diferente. Ese día, el pueblo se rebeló contra su autoridad, diciendo,

"Qué parte tenemos nosotros con David? No tenemos heredad en el hijo de Isaí. ¡Israel, a tus

tiendas! ¡Provee ahora en tu casa, David!" (versículo 16).

Al decir esto, las tribus de Israel le estaban diciendo a Roboam que no querían saber nada de él ni de su reino. Rechazaron a Judá y al linaje de David. Le dijeron a Judá que se preocupara por sus propios asuntos. Ellos escogerían su propio rey y seguirían otro camino. Roboam reinaría en Judá, pero el resto de las tribus de Israel lo había rechazado como rey (versículo 17).

Roboam no reaccionó bien ante el rechazo a su autoridad. En el versículo 18 vemos que envió a Adoram, quien estaba a cargo de los tributos, para que se ocupara de estos asuntos, pero los hombres de Israel lo apedrearon y murió. Al matar a Adoram, las tribus de Israel estaban declarando abiertamente que no aceptarían a Roboam ni a su liderazgo. Percatémonos también de que en el versículo 18 dice que intentaron matar a Roboam, pero éste logró salir en su carro y huir a Jerusalén.

La promesa que Dios le había hecho a Jeroboam se había cumplido. Las tribus de Israel convocaron a una asamblea y eligieron a Jeroboam como su rey. Solo la tribu de Judá permaneció fiel al linaje de David.

Aunque la división había quedado muy clara, Roboam seguía teniendo dificultad para aceptar que estas tribus le habían sido quitadas. En el versículo 21 decidió reunir a su ejército para guerrear contra Israel y recuperar su reino. Ciento ochenta mil soldados fueron escogidos para pelear contra sus hermanos.

Cuando los guerreros se estaban preparando para la batalla, vino palabra del Señor al profeta Semaías. Dios le dijo a Semaías que no debían ir a pelear contra sus hermanos, porque esa división había sido causada por Él (versículo 24). Cuando Roboam escuchó esto, decidió retirar a sus hombres. No podía esperar tener éxito si Dios no estaba con él.

Al norte, en Israel, Jeroboam tuvo también que enfrentar problemas y temores. Sabiendo que el peligro de un ataque por parte de Judá siempre estaba presente, decidió fortificar la ciudad de Siquem. También reedificó la ciudad de Penuel (versículo 25). Estas dos ciudades constituían ubicaciones estratégicas para la defensa de la naciente nación de Israel que había surgido bajo su liderazgo.

Aunque los ataques provenientes del exterior eran siempre posibles, Jeroboam necesitaba también protegerse de aquellos que provenían del interior. Le preocupaba que el pueblo pudiera volverse nuevamente al reino de Roboam. Esta constituiría una tentación muy específica para aquellos que andaban en los caminos del Señor Dios de Israel. Jeroboam sabía que el pueblo desearía ir a Jerusalén a ofrecer sacrificios en el templo, y temía que su fe en el Señor Dios y que las ceremonias llevadas a cabo en el templo en Jerusalén pudiesen hacerles cambiar de opinión en cuanto a su lealtad hacia él. Jeroboam creía que para conservar la lealtad de su pueblo tendría que romper la conexión que tenía el pueblo con el templo que estaba en Judá.

Tras pedir asesoramiento a sus consejeros, Jeroboam hizo dos becerros de oro. Le dijo al pueblo que era demasiado difícil ir a Jerusalén a adorar a Dios, y que por ello, él había hecho sus propios dioses (versículo 28). Le dijo que esos becerros eran los dioses que los habían sacado de Egipto. Recordemos que cuando el pueblo de Dios había salido de Egipto había hecho un becerro de oro y lo había adorado en el desierto (ver Éxodo 32:1-6). Jeroboam conocía acerca de este incidente, y empleó ese conocimiento a su favor. El pueblo de Dios conocía bien el relato del becerro de oro. Se trataba de un acontecimiento cuyos orígenes se remontaban a la historia de Israel. Era más probable que el pueblo aceptara estos becerros al saber que sus ancestros también los habían adorado.

Jeroboam instaló uno de los becerros de oro en Bet-el y el otro en Dan. Bet-el se ubicaba a unos 19 kilómetros al sur de Jerusalén. Dan se encontraba al norte. La idea de Jeroboam era facilitar la adoración de estos becerros de oro, para que Israel no se viera tentado a ir a Jerusalén a adorar. Jeroboam construyó también altares en los lugares altos de la tierra (versículo 31). Nombró sus propios sacerdotes y estableció festivales que coincidían con los festivales de Judá, para que el pueblo no se sintiera tentado a seguir los mandamientos del Señor (versículo 32). Hizo todo cuanto pudo por alejar al pueblo del Dios de Israel y de Judá. Le ofreció al pueblo una religión totalmente nueva. El versículo 30 nos dice que el pueblo cayó en la trampa de Jeroboam, y rápidamente adoptó esta nueva fe, apartando sus corazones del Señor Dios, para volverse a una religión hecha por hombres.

Cuando el profeta Ahías le profetizó a Jeroboam que se convertiría en rey de las 10 tribus de Israel, también le dijo que Dios solo bendeciría su reino si obedecía Sus mandamientos (1 Reyes 11:38). Pero Jeroboam decidió hacer las cosas a su manera, y apartó a su pueblo de Dios.

Aquí vemos un marcado contraste entre Roboam y Jeroboam. Roboam se negó a escuchar el consejo de sus ancianos y se metió en un problema mayúsculo. Su reino le fue quitado como consecuencia de su error. Después, quiso enviar su ejército para recuperar el control de las 10 tribus que había perdido. Cuando escuchó las palabras del profeta Semaías, quien le dijo que no debía pelear contra Israel, obedeció y regresó a su casa. Es decir, cuando se humilló, aun fue capaz de escuchar al Señor. Jeroboam, por su parte, ignoró el consejo del profeta Ahías, quien le dijo que su reino solo sería afirmado si obedecía al Señor. Roboam aceptó la palabra del Señor. Jeroboam rechazó esa palabra, e hizo las cosas a su manera. Por haberse humillado, Judá halló esperanza, pero Israel le había dado la espalda a Dios y a toda esperanza. Hay momentos en los que Dios tiene que disciplinarnos. Para nosotros el desafío radica en aceptar esa disciplina y dejar que Dios cumpla Sus propósitos a través de ella en nosotros.

Para meditar:

- ¿Ha buscado usted alguna vez el consejo de otra persona cuando realmente ya ha tomado una decisión? ¿Por qué es errónea esa actitud? ¿Cuál debe ser nuestra actitud al buscar el consejo de otras personas?
- A Roboam le costó trabajo aceptar el propósito de Dios para su reino. ¿Existen cosas que a usted le cuesta trabajo aceptar?
- Roboam estuvo dispuesto a aceptar la palabra del Señor y desistió de pelear contra sus hermanos. ¿Qué nos dice esto acerca de su carácter? ¿Está usted dispuesto a aceptar el propósito de Dios, aun cuando no sea lo que usted desea para su vida?
- ¿De qué forma hizo Jeroboam las cosas a su manera? ¿Qué nos dice esto sobre su confianza en el Señor Dios?
- Jeroboam consiguió fomentar la adoración de los becerros de oro. ¿Por qué cree usted que el pueblo de Dios se vio tentado a aceptar a estos becerros? ¿Alguna vez se ha sentido usted tentado a transigir en su fe?

Para orar:

- Pídale al Señor que le dé un corazón dispuesto a hacer lo que Él le pida.
- Pídale a Dios que le conceda gracia para aceptar Sus propósitos para su vida. ¿Existen cosas ahora mismo en su vida que usted halla difíciles de aceptar? Pídale que lo ayude a someterse a Sus propósitos.

- Pídale a Dios que le impida intentar resolver los problemas a su manera, en lugar de confiar en Él y en Sus propósitos.
- Pídale al Señor que lo perdone por todas las veces que usted se ha visto tentado a transigir en su fe. Pídale que escudriñe su corazón, y que le muestre las formas en la que usted haya podido comprometer su fe.

12 - LA PROCLAMACIÓN DEL VARÓN DE DIOS

Leer 1 Reyes 13:1-34

Jeroboam, el rey de Israel, había causado mucho daño en las mentes y corazones del pueblo de Israel. Lo apartó de Dios, estableciendo dos becerros de oro en la tierra para que el pueblo los adorara. En el capítulo 13, el Señor envía a uno de sus siervos a confrontar a Jeroboam con respecto a su pecado.

No se nos dice el nombre del varón que Dios envía a confrontar a Jeroboam. Lo que sí queda claro es que Dios tenía un mensaje muy específico para el rey. Estando Jeroboam parado frente al altar ofreciendo un sacrificio, el varón de Dios clamó por palabra del Señor. Debe entenderse que el altar donde Jeroboam estaba parado no era un altar dedicado al Señor Dios, sino posiblemente a los becerros de oro que él había establecido.

Percatémonos de que el varón de Dios clamó contra el altar:

> *"Altar, altar, así ha dicho Jehová: He aquí que a la casa de David nacerá un hijo llamado Josías, el cual sacrificará sobre ti a los sacerdotes de los lugares altos que queman sobre ti incienso, y sobre ti quemarán huesos de hombres" (versículo 2).*

Esta profecía se cumpliría muchos años después, durante el reinado de Josías. El relato de su cumplimiento puede leerse en 2 Reyes 23:15-20. El Señor Dios, en Su enojo contra Jeroboam, profanaría el altar que él había construido, al matar a los sacerdotes que en él estaban.

Aunque Jeroboam no estaría vivo para ver el cumplimiento de esta palabra profética, el Señor quería que él supiera que esto sucedería, tal y como lo había predicho el varón de Dios. En el versículo 3, el Señor le dio una señal a Jeroboam. Le dijo que al altar se quebraría, y que la ceniza que sobre él estaba se derramaría (versículo 3).

Pero Jeroboam no valoró las palabras del varón de Dios. Él había edificado ese altar para proteger su reino y hacer que el pueblo se mantuviera fiel a él. Vio al profeta como un enemigo. Extendiendo su mano, les ordenó a sus hombres que lo prendiesen. Pero la mano que había extendido contra él, se le secó, y no la pudo enderezar (versículo 4). Y estando él parado frente al altar, éste se rompió, y se derramó la ceniza del altar (versículo 5). Éstas fueron claras señales divinas de que la palabra del profeta era verdadera. Jeroboam estaba luchando contra Dios. Le era imposible ganar esa batalla.

En el versículo 6, Jeroboam le rogó al varón de Dios que orase para que su mano fuese restaurada. Cuando el profeta oró, la mano del rey fue sanada. Al ver estas señales, la actitud de Jeroboam cambió un poco. En el versículo 7 invita al profeta a comer con él. También le promete darle un presente.

El varón de Dios se niega a comer con Jeroboam y a recibir un presente de él. Le dice a Jeroboam que, aunque le diera la mitad de su casa, no iría con él, ni comería pan ni bebería agua en ese lugar (versículo 8). Cuando el profeta había sido enviado a Jeroboam, el Señor le había dado dos mandatos muy claros. El primero era que no debía comer ni beber con él. El segundo era que no debía retornar a su casa por el mismo camino por donde había ido (versículo 9). Obedeciendo al Señor, el varón de Dios se negó a aceptar la invitación de Jeroboam y regresó a casa por otro camino (versículo 10).

Aunque en este pasaje no resulta claro por qué el varón de Dios no debía comer con Jeroboam, sí es evidente que el profeta no debía tener compañerismo con el rey, quien era un monarca impío. Dios exigía la separación de todo cuanto fuese impío. Al negarse a comer con Jeroboam, el varón de Dios le estaba mostrando que a Dios le desagradaba su proceder.

En Bet-el vivía un viejo profeta (versículo 11). Sus hijos habían visto lo que había ocurrido entre el varón de Dios y Jeroboam. Le dijeron a su padre lo que había sucedido y lo que el varón de Dios le había dicho al rey.

Cuando el viejo profeta escuchó lo que había sucedido, inmediatamente preguntó por cuál camino se había marchado el varón de Dios al separarse de Jeroboam. Tras descubrir la ruta que éste había tomado, el viejo profeta les pidió a sus hijos que le ensillaran su asno. Cuando el asno estuvo ensillado, lo montó y fue tras el varón de Dios. Al hallarlo, él estaba sentado debajo de una encina (versículo 14).

El viejo profeta lo invitó a su casa para que comiese con él (versículo 15). El varón de Dios se negó, porque el Señor le había dicho claramente que no debía comer ni beber nada en esa región (versículos 16 y 17).

Entonces el viejo profeta le dijo al varón de Dios que él también era profeta. Le dijo que un ángel se le había aparecido, diciéndole que debía llevar al varón de Dios a su casa y ofrecerle pan y agua. El viejo profeta mentía al decir estas cosas (versículo 18). Creyéndole al viejo profeta, el varón de Dios fue a su casa y comió y bebió con él.

Y estando ellos en la mesa, al viejo profeta le vino palabra del Señor para el varón de Dios:

*"Por cuanto has sido rebelde al mandato de Jehová,
y no guardaste el mandamiento que Jehová tu Dios
te había prescrito, sino que volviste, y comiste pan y
bebiste agua en el lugar donde Jehová te había dicho
que no comieses pan ni bebieses agua, no entrará tu
cuerpo en el sepulcro de tus padres" (versículos 21 y
22).*

Cuando hubo terminado de comer y beber, el varón de Dios se fue de la casa del viejo profeta. El viejo profeta le ensilló el asno (versículo 23). Es posible que la acción de ensillarle el asno haya sido un gesto de compasión hacia el varón de Dios. Le estaba dando su asno. Puede que hubiese estado tratando de protegerlo en su camino. Es muy posible también que estuviese reconociendo el terrible mal que le había hecho a este varón de Dios al engañarlo de esa manera.

Mientras el varón de Dios viajaba rumbo a su casa, un león le salió al encuentro y lo mató. Su cuerpo fue echado en el camino (versículo 24). Lo que resulta especialmente interesante es que, tanto el león como el asno, permanecieron junto al cuerpo. Esto no parecía ser un acontecimiento natural. Lo normal hubiese sido que el león hubiese devorado el cadáver y se hubiese marchado después. En lugar de ello, el león parecía estar protegiendo el cuerpo del varón de Dios. También podríamos preguntarnos por qué el asno no huyó por miedo al león. Esa era también una señal del Señor.

Los que pasaban vieron estos extraños acontecimientos y le avisaron al viejo profeta (versículo 25). Cuando el profeta escuchó lo que había ocurrido, se percató de que se trataba del varón de Dios. La muerte del varón de Dios era una confirmación de la palabra que el viejo profeta había hablado.

Al enterarse de todo cuanto había ocurrido, el viejo profeta les pidió a sus hijos que le ensillaran su asno. Luego fue a buscar el cuerpo del varón de Dios. Al hallar el cuerpo tendido en el camino junto al asno y el león, el viejo profeta lo recogió, lo montó en su asno y lo llevó a su propia ciudad, donde lo endechó y lo enterró en su propio sepulcro (versículos 29 y 30).

Tras haber sepultado al varón de Dios, el viejo profeta les dijo a sus hijos que cuando él muriese lo sepultaran donde estaba sepultado el varón de Dios (versículo 31). Les confirmó también que la palabra que este varón de Dios había clamado contra el altar en Bet-el y contra los altares de Israel era verdadera (versículo 32).

Pero ni siquiera al ver estos acontecimientos y confirmaciones Jeroboam se apartó de sus malos caminos. En lugar de ello, continuó consagrando sacerdotes para sus lugares altos (versículo 33). Este pecado, a la postre, provocaría la caída y destrucción de la nación de Israel (versículo 34).

En este capítulo hallamos varias lecciones que debemos aprender. En primer lugar, debemos observar la conexión que existe entre la obediencia a Dios y la bendición. Por causa de su pecado, Jeroboam estaba apartando al pueblo de Dios y de Sus bendiciones. El juicio de Dios cayó sobre él, y sus esfuerzos por apartar al pueblo solo provocaron destrucción.

En segundo lugar, percatémonos de la importancia de la fidelidad absoluta a los mandatos que el Señor nos ha dado. Dios le había hablado al varón de Dios, pero él creyó las mentiras del viejo profeta y sufrió las consecuencias. Todo mandato debe ser claramente probado. Si Dios nos ha ordenado hacer algo, Él nos lo confirmará personalmente. No podemos asumir que las palabras de otras personas provienen del Señor hasta tener una confirmación clara por parte de Él en nuestros corazones.

Por último, percatémonos de que el Señor puede usar nuestros fracasos para cumplir Sus propósitos. Al retornar a la ciudad y comer y beber con el viejo profeta, el varón de Dios había desobedecido al Señor Dios y había fallado. Aunque al final fue muerto por haber desobedecido, Dios usó las circunstancias de su muerte para confirmarles a todos los presentes que él había hablado la verdad. Esto también les demostró a todos que el Señor estaba contra ellos. Ese varón de Dios había hallado la muerte al confraternizar con ellos. Si Dios le había hecho eso a su siervo escogido, por haber comido en su ciudad, ¿qué no les haría a aquellos que le habían dado la espalda y habían adorado al becerro de oro? Se trataba de una contundente declaración para toda la nación, así como de una advertencia del peligro de andar en los caminos que habían escogido.

Para meditar:

- ¿Cuál fue la reacción de Jeroboam ante la palabra de Dios? ¿Qué evidencia vemos de la dureza de su corazón?
- Jeroboam estaba luchando contra la voluntad y el propósito de un Dios soberano. ¿Se ha visto usted alguna vez luchando contra el propósito de Dios? En lo personal, ¿qué desafío halla usted en este pasaje?
- En este pasaje vemos que el varón de Dios había sido llamado a una obediencia absoluta. ¿Se ha visto usted tentado alguna vez a comprometer su fe y a creer en una mentira? Fundamente su respuesta.
- ¿Por qué resulta importante confirmar las órdenes del Señor que nos llegan a través de otras personas? ¿Ha sido usted engañado alguna vez por alguien que creía conocer la voluntad y el propósito de Dios para su vida?
- ¿Cómo usó el Señor la muerte del varón de Dios para cumplir Su propósito? ¿Puede Dios utilizar hasta nuestros

fracasos para lograr algo bueno? ¿Significa esto que no sufriremos las consecuencias de nuestra desobediencia e infidelidad?

Para orar:

- Pídale al Señor que ablande su corazón para que sea sensible ante Su dirección. Pídale que lo perdone por todas las veces que ha ignorado Sus gentiles exhortaciones.
- Pídale a Dios que lo ayude a vivir en obediencia a la voluntad que Él tiene para su vida, y a no apartarse de ella.
- Agradézcale a Dios por ser un Dios de justicia que nunca ignora el pecado ni la rebelión. Agradézcale por el hecho de que, a pesar de Su justicia, Él es también un Dios de compasión y misericordia.

13 - MUERTE DE JEROBOAM Y ROBOAM

Leer 1 Reyes 14:1-31

El pueblo de Dios estaba ahora dividido en dos naciones. Jeroboam era rey de Israel en el norte. Roboam, el hijo de Salomón, era el rey de Judá en el sur. El capítulo 14 narra la historia de la muerte de ambos reyes.

Jeroboam

Al comienzo del capítulo 14, conocemos de la existencia de Abías, el hijo de Jeroboam. En el versículo 1 se nos dice que Abías cayó gravemente enfermo. Jeroboam no sabía qué hacer con respecto a su hijo, así que le pidió a su esposa que fuese a Silo a consultar al profeta Ahías. Este era el profeta de que le había dicho que se convertiría en rey de Israel (ver 1 Reyes 11:29-31). Es interesante observar que, aunque Jeroboam había instaurado su propia religión en Israel, no confiaba realmente en los sacerdotes de su nueva religión. Así que, cuando quiso saber qué debía hacer con respecto a su hijo, acudió al profeta del Señor Dios de Judá.

Percatémonos de que en el versículo 2 dice que Jeroboam quería consultar a Ahías en secreto. El pasaje no explica el motivo de este deseo, pero podemos asumir que él no deseaba que el pueblo viera que él consultaba a los profetas del Señor en Judá. Él había hecho todo lo posible por evitar que el pueblo de Israel retornase a Judá y a la fe de sus padres. Jeroboam le pidió a su esposa que se disfrazara y fuera a ver a Ahías para averiguar sobre su hijo. Le dijo que llevase 10 panes, y tortas, y una vasija de miel para pagarle al profeta (versículo 3).

Ahías ya no podía ver a causa de su avanzada edad, pero el Señor le dijo que la esposa de Jeroboam iría a indagar por su hijo. Le dijo también a Ahías que ella se haría pasar por otra persona. Es necio intentar ocultarle algo al Señor. Él todo lo ve y todo lo sabe. Cuando Ahías oyó el sonido de sus pies, al entrar ella por la puerta, dijo:

"Entra, mujer de Jeroboam. ¿Por qué te finges otra?
He aquí yo soy enviado a ti con revelación dura"
(versículo 6).

Ahías le dijo a la mujer de Jeroboam que Dios le había quitado el reino a David y había levantado a Jeroboam como líder de Su pueblo, pero que él no había sido fiel al Señor, ni había guardado Sus mandamientos. Él no había seguido al Señor de todo su corazón (versículo 8). Ahías le dijo a la esposa de Jeroboam que su marido había hecho más mal que todos los que habían vivido antes que él. Él había hecho dioses en la tierra, y había provocado a ira al Señor Dios (versículo 9).

Por causa de ese gran mal que él había cometido, el Señor Dios traería un gran desastre a su casa. Todos los varones de la casa de Jeroboam serían cortados de Israel, fuesen libres o siervos. Dios barrería la posteridad de la casa de Jeroboam como se barre el estiércol. No quedaría nada de su casa (versículo 10). El que muriera de los de Jeroboam en la ciudad, lo comerían los perros. Las aves del cielo se alimentarían de los que muriesen en el campo. Ninguno de sus descendientes moriría con honor, y ninguno tendría un entierro adecuado. Esas palabras sin dudas fueron muy duras para la esposa de Jeroboam, quien tuvo que transmitirle ese mensaje a su marido.

Ahías le dijo a la mujer de Jeroboam que cuando pusiera el pie en su ciudad, el niño moriría (versículo 12). Israel endecharía la muerte de Abías. Él sería el único de la casa de Jeroboam que sería sepultado, por cuanto se había hallado en él alguna cosa buena delante del Señor (versículo 13).

Aunque el Señor había hallado alguna cosa buena en Abías, no era Su intención que él se convirtiese en el próximo rey. Aunque era lo mejor que tenía la casa de Jeroboam, perdería su vida al igual que los demás de su casa. Toda la familia de Jeroboam sería cortada. Al permitirle a Abías morir de forma pacífica, Dios lo estaba librando del terror que el futuro les depararía. No siempre comprendemos los propósitos del Señor, pero podemos estar seguros de que son correctos y justos.

Se acercaba el día en el que el Señor sacudiría a Israel, sembrando el caos en la nación. No habría estabilidad, porque se habían apartado del Señor Dios, buscando hallar seguridad en otros dioses (versículo 15).

En el versículo 16, el profeta Ahías le dice a la mujer de Jeroboam que Dios entregaría a Israel por los pecados de Jeroboam (versículo 16). Esto no significaba que Dios rechazaría a la nación para siempre. Pero durante un tiempo, Dios retiraría Su bendición y Su presencia por causa de sus pecados.

La esposa de Jeroboam retornó a su ciudad, y como Ahías había dicho, en cuanto puso un pie en su casa, el niño murió. Fue sepultado, y todo Israel lo endechó (versículos 17 y 18).

El tiempo que reinó Jeroboam en Israel fue de veintidós años. Murió y fue sepultado con sus padres. El versículo 19 nos dice que los demás hechos de Jeroboam, y las guerras que hizo, quedaron registrados en el libro de las historias de los reyes de Israel. Estos libros eran los registros oficiales de los reinados de los monarcas de la época.

Roboam

A partir del versículo 21 y hasta el final del capítulo, el autor centra su atención en el rey Roboam de Judá. Tenía 41 años cuando se convirtió en rey. Reinó durante 17 años en la ciudad de Jerusalén (versículo 21).

Su reino se caracterizó también por el mal. Durante su gobierno, Judá le dio la espalda al Señor Dios, provocando Sus celos (versículo 22). Al igual que la nación de Israel, Judá erigió también altares paganos en lugares altos por toda la tierra. También se edificaron lugares altos, estatuas, e imágenes de Asera, en todo collado alto y debajo de todo árbol frondoso (versículo 23). Asera era una diosa pagana de la fertilidad, cuyo símbolo se representaba por medio de una estaca que se clavaba en la tierra. Percatémonos de que en el versículo 24 dice que en Judá también se había instaurado la prostitución sagrada masculina. Judá imitó todos los ritos abominables de las naciones que el Señor había expulsado de delante de los israelitas (versículo 24).

Debido a estas prácticas, la tierra fue despojada de todas sus bendiciones. En el quinto año del reinado del rey Roboam, Sisac, rey de Egipto, atacó a Jerusalén (versículo 25). Se apoderó de los tesoros del templo del Señor y se lo llevó todo, incluyendo los escudos de oro que había hecho Salomón (versículo 26). De esa manera se cumplió la palabra que Dios le había hablado a Salomón en 1 Reyes 9:6-8, cuando le dijo a Salomón que si Su pueblo le daba la espalda, Él rechazaría el templo.

Roboam se vio obligado a hacer escudos de bronce para sustituir a los de oro que habían sido robados del templo (versículo 27). Cuando el rey iba al templo, los de la guardia llevaban los escudos de bronce; y después los ponían en la cámara de los de la guardia (versículo 28). Esto indica que los escudos sólo tenían un uso ceremonial.

Lo que sí queda claro en este pasaje es que el pueblo de Judá estaba siendo despojado de sus bendiciones divinas por causa de sus pecados. El pecado había alejado la presencia de Dios, tanto de la nación de Israel en el norte, como de la nación de Judá en el sur.

Todos los hechos acontecidos durante el reinado de Roboam quedaron registrados en los anales de los reyes de Judá. Aquí no se nos ofrecen todos los detalles. El objetivo de este relato es mostrar el clima espiritual que imperaba en la nación de Judá en esa época. Durante toda la vida de Roboam hubo guerra entre Israel y Judá. Roboam murió y fue sepultado con sus padres en la ciudad de Jerusalén. Su hijo Abiam ocupó el trono en su lugar.

Gracias a este capítulo, vislumbramos el clima espiritual que imperaba en Israel y Judá en esta época. Ambas naciones le habían dado la espalda al Señor Dios y estaban sufriendo las consecuencias de su rebelión. Las bendiciones divinas estaban siendo quitadas de la nación. Mientras el pueblo de Dios continuase de espaldas a Él y andando en desobediencia, no habría esperanza para él.

Para meditar:

- En su momento de necesidad, Jeroboam buscó a un verdadero profeta de Dios. ¿Qué nos dice esto sobre él? ¿Conoce usted personas que han escogido no seguir al Señor, pero que en su momento de necesidad corren de nuevo a Él?
- La esposa de Jeroboam trató de esconderse del profeta Ahías. ¿Por qué resulta inútil intentar esconderse del Señor? ¿Acaso no conoce Dios nuestras obras y nuestros pensamientos? ¿Cómo debe esto modificar nuestra forma de vivir?

- Dios juzgó a las naciones de Israel y de Judá por causa de sus pecados. Sus rebeliones alejaron la presencia de Dios de esas naciones. ¿Es evidente la presencia de Dios en su país? ¿Qué impide que Su presencia se revele en su nación?
- ¿Por qué la muerte de Abías, el hijo de Jeroboam, fue una bendición? ¿Podemos confiar en Dios aun en circunstancias que no podemos comprender?
- Tanto la nación de Israel como la de Judá fueron tentadas a seguir al mundo y a andar en sus caminos. ¿Ve usted evidencias de este tipo de tentación en la iglesia contemporánea? Fundamente su respuesta.

Para orar:

- Agradézcale al Señor por el hecho de que solo en Él existen bendición y esperanza duraderas.
- Pídale al Señor que le ayude a vivir cada día sabiendo que Él ve y conoce la actitud de su corazón.
- Agradézcale al Señor por Su paciencia para con nosotros. Agradézcale por juzgar el mal y el pecado.
- Pídale al Señor que suscite un espíritu de arrepentimiento en su iglesia y en su país.
- Pídale a Dios que le dé gracia para poder resistir las tentaciones del mundo, y para poder obedecerlo a Él de todo corazón

14 - LOS REINADOS DE ABIAM Y ASA DE JUDÁ, Y DE NADAB Y BAASA DE ISRAEL

Leer 1 Reyes 15:1-34

Probablemente, uno de los aspectos más desconcertantes en la historia de los reyes de Israel y de Judá que han quedado registrados en el antiguo Testamento es que algunos de los reyes tenían el mismo nombre. Ya hemos visto un ejemplo de ello en el último capítulo. Según 1 Reyes 14, el rey Jeroboam de Israel tuvo un hijo llamado Abías que murió. En 1 Reyes 14:31 se nos dice que el hijo del rey Roboam también se llamaba Abías. Él se convertiría en el próximo rey de Judá.

Rey Abiam de Judá

Abiam, el hijo de Roboam, se convirtió en rey de Judá. Recordemos que los reyes de Judá eran descendientes de David. Abiam se convirtió en rey de Judá cuando Jeroboam aún estaba reinando en Israel (versículo 1). Abiam solo gobernó durante 3 años como rey de Judá (versículo 2).

Aunque Abiam era descendiente de David y de Salomón, no seguía al Dios de sus ancestros. Al igual que su padre Roboam, le dio la espalda al Señor (versículo 3). A pesar de su rebelión, el Señor le concedió tener un hijo que lo sucediera en el trono. Ese hijo honraría al Señor Dios y restauraría parte de la fortaleza y la dignidad de Jerusalén. Dios no lo hizo porque Abiam lo mereciese, sino por amor a David (versículo 4), y por Su deseo de usar a la nación para cumplir Sus propósitos para el mundo entero.

Aunque el favor de Dios estaba sobre la nación de Judá, esto no significaba que la vida allí fuera fácil, ni que no hubiera problemas. Durante todo el reinado de Abiam hubo guerra constante con Israel (versículo 7). El registro de su reinado está escrito en los anales de los reyes de Judá. Abiam murió y fue sepultado con sus ancestros en la ciudad de David.

El rey Asa de Judá

Tras la muerte de Abiam, su hijo Asa ocupó su lugar como rey. Ya para ese entonces, Jeroboam había sido rey en la nación rival de Israel durante 20 años (versículo 9). Asa reinaría como rey de Judá por un período de 41 años (versículo 10).

El versículo 11 describe a Asa como un rey bueno que hizo lo recto delante los ojos del Señor, tal y como David lo había hecho. Era el primer rey, desde la época de David y Salomón, que volvía su corazón hacia el Señor.

En su calidad de rey, Asa tuvo que hacer una gran depuración en la nación. Durante los reinados de Salomón, Roboam y Abiam, la nación de Judá había estado andando en rebelión contra Dios. Percatémonos de que el versículo 12 dice que Asa expulsó de la tierra a los hombres que ejercían la prostitución sagrada, y se deshizo de los ídolos que su padre Abiam había hecho. Castigó incluso a su abuela Maaca, despojándola de su posición como reina madre, por haber edificado una estaca pagana de Asera en la tierra. Esto habla del esfuerzo que hizo Asa por purificar la nación. Deshizo el ídolo de su abuela, y lo quemó junto al torrente de Cedrón (versículo 13). Aunque no purificó la tierra totalmente de sus males, el corazón de Asa fue perfecto para con el Señor toda su vida (versículo 14).

Asa llevó al templo de Dios artículos de plata y oro que habían sido dedicados allí al Señor (versículo 15). Sobre estos artículos el pasaje no dice nada. Algunos comentaristas creen que se trataba de artículos que su padre había tomado como parte de diversos botines durante sus campañas militares. Aunque estos utensilios habían sido dedicados al Señor, por algún motivo no estaban siendo usados en Su servicio. Asa se aseguró de que todo lo que hubiese sido dedicado al Señor fuese llevado al templo para usarlo allí.

Durante el reinado de Asa, hubo guerra entre Judá e Israel (versículo 16). Baasa, el rey de Israel, invadió la ciudad de Ramá y cerró sus fronteras para impedir que alguien entrara en Judá o saliera de ella. Esto causó serios problemas para Asa y para Judá. Para resolver esta dificultad, Asa tomó el oro y la plata que había llevado al templo, se los entregó a sus siervos y los envió a ver a Ben-adad de Siria. Él pretendía ofrecerle a Ben-adad toda esta riqueza a cambio de su apoyo contra Baasa, el rey de Israel (versículos 18 y 19). Empleando el oro y la plata que se hallaba en el tesoro del templo, Asa sobornó a Ben-adad para conseguir su apoyo contra Israel (versículo 19).

Al ver la cantidad de oro y plata que Asa le ofrecía, Ben-adad estuvo dispuesto a romper su trato con Israel. Como respuesta, envió sus fuerzas contra Israel y conquistó varias ciudades israelitas (versículo 20).

Cuando el rey Baasa de Israel escuchó que Ben-adad se había puesto de parte de Judá, retiró a sus soldados. El rey Asa emitió una orden a todo Judá y todos fueron a Ramá, y quitaron de allí la piedra y la madera con que Baasa había bloqueado las fronteras de su país. El rey Asa empleó la madera y la piedra para edificar las ciudades de Geba y Mizpa.

Aquí vemos que, aunque Asa honró al Señor, no fue perfecto. No confió en Dios en este asunto de la oposición que Israel les hacía en Ramá. En lugar de acudir a Dios para obtener ayuda, despojó el templo de sus tesoros y así compró el apoyo del rey Ben-adad. Incluso aquellos que aman al Señor pueden dejar de confiar en Él y hacer las cosas a su manera.

Ya en su vejez, Asa tuvo una enfermedad en los pies (versículo 23). Esto habría limitado sus movimientos. El registro de los acontecimientos de su reinado se conservó en Judá. Fue enterrado en la ciudad de David junto a sus ancestros. Su hijo Josafat reinó en su lugar (versículo 24).

El rey Nadab de Israel

Ahora la atención se centra en la nación de Israel, hacia el norte. Tras la muerte de Jeroboam, su hijo Nadab se convirtió en rey (versículo 25). El rey Asa reinaba en Judá cuando Nadab sucedió a su padre en Israel. Nadab reinaría durante dos años en Israel. Anduvo en los caminos de su padre Jeroboam e hizo lo malo ante los ojos del Señor (versículo 26).

Un hombre llamado Baasa conspiró contra Nadab. Mientras Nadab y su ejército estaban sitiando la ciudad filistea de Gibetón, Baasa lo mató y reinó en lugar suyo en Israel (versículo 28).

Baasa de Israel

Una de las primeras cosas que hizo Baasa como rey fue eliminar en su totalidad al linaje familiar de Jeroboam (versículo 29). No dejó vivo a nadie de la casa de Jeroboam. Esto dio cumplimiento a la profecía que Ahías le había hecho a la esposa de Jeroboam en 1 Reyes 14:10-11. El juicio de Dios cayó sobre la casa de Jeroboam debido a su pecado y rebelión contra Dios.

Durante todo el reinado de Baasa hubo guerra entre Israel y Judá. Baasa reinó en Israel durante 24 años (versículo 33). Sin embargo, hizo también lo malo ante los ojos del Señor. Aunque Dios lo usó para castigar a la familia de Jeroboam, él también anduvo en los mismos pecados. Los hechos del reinado de Baasa están escritos en los anales de Israel (versículo 32).

En este capítulo vemos que Israel continuó en el mismo camino de rebelión contra Dios. Nadab, el hijo de Jeroboam, fue asesinado y todo su linaje familiar fue aniquilado. Baasa tomó el control de la nación por la fuerza, pero no hizo nada para que la nación de Israel se volviese nuevamente hacia Dios.

En la nación de Judá, el rey Asa se convirtió en el primer rey desde David y Salomón en buscar del Señor. Trabajó arduamente para limpiar la nación de su impureza y de sus caminos pecaminosos. Pero ni siquiera él confió completamente en el Señor, y en el pasaje vemos cómo decidió despojar el templo de sus riquezas para sobornar a Ben-adad y obtener así su apoyo contra Israel.

Para meditar:

- ¿Qué evidencias vemos de la mano del Señor Dios obrando en la nación de Judá durante los reinados de Abiam y Asa? ¿Merecía la nación esa misericordia? ¿Qué evidencias ve usted de la mano de Dios obrando en su vida?

- ¿Qué hizo Asa para depurar la nación de Judá? ¿Qué nos enseña esta depuración acerca de lo mucho que el pueblo se había desviado de los caminos de Dios?
- En su momento de necesidad, Asa no consultó al Señor Dios, sino que despojó al templo de sus riquezas para comprar el apoyo de un rey pagano. ¿Alguna vez se ha sentido usted tentado a confiar en las personas en lugar de confiar en el Señor? ¿De qué manera se perjudica la obra de Dios en nuestra época cuando ponemos nuestra confianza en las personas en lugar de ponerla en Él?
- Dios usó a Baasa para juzgar a la familia de Jeroboam por sus pecados, pero él demostró ser igual a Jeroboam. ¿Es posible que juzguemos a los demás, y no seamos para nada mejores que aquellos a quienes juzgamos? ¿Ha sido usted culpable de esto alguna vez?

Para orar:

- Dedique unos instantes a agradecerle al Señor, porque Su mano ha estado sobre su vida. Agradézcale por Sus bendiciones.
- Dedique unos instantes a hacer un análisis de su vida. ¿Existen cosas que deben ser depuradas? ¿Cuáles son? Pídale al Señor que le dé fuerzas para hacer lo necesario a fin de ser limpio delante de Él.
- Pídale a Dios que lo ayude a confiar en Su dirección. Pídale que lo perdone por las veces en las que usted no confió en Él, sino que hizo las cosas a su manera.
- Pídale a Dios que lo ayude a no apresurarse a juzgar a los demás. Pídale que le dé gracia para poder ver sus propios defectos y pecados.

15 - BAASA, ELA, ZIMRI, OMRI Y ACAB DE ISRAEL

Leer 1 Reyes 16:1-34

En este capítulo nos centraremos en la nación de Israel. El capítulo 16 describe los acontecimientos que tuvieron lugar desde el reinado de Baasa y hasta el reinado de Acab en la nación de Israel. Veremos cuál era la situación de la nación y cuán lejos se había desviado del Señor Dios.

Baasa

En el capítulo 15 vemos que Baasa masacró a toda la familia de Jeroboam, cumpliendo así la profecía del profeta Ahías. Aunque Baasa fue el instrumento de la justicia y el juicio de Dios contra Jeroboam, él cayó en los mismos pecados que Jeroboam. Por esta causa, Dios envió al profeta Jehú para que hablara con él (versículo 1).

El Señor le dijo a Baasa que Él lo había levantado del polvo para convertirlo en el líder de su pueblo, pero que él había escogido andar en los caminos de Jeroboam, provocando a ira al Señor (versículo 2). Debido a su pecado, Dios destruiría la casa de Baasa, y pondría su casa como la de Jeroboam. Los de su familia que fueren muertos en la ciudad, los comerían los perros; y los que fueren muertos en el campo, los comerían las aves del cielo. Esta profecía de Jehú era idéntica a la profecía de Ahías contra Jeroboam (ver 1 Reyes 14:11). Como Baasa había cometido los mismos pecados que Jeroboam, sería castigado de la misma manera.

La familia de Baasa no recibiría ni respeto ni honra. Sus miembros no serían sepultados de una manera que reflejara su lugar en la sociedad. Morirían de forma violenta y cruel, y serían devorados por los animales, tanto en la ciudad como en el campo.

El registro de los acontecimientos del reinado de Baasa está escrito en los anales de los reyes de Israel. Baasa murió y fue enterrado con sus padres en la ciudad de Tirsa. Su hijo Ela lo sucedió como rey de Israel (versículo 6).

Ela

Ela, el hijo de Baasa, reinó durante dos años en Israel, en la ciudad de Tirsa (versículo 8). Uno de sus oficiales era un hombre llamado Zimri. Éste era un individuo influyente y poderoso, y era comandante de la mitad de los carros del rey Ela (versículo 9).

En una ocasión el rey Ela estaba en la ciudad de Tirsa, embriagándose en casa de Arsa su mayordomo. Zimri se aprovechó del estado de embriaguez de Ela y lo mató, ocupando el trono en lugar suyo (versículo 10).

Zimri

Una de las primeras cosas que hizo Zimri tras ocupar el trono fue asesinar a toda la familia de Ela. El versículo 11 nos dice que no dejó vivo ni a un solo varón de su casa. Esto ocurrió para que se cumpliese la profecía que el profeta Jehú le había dado a Baasa, el padre de Ela. Zimri fue el instrumento que Dios usó para juzgar a Baasa y a su familia por sus pecados y rebeliones (versículo 13).

El reinado de Zimri en Tirsa, Israel, solo duraría 7 días (versículo 15). Cuando el pueblo de Israel escuchó que Zimri había matado a Ela, y tomado el trono por la fuerza, proclamó a Omri, el comandante del ejército, como rey (versículo 16). Cuando Omri fue escogido como rey de Israel, inmediatamente sitió a Tirsa, desde donde Zimri estaba reinando (versículo 17).

Zimri sabía que no tenía oportunidad alguna de vencer al ejército de Israel bajo el mando de Omri. Posiblemente sabía también que la nación estaba encolerizada con él por haber matado al rey Ela. Para escapar de Omri y de la ira de Israel, Zimri fue a la ciudadela del palacio real y prendió fuego a la casa consigo; y así se suicidó (versículo 18). La rebelión de Zimri fue registrada en los anales oficiales de los reyes de Israel (versículo 20).

Omri

No todos en Israel apoyaban a Omri. El versículo 21 nos dice que la nación de Israel estaba políticamente dividida. La mitad de Israel apoyaba a Omri, mientras que la otra mitad apoyaba a Tibni. El versículo 22 nos dice que los que apoyaban a Omri fueron más fuertes que los que apoyaban a Tibni, así que Tibni murió y Omri se convirtió en rey. Aunque en el pasaje no se dice claramente, podemos suponer que los partidarios de Omni mataron a Tibni.

Omri reinó en Israel durante 12 años (versículo 23). Seis de ellos los pasó reinando en la ciudad de Tirsa. A un hombre llamado Semer, Omri le compró una colina por dos talentos de plata (70 kilogramos). En esa colina construyó una ciudad, y la nombró Samaria, por el nombre de su antiguo dueño, Semer (versículo 24). Esta ciudad de Samaria se convertiría en la nueva capital de Israel.

Omri no obedeció al Señor, sino que hizo lo malo en la tierra. El versículo 25 nos dice que hizo peor que todos los que habían reinado antes de él. Anduvo en los caminos de Jeroboam y provocó a ira al Señor (versículo 26). En Israel se conservó el registro de su reinado. Fue sepultado en la ciudad de Samaria que él había edificado. Su hijo Acab reinó en su lugar (versículo 28).

Acab

El último rey que analizaremos en este capítulo es el rey Acab. Reinó en Samaria durante 22 años (versículo 29). Acab fue más malvado que todos los reyes que habían reinado antes que él, incluso peor que su propio padre (versículo 30). Le fue ligera cosa cometer los pecados de Jeroboam, y fue más lejos que Jeroboam en su andar pecaminoso.

Acab se casó con Jezabel, la hija de Et-baal, rey de los sidonios (versículo 31). El nombre Et-baal significa literalmente "con Baal" y nos indica la devoción con la que este rey adoraba a Baal. Su hija Jezabel era una mujer perversa. Acab adoraba abiertamente al dios Baal (versículo 31). Construyó un altar y un templo para Baal en Samaria (versículo 32). También edificó una estaca pagana para Asera. El versículo 33 nos dice que hizo más que todos los reyes de Israel que reinaron antes que él, para provocar la ira del Señor Dios.

En esa época, un hombre llamado Hiel de Bet-el asumió la tarea de reedificar la ciudad de Jericó. El versículo 34 nos dice que antes de completar su tarea, dos de sus hijos murieron. Esto ocurrió para que se cumpliese la palabra hablada por Josué después de haber quemado y maldecido la ciudad en Josué 6:26.

Al analizar la situación de la nación de Israel en esa época de la historia, no podemos dejar de percatarnos de la terrible inestabilidad y caos en los que estaba sumida la nación. Todos sus reyes, sucesivamente, habían llevado a la nación a un abismo cada vez más profundo de pecado y desesperación. Dos familias reales fueron exterminadas. Dos reyes fueron asesinados y sus tronos tomados por la fuerza. La división política provocó la muerte de Tibni, quien desafió el reinado de Omri. Zimri, quien reinó durante 7 días, se suicidó, prendiéndose fuego dentro de su palacio en Tirsa. El pecado y el mal estaban destruyendo la tierra.

En todo ese tiempo, Dios continuó desafiándolo y juzgándolo, pero Su pueblo no lo escuchaba. Continuaron rebelándose y alejándose de Dios y de Sus propósitos.

Para meditar:

- Baasa no aprendió del juicio hecho a Jeroboam y cayó en el mismo pecado. Como consecuencia, Dios lo castigó de la misma manera. ¿Aprendemos de las experiencias de otros en su andar con Dios? ¿Por qué a menudo tenemos que repetir los errores de los demás para poder aprender la lección nosotros?
- ¿Cuáles fueron las consecuencias del pecado y el mal en la tierra de Israel en ese período de tiempo? ¿Cuáles son las consecuencias que trae el pecado en su propio país?
- ¿Cómo influye el pecado en las relaciones en este capítulo? ¿Qué evidencias hallamos de que las personas intentaban derrotarse mutuamente?
- ¿Cómo se manifestó la paciencia de Dios para con Israel en ese tiempo? ¿De qué manera se hizo evidente Su justicia? ¿De qué manera demostró Dios tanto Su paciencia como Su justicia para con Su pueblo?

Para orar:

- Pídale a Dios que lo ayude a aprender de los pecados y errores de los demás.

- Pídale a Dios que contienda con el problema del pecado en su sociedad. Pídale que perdone a su tierra y a su iglesia, y que les dé un espíritu de arrepentimiento.
- Agradézcale al Señor por ser paciente con nosotros cuando pecamos y nos rebelamos. Agradézcale al Señor por ser también un Dios de justicia, que condena el pecado y el mal.
- Pídale al Señor que escudriñe su corazón, y le muestre las áreas en las que usted necesita confesar su pecado y ser hecho justo delante de Dios.

16 - ELÍAS, UN VERDADERO PROFETA

Leer 1 Reyes 17:1-24

En Deuteronomio 18:21-22 se describe la manera de probar a un verdadero profeta.

"Y si dijeres en tu corazón: ¿Cómo conoceremos la palabra que Jehová no ha hablado?; si el profeta hablare en nombre de Jehová, y no se cumpliere lo que dijo, ni aconteciere, es palabra que Jehová no ha hablado; con presunción la habló el tal profeta; no tengas temor de él."

Aquí en el capítulo 17 de 1 Reyes, conocemos a un profeta llamado Elías. En el versículo 1 Elías hace una poderosa declaración ante el rey Acab. Le dice que no habría rocío ni lluvia en Israel, sino por su palabra. Esa era una declaración increíble en los labios de un hombre de Dios.

La afirmación era tan extraordinaria que Elías arriesgó su vida al pronunciarla. El Señor le dijo a Elías que abandonase la ciudad y se escondiese en una quebrada al este del Jordán (versículo 3). En esa quebrada había un pequeño arroyo del cual Elías podría beber agua. Dios le dijo que les ordenaría a los cuervos que le dieran de comer allí (versículo 4). Esto demuestra que la provisión de Dios a veces procede de las fuentes más insólitas. Al leer esto, comprendemos también que toda la naturaleza obedece las órdenes del Señor Dios. Tal y como el Señor le había dicho, los cuervos le llevaban a Elías tanto pan como carne, en la mañana y en la tarde. Las necesidades de Elías estaban bien cubiertas, y bebía del agua del arroyo.

Con el tiempo, el agua del arroyo se secó porque no había llovido sobre la tierra (versículo 7). Al ver esto, nos damos cuenta de que la palabra de Elías era del Señor. Lo que él había profetizado estaba comenzando a ocurrir.

Cuando el agua del arroyo se agotó, el Señor abrió otra puerta de provisión para el profeta, enviándolo fuera de Israel y hacia Sidón, al hogar de una viuda en Sarepta. Hay que recordar que al suegro de Acab gobernaba en Sidón. Este territorio estaba lleno de adoradores de Baal. En medio de esta tierra pagana, Dios puso Su mano sobre esta viuda y la usó para satisfacer las necesidades físicas de Su profeta Elías. Nuevamente vemos que la provisión de Dios surgió de la fuente más inesperada.

Elías se fue a Sarepta. En la soberanía de Dios, cuando él llegó, la viuda estaba recogiendo leña. Elías le pidió que le diera agua para beber (versículo 10). Cuando ella iba a buscar el agua, Elías le pidió también algo de pan (versículo 11).

Ante esta petición, la viuda le respondió a Elías que no tenía pan. Solo tenía un puñado de harina en una vasija y un poco de aceite. Le dijo a Elías que había salido a recoger leña para hacer la última comida para ella y su hijo. Después, iba a prepararse para morir. Recordemos que esta era la mujer que Dios había llamado para que supliera las necesidades de Elías. Humanamente hablando, ella no era una opción lógica. No tenía nada que darle a Elías.

Elías sabía que Dios le había dicho que esta viuda sería quien proveería para sus necesidades. Aunque no comprendía lo que Dios iba a hacer, le dijo que no temiera. Le ordenó ir a casa y hacerle una pequeña torta de harina. Percatémonos de que en el versículo 13 se dice que ella debía hacer esta torta de harina para Elías antes de cocinar algo para ella y para su hijo. Se trataba de una petición audaz, que exigía que la viuda diese un paso de fe. Elías le dijo que Dios le había dicho que la harina de la tinaja no escasearía, ni el aceite de la vasija disminuiría hasta el día en el que el Señor hiciera llover (versículo 14).

La viuda hizo exactamente lo que Elías le pidió. Le trajo una torta de harina y luego preparó comida para ella y para su hijo. Hubo suficiente comida para todos (versículo 15). La harina no escaseó, ni el aceite disminuyó, aun cuando ella los usaba todos los días. Todo esto dio cumplimiento a la palabra que Dios había hablado a través de Elías (versículo 16). Una vez más vemos cómo el Señor estaba hablando a través de este profeta. La prueba de que era un verdadero profeta del Señor se hallaba en el hecho de que su predicción se había cumplido.

Aunque la viuda no tenía nada que dar, Dios proveería milagrosamente todo cuanto ella necesitara para ministrarle a él. Tal vez usted crea que no tiene nada que dar, o sienta que sus dones no tienen importancia, pero si usted somete delante de Dios lo que tiene, Él lo usará de formas que usted nunca imaginó.

Después de cierto tiempo, el hijo de la viuda enfermó gravemente. Se fue debilitando hasta que murió (versículo 17). Fue un golpe muy devastador para la viuda, pues probablemente éste era su único hijo. En su dolor, la viuda culpó a Elías por la muerte de su hijo, diciendo:

"¿Qué tengo yo contigo, varón de Dios? ¿Has venido a mí para traer a memoria mis iniquidades, y para hacer morir a mi hijo?" (versículo 18).

Elías le pidió a la viuda que le diera a su hijo. Luego lo llevó al aposento donde él estaba, y lo puso sobre su cama (versículo 19). Después clamó al Señor, rogándole por el hijo de la viuda, y se tendió sobre el niño tres veces, clamando al Señor y diciendo:

“Jehová Dios mío, te ruego que hagas volver el alma de este niño a él.”

Dios escuchó el clamor del profeta, y le devolvió la vida al niño (versículo 22). Elías tomó al niño y lo llevó del aposento a la casa y se lo entregó a su madre, vivo (versículo 23). Ese milagro le confirmó a la viuda que Elías era verdaderamente un hombre de Dios, y que la palabra del Señor era verdad en su boca (versículo 24).

 Este capítulo constituye una poderosa introducción a la vida y ministerio del profeta Elías. Su credibilidad era incuestionable. Lo que él profetizaba ocurría, porque era un verdadero profeta y hablaba lo que procedía de la boca del Señor. Dios confirmó esto a través de grandes milagros que hizo durante toda su vida.

Para meditar:

- ¿Cómo demuestran los acontecimientos de este capítulo que Elías era un verdadero profeta de Dios?
- Observemos que Elías tuvo que esconderse de Acab tras proclamar la palabra de Dios ante él. ¿Serán aceptados todos aquellos que predican la palabra de Dios? ¿Aceptarán siempre las personas lo que predicamos, aunque sea la verdad?
- ¿Qué empleó Dios para satisfacer las necesidades de Elías? ¿Qué nos enseña esto sobre los caminos de Dios?
- Si usted desea ser un canal de la bendición de Dios, Él puede darle todo lo que usted necesita para que comparta con otros esa bendición. ¿Está usted dispuesto a ser un canal?
- ¿Por qué resulta significativo que la viuda tuviese que satisfacer primero las necesidades de Elías antes de

preparar comida para ella y su hijo? ¿Podemos esperar que Dios nos provea si no estamos dispuestos a ponerlo a Él y a Su reino como lo primero en nuestras vidas?

Para orar:

- Pídale a Dios que le dé gracia para proclamar la verdad de Su palabra, a cualquier costo. Pídale a Dios que levante profetas en nuestra época que hablen verdad.
- Agradézcale al Señor por la forma en la que Él ha provisto para sus necesidades personales, a veces mediante fuentes inesperadas.
- Pídale al Señor que lo ayude a ponerlo a Él como lo primero de su vida. Pídale que le muestre en qué áreas de su vida usted se ha colocado por delante de Él y de Sus propósitos para su vida.
- Pídale a Dios que lo ayude a estar más dispuesto a ser un canal sacrificial de Su bendición para otros. Dedique unos instantes a preguntarle al Señor cómo usted puede convertirse en ese canal.

17 - ¡CAE LA LLUVIA!

Leer 1 Reyes 18:1-46

Elías había predicho que no llovería en la tierra de Israel. Tras unos 3 años de hambruna y sequía, la palabra del Señor vino a Elías diciéndole que fuese a ver a Acab, el rey de Israel (versículo 1). Dios había visto el sufrimiento de Su pueblo y lo ayudaría. Deseaba restaurar la tierra, enviando la lluvia nuevamente.

Cuando Elías se dirigía a ver al rey Acab, se encontró con un hombre llamado Abdías. Abdías estaba a cargo del palacio del rey. Era un creyente muy devoto que había ocultado secretamente a 100 profetas del Señor y les había alimentado con pan y agua cuando la reina Jezabel quería matarlos (versículos 3 y 4).

En ese momento Abdías y Acab estaban recorriendo toda la tierra para ver si hallaban pasto para alimentar sus caballos y mulos. Como no había llovido, los animales estaban muriendo de hambre. Acab se temía que, si no hallaban comida para ellos, tendría que matarlos (versículo 5).

Acab había ido en una dirección y Abdías en otra, para ver si hallaban hierba para que sus animales pastaran. Fue en ese momento que Abdías se encontró con Elías (versículo 7). Abdías reconoció al profeta y se inclinó ante él en señal de respeto.

Elías le dijo a Abdías que le dijese al rey que él deseaba verlo (versículo 8). Abdías se sorprendió ante esta petición. Durante los últimos 3 años Elías había estado escondiéndose de Acab. La reina Jezabel había estado asesinando a los profetas del Señor. Abdías había hecho todo lo posible por proteger a estos profetas y no quería ser responsable por la muerte de uno de los más grandes profetas que existían. No quería informarle a Acab acerca de la presencia de Elías.

Abdías también temía por su propia vida. Le dijo a Elías que Acab había estado enviando a sus siervos a todas las naciones para buscar a Elías. Se había esforzado en gran manera por hallarlo y matarlo. Abdías se temía que, si él le decía a Acab que había hallado a Elías, el Espíritu del Señor se lo llevase lejos antes de que Acab llegase (versículo 12). Si el rey se imaginaba que Abdías había hallado a Elías, y que después lo había dejado escapar, mataría a Abdías.

Observemos que, en el versículo 12, Abdías le recuerda a Elías que él era un siervo del Señor Dios, y que lo había adorado desde su juventud. Le dice que Jezabel había estado matando a los profetas del Señor, y que él había podido salvar a 100 de ellos, escondiéndolos y dándoles comida y agua (versículo 13).

Elías era consciente del peligro de hablar con el rey. Sabía también lo que el Señor le había dicho que hiciera. Le aseguró a Abdías que él no desaparecería, sino que se presentaría delante de Acab como el Señor le había ordenado (versículos 14 y 15). Sintiéndose más tranquilo, Abdías le dijo al rey que había hallado a Elías (versículo 16).

Acab no perdió el tiempo y rápidamente fue a ver a Elías. Cuando se reunió con él, lo acusó de ser el que turbaba a Israel (versículo 17). Al decir esto, estaba reconociendo que la nación se había precipitado hacia la hambruna y la sequía como cumplimiento de la profecía de Elías.

En el versículo 18 Elías le dice a Acab que la verdadera razón por la que Israel estaba turbado era porque el rey y su familia habían abandonado al Señor Dios y habían seguido a los baales. La sequía que azotaba la tierra era el resultado de los pecados de

Acab y de su esposa Jezabel. Ahora había llegado el momento de determinar quién era el verdadero Dios de la tierra. Para hacerlo, convocó a un encuentro en el monte Carmelo. Invitó al pueblo de Israel, a 450 profetas de Baal y a 400 profetas de Asera que comían de la mesa de la reina Jezabel (versículo 19). Acab estuvo de acuerdo con el encuentro y convocó a todos los hijos de Israel, y reunió a los profetas en el monte Carmelo (versículo 20).

El día del encuentro, Elías se paró frente al pueblo de Israel y le preguntó hasta cuándo claudicaría entre dos pensamientos (versículo 21). "Si Jehová es Dios, seguidle; y si Baal, id en pos de él", le dijo. Los israelitas permanecieron en silencio. No estaban seguros de querer seguir al Señor Dios de Israel.

Cuando hubo exhortado al pueblo, Elías le recordó que él era el único profeta del Señor Dios de Israel que allí estaba en ese momento, pero que había 450 profetas de Baal en medio de ellos (versículo 22). Desde el punto de vista humano, ¿qué podía hacer un solo profeta de Dios contra 450 profetas de Baal?

Elías trajo dos bueyes. Les dijo a los profetas de Baal que escogieran uno de ellos. Debían sacrificar el buey y ponerlo sobre leña en el altar. Elías prepararía el segundo buey y lo pondría en otro altar. No debían poner fuego debajo del sacrificio. En lugar de ello, invocarían el nombre de sus dioses para que se revelasen, enviando fuego que consumiera los sacrificios. El Dios que respondiese por medio de fuego sería el verdadero Dios (versículo 24). Todos los presentes estuvieron de acuerdo con este desafío.

Los profetas de Baal fueron los primeros en invocar a sus dioses. Prepararon el buey, lo pusieron sobre el altar, y comenzaron a invocar a Baal. Desde la mañana hasta el mediodía estuvieron invocándole, danzando alrededor del altar, pero no hubo respuesta.

Para el mediodía, Elías comenzó a burlarse de los profetas de Baal, diciéndoles que gritasen más alto. "Gritad en alta voz, porque dios es; quizá está meditando, o tiene algún trabajo, o va de camino; tal vez duerme, y hay que despertarle", les dijo en el versículo 27. Los profetas de Baal comenzaron a gritar aún más fuerte. Incluso comenzaron a sajarse con cuchillos y lancetas, hasta que la sangre chorreó sobre ellos. Esta invocación prosiguió hasta la noche, pero nunca hubo respuesta de su dios (versículo 29).

Tras concederles a los profetas de Baal un día entero para que llamasen a su dios, todos centraron su atención en Elías. El versículo 31 nos dice que Elías tomó 12 piedras, una por cada una de las 12 tribus de Israel, y con ellas hizo un altar para el Señor. Cuando terminó de construir el altar, hizo una zanja alrededor del mismo, en que cupieran unos 15 litros de agua. Preparó luego la leña, y cortó el buey en pedazos, y lo puso sobre la leña. Cuando todo estuvo listo, pidió que se llenasen 4 cántaros grandes de agua y se derramasen sobre el sacrificio y la leña (versículo 33). Cuando lo hicieron, pidió que se repitiese la operación. Se derramaron entonces 4 cántaros más de agua sobre el altar, la leña y el sacrificio. Pidió una tercera vez que se hiciera lo mismo, y por tercera vez se derramaron 4 cantaros más de agua sobre el altar, la leña y el sacrificio.

En el versículo 34 leemos que el agua corría alrededor del altar, y también se había llenado de agua la zanja que Elías había hecho. Aunque hubiese querido, Elías no habría podido quemar ese sacrificio. A todos los presentes les quedó claro que Elías no podría valerse de ninguna argucia. Para que ese sacrificio pudiera quemarse, tendría que ocurrir un poderoso milagro. Elías se puso a sí mismo en una situación imposible, para que todos vieran que no era él, sino el Señor, quien haría ese milagro.

Después Elías se acercó y oró al Señor. Le suplicó que le hiciera saber a todos los presentes que solo Él era el Dios de Israel. Le pidió al Señor Dios que volviese el corazón de Su pueblo hacia Él nuevamente. Cuando terminó de orar, cayó fuego del cielo y quemó el sacrificio, la leña, las piedras y el polvo, y aun lamió el agua que estaba en la zanja (versículo 38).

Todos quedaron convencidos de que el Señor Dios había realizado ese milagro. Elías sencillamente había preparado las condiciones para que el Señor obrara. Él hizo lo que Dios le había ordenado que hiciera, y luego esperó y vio la obra que Dios hizo.

Viéndolo todo el pueblo, se postraron y dijeron: ¡Jehová es el Dios, Jehová es el Dios! (versículo 39). No tenían duda alguna de que habían sido testigos de un milagro. Tenían ahora la prueba de que el Dios de Israel vivía.

Elías aprovechó esta oportunidad para ordenarle al pueblo que prendiese a los profetas de Baal, y él los llevó al arroyo de Cisón, y allí los degolló por ser falsos profetas (versículo 40). Dios deseaba restaurar Su bendición en la tierra de Israel, pero mientras esos profetas malvados estuviesen vivos, esa bendición no podría restaurarse. Para que la bendición de Dios regresase a la tierra, había que depurar todo el mal que en ella había.

Cuando los profetas de Baal fueron asesinados, Elías le dijo al rey Acab que fuese a comer, beber y recuperar sus fuerzas, porque él podía oír el sonido de la lluvia (versículo 41). Probablemente Acab no había comido nada mientras los profetas estuvieron invocando a Baal. Cuando Acab se fue a comer y beber, Elías subió a la cima del monte Carmelo, y se postró en tierra. Es muy probable que estuviese clamando al Señor. Mientras clamaba, envió a su criado a que mirara hacia el mar (versículo 43). El criado no podía ver nada. Elías le dijo que regresara 7 veces más para ver si había indicios de lluvia. Durante todo ese tiempo, es posible que Elías estuviese orando y buscando del Señor.

A la séptima vez, el criado le dijo que observaba una pequeña nube, del tamaño de la mano de un hombre, que subía del mar (versículo 44). Cuando Elías escuchó esto, le dijo a Acab que unciera su carro y descendiera, para que la lluvia no le impidiera regresar a casa.

Los cielos siguieron ennegreciéndose de nubes. Una gran lluvia comenzó a caer mientras Acab conducía su carro rumbo a su casa en Jezreel. En cuanto a Elías, el poder del Señor vino sobre él, metió su capa por debajo de su cinturón y corrió delante de Acab hasta llegar a Jezreel (versículo 46).

Observemos en este pasaje que el Señor deseaba restaurar las bendiciones al pueblo de Israel. Era un pueblo malvado. El rey Acab y la reina Jezabel estaban resueltos a destruir a todos los profetas de Dios. Perseguían activamente a todos los que sirviesen al Señor Dios. Promovían la adoración a Baal. Para que la bendición de Dios pudiese retornar a la tierra, el mal debía ser eliminado de ella. Dios se había revelado a Su pueblo de una manera especial. Al menos momentáneamente, el pueblo lo reconoció como Dios, y se volvió contra los falsos profetas de Baal. Una vez que estos profetas fueron eliminados, Elías pudo orar para que la bendición de Dios volviera a abrirse paso en la tierra.

La lluvia que cayó ese día fue un poderoso recordatorio de la gracia de Dios para con un pueblo pecador. A pesar de sus pecados, Dios no había renunciado a ellos.

Para meditar:

- Aunque el pueblo de Israel le había dado la espalda al Señor Dios, Él no lo había abandonado. Vino a ellos con poder, ofreciéndoles otra oportunidad de acercarse a Él y recibir Su bendición. ¿Por qué esto constituye un aliento para nosotros? ¿Conoce usted personas que necesitan esa segunda oportunidad?

- ¿Qué riesgos corría Elías al regresar a ver al rey Acab? ¿Por qué se arriesgó de esa manera? ¿Está usted dispuesto a arriesgarse a fin de hacer lo que sabe que Dios lo ha llamado a hacer?
- El pecado de Acab era el que había provocado la maldición sobre la tierra. ¿Qué pecados traen maldición sobre usted o sobre su nación?
- Las personas que estaban reunidas en el monte Carmelo observaron la prueba fehaciente de que el Señor Dios de Israel era el Dios verdadero. ¿Qué pruebas ven las personas en usted de que su Dios es verdadero?
- ¿Qué tendría que suceder hoy para que su nación doblara sus rodillas ante el Señor Dios, y reconociera que Él es el único y verdadero Dios?
- ¿Qué aprendemos sobre la necesidad de eliminar el pecado que ofende a un Dios santo para que Su bendición pueda ser restaurada? ¿Qué pecados necesitan ser eliminados de su vida, su iglesia o su nación para que la bendición de Dios sea totalmente restaurada?

Para orar:

- Agradézcale al Señor por ser un Dios que nos prodiga una compasión y un perdón enormes.
- Pídale al Señor que le dé gracia para obedecerle, sin importar el costo.
- Pídale al Señor que use su vida para demostrarles a los demás que Él es real.
- Pídale a Dios que escudriñe su corazón y le revele cualquier cosa que le impida a usted recibir Su bendición plena.

- Dios fortaleció a Elías de forma especial, permitiéndole correr delante del carro de Acab. ¿Cómo necesita usted ser fortalecido hoy? Pídale a Dios que le dé Su fuerza para lograr todo lo que Él quiera que usted logre.

18 - DIOS FORTALECE A ELÍAS

Leer 1 Reyes 19:1-24

Elías acababa de alcanzar una enorme victoria sobre los profetas de Baal. Dios había manifestado Su presencia delante del pueblo de Israel de una forma maravillosa. Pero no todos estaban dispuestos a modificar sus creencias. Cuando el rey Acab fue a casa y le contó a su esposa Jezabel cómo Elías había matado a los profetas de Baal, ella montó en cólera. Le envió un mensaje al profeta, diciéndole que estaría muerto al día siguiente a esa misma hora. Ningún milagro de Dios cambiaría el corazón y la mente de esta malvada reina.

Lo que más raro resulta con respecto a esta amenaza es la reacción de Elías. El versículo 3 nos dice que Elías tuvo miedo y huyó para salvar su vida. Llegó a la región de Beerseba en Judá, dejó allí a su criado, y viajó durante otra jornada hasta llegar al desierto, donde se sentó bajo un enebro y oró a Dios, deseando morirse (versículos 3 y 4). Aquí hay varios aspectos que debemos analizar.

Recordemos que solo había pasado un día desde que Elías había enfrentado a los 450 profetas de Baal en presencia del rey Acab, quien deseaba matarlo. Ese día Elías había sido muy audaz. Ahora vemos al mismo hombre, teniendo temor por su vida tras el anuncio de Jezabel. ¿Qué estaba ocurriendo? Aunque no podemos pretender que comprendemos lo que el profeta estaba pensando en ese momento, hay varios aspectos que debemos señalar.

El día antes de que Elías huyese de Jezabel, el Espíritu del Señor había estado sobre él de forma poderosa. El profeta había sido impulsado por el Espíritu de Dios a sostener un increíble encuentro con los profetas de Baal. En esos momentos, Elías no ministró con sus propias fuerzas ni sabiduría. El Espíritu de Dios estaba usándolo para cumplir Sus propósitos. Lo que ocurrió ese día no había sido un acontecimiento cotidiano normal. Elías era un ser humano como cualquiera de nosotros. Cuando el Espíritu del Señor vino sobre él se llenó de audacia y actuó intrépidamente, pero podía desalentarse en la carne como cualquiera de nosotros. Sin el ministerio del Espíritu de Dios, era débil e impotente.

Este encuentro con los profetas de Baal había sido extremadamente agotador para su espíritu, mente y cuerpo. Probablemente se sentía exhausto, tanto física como emocionalmente. Cuando escuchó que Jezabel lo estaba buscando para matarlo, tuvo miedo, como hubiera ocurrido con cualquier otra persona. Ese día Elías se percató de su naturaleza humana. "…no soy yo mejor que mis padres" le dijo a Dios (versículo 4). Sentía su debilidad y su fragilidad. No le quedaban ya ni fuerzas ni energía. No se sentía como un gran hombre de Dios. Estaba demasiado cansado y fatigado. Observemos que cuando terminó su oración, se durmió, exhausto, debajo del enebro (versículo 5). El enebro era un arbusto de ramas altas y extendidas, cuyas hojas le brindaban sombra al profeta.

En mi vida he pasado por muchas situaciones en las que el Señor me ha humillado y me ha recordado mi debilidad. He sido bendecido al poder ver cómo Dios me ha escogido para llenarme de poder, y así yo poder extender Su reino. Sin embargo, la realidad del asunto es que Dios también me ha hecho pasar por momentos en los que Él me ha hecho ver mi frágil condición humana. A veces, Él permite que experimentemos fracasos aparentes para recordarnos que seguimos siendo simples seres humanos, y que sin Su gracia no podríamos alcanzar ningún resultado relevante. Esta fue una lección importante para Elías. Incluso el apóstol Pablo fue afligido para que no llegara a ensoberbecerse. Es bueno que Dios nos haga recordar nuestra debilidad humana, porque es ella la que hace que continuemos aferrándonos a Dios, la fuente de nuestra fortaleza. Era esto lo que le ocurría a Elías en este pasaje.

Dios conocía la debilidad de Elías, y su necesidad de ser fortalecido y alentado, así que envió a su ángel para que lo tocara. El ángel le llevó a Elías comida y agua. Elías comió y bebió, y después volvió a dormirse (versículo 6). Una vez más, en esto vemos los indicios de su agotamiento. A veces, la obra que Dios nos llama a hacer es agotadora. Aquí Dios le demostró a Elías que Él se preocupaba por su recuperación tras ese tiempo de tremendo esfuerzo. Envió a Su ángel a suplir sus necesidades. Le dio alimentos y le permitió dormir para que recuperara sus fuerzas nuevamente. Allí, en el desierto, Elías pudo estar tranquilo, descansar y reflexionar sobre lo que había ocurrido.

Después de permitirle descansar por un tiempo, el ángel del Señor volvió a él y lo tocó nuevamente. El ángel le dijo que comiera, porque le restaba un largo camino (versículo 7). Obedeciendo al ángel, Elías se levantó, comió y bebió. Con la fuerza que Dios le dio a través de los alimentos, viajó durante 40 días y 40 noches, hasta llegar a la región de Horeb, donde encontró una cueva y se quedó allí a pasar la noche (versículos 8 y 9).

Hasta ese momento, Dios había estado sanando la salud física y emocional de Elías. Aunque esto era importante, Elías no estaría completamente sanado hasta que Dios tocase su espíritu. Cuando Elías estaba en Horeb, el Señor le habló. Dios le preguntó qué estaba haciendo en la cueva de Horeb (versículo 9). Elías le dijo al Señor que estaba allí porque había sentido un vivo celo por la causa del Señor y había roto los altares de Baal. Le dijo al Señor que había matado a los profetas de Baal y que la reina ahora trataba de matarlo (versículo 10).

No podemos sino imaginar las interrogantes que tenía Elías en su corazón. ¿Por qué era que, a causa de su obediencia a Dios, su vida estaba ahora en peligro? ¿Dónde estaba Dios ahora que la reina estaba buscándolo, y deseando matarlo? Se trataba de preguntas espirituales que habrían afectado la relación del profeta con Dios. Elías necesitaba sanidad y descanso espiritual en ese momento.

Dios le dijo al profeta que saliera y se pusiera en el monte porque Él iba a pasar (versículo 11). Solo podemos imaginar lo que esto habría significado para Elías. La presencia del Señor tiene el poder de sanar y restaurar completamente. Aporta el descanso y la renovación que nada más puede aportar. ¿Cuántas veces hemos anhelado esa restauración y esa renovación?

Elías fue el monte y esperó por el Señor. Mientras esperaba en total quietud, sobrevino un fuerte y poderoso viento que rompía los montes y quebraba las peñas, pero la presencia que Elías buscaba no estaba en el viento. Tras el fuerte viento, se sintió un terremoto que sacudió las montañas, pero Elías tampoco halló en ese terremoto la presencia reconfortante de Dios. Después del terremoto ocurrió un fuego, pero en él, Elías tampoco fue tocado por la presencia de Dios. Por último, tras el fuego, se escuchó un silbo apacible y delicado. Cuando Elías oyó ese silbo apacible, cubrió su rostro con su manto. Sabía que Dios estaba allí, y buscó esconderse de la gloria de Dios que estaba experimentando en ese momento.

Dios se revela de muchas formas diferentes. Dios se estaba revelando a través del viento, el terremoto y el fuego como un Dios de justicia y juicio. Evidentemente, era el Señor quien había enviado esas señales a Elías. Elías experimentó la dureza de estas realidades, pero Dios no le habló ni le reveló Su presencia a través de esos acontecimientos. Solo cuando Elías escuchó la apacible voz de Dios, pudo experimentar Su toque especial. Es posible que Dios hubiera estado comunicándole un mensaje a Elías a través de esta experiencia. Dios se había revelado a él en el pasado usando grandes señales y maravillas, pero ahora le ministraría de una manera suave y apacible.

Usando esa voz apacible, Dios le preguntó a Elías por qué se escondía en Horeb (versículo 13). Elías le explicó que había sentido un vivo celo por el Señor. Los israelitas habían rechazado el pacto de Dios y habían roto Sus altares. Elías era el único verdadero profeta de Dios que quedaba vivo y estaban tratando de matarlo. A Elías le preocupaba la gloria de Dios. No sabía de qué manera la nación de Israel sería restaurada para el Señor. Creía que él era el único mensajero fiel que le quedaba a Dios en la tierra. ¿Cómo podría el pueblo de Dios crecer y restaurar su relación con Dios si nadie le enseñaba e instruía en los caminos del Señor?

En el versículo 15, el Señor le dice a Elías que vaya a Damasco. A su llegada, debía ungir a Hazael como rey de Siria. Hazael no era ni de Israel ni de Judá. Era un rey extranjero. Pero Dios tenía un plan para él, y envió a Elías a ungirlo como rey. Hazael sería el instrumento de Dios para juzgar a Su propio pueblo (ver 2 Reyes 8:28-29; 10:32; 13:3).

Dios no le responde a Elías sus preguntas. Elías se había encontrado con Dios, y eso habría sido más que suficiente. La presencia de Dios lo habría refrescado y alentado mientras se preparaba para su siguiente tarea. Dios no siempre nos revela Sus propósitos. Elías tendría que seguir confiando en que Dios lo protegiera y fortaleciera para seguirle sirviendo, aun cuando muchas de sus preguntas siguieran sin respuestas.

En el versículo 16, Dios le dice a Elías que unja también a Jehú, el hijo de Nimsi, como rey de Israel. Jehú era un comandante militar del ejército de Acab. A la postre, Dios lo usaría para juzgar a la casa de Acab. Mataría a Jezabel (2 Reyes 9:12) y eliminaría a toda la casa de Acab (2 Reyes 10:11). Elías no sabía nada de esto en ese momento, pero Dios estaba respondiendo sus preguntas levantando hombres que serían los instrumentos de Su justicia en la tierra.

Por último, Elías debía ungir a Eliseo para que lo sucediera como profeta (versículo 16). Cada uno de esos hombres tenía un papel específico que jugar en el juicio a Israel como nación. Los que escaparan de la espada de Hazael, Jehú los mataría; y los que escaparan de la espada de Jehú como rey, el profeta Eliseo los mataría en su ministerio (versículo 17).

Lo que necesitamos comprender aquí es que Dios sabía que Israel no se conmovería ante la poderosa obra y el ministerio de Elías. Los israelitas se impresionaron momentáneamente a causa de la poderosa demostración del poder de Dios en el Monte Carmelo, pero su impresión no sería duradera. Rápidamente volverían a darle la espalda al Señor Dios y a Sus caminos. Esto debió haber sido una gran lección de humildad para Elías. Dios se había manifestado con poder a través de él, destruyendo a todos los profetas de Baal, pero los corazones de Su pueblo permanecieron indiferentes. A pesar de la dureza de corazón que tenía el pueblo en general, Dios le dijo a Elías que Él haría que quedasen en Israel 7000 personas cuyas rodillas no se habían doblado ante Baal (versículo 18). No todo estaba perdido. Dios todavía tenía un pueblo que le pertenecía en esta tierra pagana. Conocía a cada uno de ellos personalmente.

Elías fue y encontró a Eliseo, que araba con 12 yuntas de bueyes (versículo 19). Elías se le acercó y echó sobre él su manto. Ese era un gesto simbólico, y demostraba que un día Eliseo sustituiría a Elías como profeta de Israel.

Eliseo corrió tras Elías y le pidió permiso para despedirse de su madre y su padre antes de seguirlo (versículo 20). Elías le dio permiso. Eliseo regresó para despedirse de sus padres. Luego tomó su yunta de bueyes, sacrificó los animales y con el arado de los bueyes preparó el fuego y cocinó la carne. Le dio la carne al pueblo, y dejó todo para seguir a Elías y el propósito de Dios para su vida (versículo 21). Ciertamente necesitamos tener más personas como Eliseo, dispuestas a abandonarlo todo por seguir el llamado de Dios para sus vidas.

Para meditar:

- En este capítulo, ¿de qué forma le recordó Dios a Elías su condición humana? ¿Alguna vez a usted le han recordado que es un ser humano con debilidades? Fundamente su respuesta.
- La obra que Dios llamó a Elías a hacer en el monte Carmelo exigió mucho esfuerzo y lo dejó física y emocionalmente agotado. ¿Qué nos dice esto sobre el esfuerzo que tendremos que hacer ocasionalmente por causa del reino?
- ¿Cómo le ministró Dios a Elías cuando estaba cansado y agotado? ¿Le ha ministrado Dios a usted cuando se ha sentido física, emocional y espiritualmente débil?
- Dios mostró poderosas señales a través de Elías. Aun así, éstas no tuvieron un impacto duradero en la nación. ¿Qué nos enseña esto acerca de la dureza del corazón humano?
- Eliseo estuvo dispuesto a abandonarlo todo para seguir a Elías. ¿Qué cosas están impidiendo que usted obedezca la voluntad y el propósito del Señor en su vida?

Para orar:

- Agradézcale al Señor por estar dispuesto a usarlo a pesar de sus debilidades. Agradézcale por ser mayor que sus debilidades.
- Dedique unos momentos a pedirle a Dios que lo fortalezca y tenga un encuentro con usted, como lo tuvo con Elías. Agradézcale por Su deseo de ministrarnos en nuestras debilidades.
- Pídale al Señor que usted siempre sea consciente de sus debilidades. Pídale que le dé la fe y la confianza necesarias para obrar con la fuerza que Él le brinda.
- Agradézcale al Señor por quebrantar su obstinada voluntad. Agradézcale por haberlo salvado de su pecado y su rebelión. Pídale que les ministre a aquellos que le rodean que aún no se han percatado de su necesidad.
- Pídale a Dios que le dé la disposición que tuvo Eliseo de dejarlo todo para seguirle.

19 - LA BATALLA DE ISRAEL CONTRA BEN-ADAD

Leer 1 Reyes 20:1-43

El capítulo 20 nos relata las dificultades entre la nación de Siria, gobernada por Ben-adad, y Acab, rey de Israel. En 1 Reyes 15, Asa, rey de Judá, había conseguido el apoyo de Ben-adad contra Israel, ofreciéndole los tesoros del templo. Aquí en el capítulo 20, vemos cómo Ben-adad formó una coalición de reyes para que lo apoyaran en su ataque contra Israel. Empleando esa coalición de 32 reyes y sus ejércitos, Ben-adad atacó Samaria.

Tras capturar Samaria, Ben-adad envió mensajeros al rey Acab para hacerle exigencias (versículo 2). Exigió que le entregara su plata y su oro, así como sus mejores esposas e hijos. Esa era una exigencia considerable, pero Acab aceptó las condiciones diciendo, "Como tú dices, rey señor mío, yo soy tuyo, y todo lo que tengo." (versículo 4).

Ben-adad envió sus mensajeros por segunda vez a Acab para exigirle más cosas. Esta vez le dijo a Acab que al día siguiente, a esa misma hora, enviaría a sus siervos a registrar su palacio y las casas de sus funcionarios, y que Acab debía darles permiso para que tomasen todas las cosas de valor que quisieran (versículo 6). Como respuesta, Acab convocó a una reunión con los ancianos de la tierra, quienes le aconsejaron no aceptar esas exigencias. Sabían que Ben-adad no se conformaría con apropiarse de algunas riquezas, sino que quería provocar a Israel para hacerle la guerra.

Cuando Ben-adad recibió la repuesta negativa de Acab, le dijo que destruiría a Samaria. Según Ben-adad, su derrota sería tan grande que en la ciudad no quedaría polvo suficiente para darle un puñado a cada uno de sus soldados (versículo 10). En otras palabras, trituraría a Samaria hasta convertirla en polvo.

Acab le respondió a Ben-adad, diciéndole, "Decidle que no se alabe tanto el que se ciñe las armas, como el que las desciñe" (versículo 11). En otras palabras, hablar era fácil. Era fácil vanagloriarse excesivamente, pero el campo de batalla diría la última palabra. El mensajero regresó, llevándole esas palabras a Ben-adad de parte de Acab. Cuando Ben-adad escuchó la respuesta, él y sus reyes estaban bebiendo en sus tiendas. Inmediatamente Ben-adad ordenó los preparativos para atacar a Israel (versículo 12).

Mientras Ben-adad y los reyes que estaban con él se preparaban para la batalla, un profeta vino a Acab con palabra del Señor. El profeta le dijo a Acab que, aunque el ejército que vendría contra ellos era inmenso, Dios le daría la victoria a Israel (versículo 13). Tenemos que entender aquí que Acab era un rey malvado de Israel. Su esposa estaba tratando de matar a los profetas de Dios. Esta promesa de victoria era un profundo acto de gracia. No era algo que Acab mereciese. Él le había dado la espalda al Dios de Israel. Dios seguía obrando a favor de la nación de Israel, aun cuando ésta se había alejado de Él. Dios prometió entregarle a Acab este enorme ejército ese mismo día (versículo 13). Evidentemente se trataría de un milagro. Dios estaba revelándole Su presencia y Su poder a Su pueblo.

Resulta obvio que estas palabras animaron a Acab. Él continuó haciéndole más preguntas al profeta. Acab le preguntó quién guiaría a sus hombres a la victoria, y quién debía iniciar la batalla (versículo 14). El profeta le respondió a Acab que sus oficiales jóvenes le darían esa victoria y que él debía iniciar la batalla.

En base a las palabras del profeta, Acab pasó revista a sus oficiales jóvenes. Había 232 oficiales en total. Reunió también al resto del pueblo de Israel. El número total de hombres preparados para la batalla ascendía a 7000. Era un ejército muy pequeño en comparación con los 32 reyes que estaban bajo el mando de Ben-adad. Era obvio que el enemigo contaba con una ventaja abrumadora. Todo esto estaba dentro del propósito y el plan de Dios, cuya intención era recordarle a Israel que Él era Dios, y que podía darles esa victoria. Queda claro que Dios deseaba atraer la atención de esta nación, y mostrarle al pueblo de Israel Su amor y Su gracia. Dios no había renunciado a Su pueblo. Seguía trabajando en la vida de la nación que lo había rechazado, buscando revelar Su presencia y propósito en ella.

El ejército de Acab salió al mediodía. Esa no era la hora habitual para salir a la batalla, pues era la hora más calurosa del día. Los hombres de Ben-adad no se esperaban un ataque a esa hora. Estaban en sus tiendas embriagándose (versículo 16). Los exploradores de Ben-adad detectaron que el ejército israelita se aproximaba y le mandaron el aviso a Ben-adad (versículo 17).

Ben-adad no pareció preocuparse demasiado por el ejército que se aproximaba. Les dijo a sus hombres que, si los soldados israelitas venían en paz, que los tomaran vivos, y que si habían salido a pelear, que también los tomaran vivos. Al decir esto, Ben-adad demostró que realmente no esperaba tener ningún tipo de dificultad para conquistar a Israel (versículo 18).

Sin embargo, a medida que la batalla se iba desarrollando, los oficiales jóvenes del ejército de Acab abatieron a los soldados que habían sido enviados contra ellos, y éstos huyeron, e Israel los persiguió (versículo 19). Ben-adad escapó a caballo, con algunos de sus jinetes. Ese día Israel les infligió graves pérdidas a sus enemigos (versículo 21). Dios fue fiel a Su promesa.

Tras la aplastante derrota que sufrieron las fuerzas de Ben-adad, el profeta regresó a Acab con palabra del Señor. En el versículo 22 le dijo al rey que el ejército de Ben-adad volvería a atacarlos la primavera siguiente. Él debía fortalecer su posición. No debía perder lo que Dios le había dado ese día. El consejo que el profeta le dio a Acab es un consejo que todos debiéramos tomar en serio. Satanás se deleita en despojarnos de las victorias que ya hemos alcanzado. Pero el propósito de Dios es que permanezcamos en ellas, y que defendamos el territorio que Él nos ha dado.

Después de esta derrota inesperada, los funcionarios de Ben-adad se reunieron para comprender los motivos por los cuales habían perdido esa batalla. Le dijeron al rey que los dioses de Israel eran dioses de los montes. Si deseaban vencer a los israelitas, tendrían que luchar contra ellos en la llanura (versículo 23). Los sirios no sabían nada sobre el verdadero Dios de Israel. Al observar a los israelitas, los habían visto ofrecer sacrificios en los lugares altos de la tierra. Los consideraban adoradores de Baal que se inclinaban ante las estacas de Asera y adoraban a dioses paganos. No asociaban a Israel con el Dios de Abraham, Isaac y Jacob. ¿Qué ven las personas cuando nos observan?

Los oficiales de Ben-adad le aconsejaron que destituyera a los reyes de su cargo y pusiera otros oficiales en lugar de ellos (versículo 24). No se nos dice por qué debían ser sustituidos. Obviamente, no habían demostrado ser capaces de lidiar con Israel. Los oficiales de Ben-adad debían quitarlos de sus puestos y poner capitanes en lugar de ellos. También le aconsejaron a Ben-adad que formara otro ejército que fuese tan numeroso como el que había perdido (versículo 25). Ben-adad estuvo de acuerdo con este plan, e hizo como le habían dicho.

Tal y como había sido profetizado, la siguiente primavera Ben-adad reunió sus fuerzas y salió nuevamente a atacar a Israel (versículo 26). Israel salió a encontrarse con las fuerzas de Ben-adad. La comparación entre ambas fuerzas es impactante. Por un lado, estaba el ejército de Israel, que se compara aquí con dos rebañuelos de cabras. Por otro lado, estaban las fuerzas de Ben-adad, que llenaban la tierra. El ejército de Israel era pequeño e insignificante comparado con el gran ejército que Ben-adad había reunido contra él.

Es obvio que Israel se percató de la diferencia que existía entre el tamaño de ambos ejércitos. En el versículo 28, un varón de Dios vino al rey trayéndole palabra del Señor. Le dijo a Acab que los sirios creían que el Señor Dios era un Dios de los montes y no de los valles. El profeta le dijo a Acab que Dios entregaría a Ben-adad en sus manos en el valle. El Señor prometió librar a Acab de este enorme ejército para que supiera que solo Él era Dios. Nuevamente vemos el motivo de este conflicto con Ben-adad. El propósito del Señor era revelar Su poder a Acab y a la nación de Israel. Dios quería restaurar Su relación con Israel. Esta batalla en el valle ayudaría a Israel a alcanzar una relación más estrecha con Dios.

Tras un período de 7 días de calma, ambos ejércitos se enfrentaron en la batalla. Tal y como lo había prometido, Dios le dio a Israel una gran victoria ese día. Según el versículo 29, los sirios tuvieron 100,000 bajas en un solo día. El resto del ejército escapó a la ciudad de Afec. Una vez allí, ocurrió que el muro de la ciudad cayó sobre 27,000 hombres. Ben-adad se escondió en un aposento interior en la ciudad (versículo 30).

Los funcionarios de Ben-adad fueron a aconsejarlo. Percatándose de su derrota, le dijeron que habían escuchado decir que los reyes de Israel eran clementes. Le sugirieron presentarse ante Acab vestidos de cilicio en sus lomos, y con sogas en sus cuellos, con la esperanza de que les perdonara la vida. Los historiadores nos dicen que habitualmente se les colocaban sogas alrededor del cuello a los soldados capturados en batalla. Luego, eran trasladados de esa manera a la ciudad, donde eran hechos prisioneros o usados como esclavos. Al colocarse sogas en el cuello, estos oficiales estarían rindiéndose voluntariamente a la clemencia del rey Acab. Ben-adad consintió, y envió a estos mensajeros a suplicarle a Acab que le perdonara la vida (versículo 32).

Acab invitó a Ben-adad a que fuese a verlo. Cuando éste se acercó, lo invitó a subirse a su carro para hablar con él (versículo 33). Ben-adad se ofreció a restituirle las ciudades que su padre había tomado del padre de Acab. También le dijo que podía establecer lugares de comercio en Damasco (versículo 34). Acab se sintió satisfecho con estas condiciones e hizo un pacto con él ese día. Luego lo dejó ir.

Después de que Acab y Ben-adad establecieron ese pacto, la palabra del Señor vino a un profeta. Inspirado por el Señor, el profeta le habló a uno de sus compañeros y le pidió que lo golpeara con su arma (versículo 35). Su compañero se negó a golpearlo. Por haberse negado a hacer lo que el Señor le había mandado, el primer profeta le dijo al otro que en cuanto se alejara de su presencia, un león lo devoraría. Todo esto ocurrió exactamente como el profeta lo había predicho (versículo 36). Lo que resulta importante que observemos aquí es que este incidente constituyó una palabra de advertencia simbólica para Acab. Dios había determinado que Ben-adad fuese muerto a espada, pero en lugar de ello, Acab había hecho un pacto con él. Por ello, sufriría las consecuencias de sus actos.

El profeta halló a otro varón y le pidió que lo golpeara. Esta vez, este hombre obedeció y golpeó al profeta (versículo 37). Luego el profeta se puso en el camino a esperar por el rey. Sabiendo que el rey lo reconocería, el profeta se disfrazó, poniéndose una venda sobre los ojos (versículo 38).

Cuando el rey pasó, el profeta lo llamó. Le contó que, estando él en lo más reñido de la batalla, alguien había ido a él con un prisionero, diciéndole que lo vigilara. Si el prisionero escapaba, él lo pagaría con su vida o con un talento de plata (unos 35 kilogramos). Esta era una multa elevada, que posiblemente al soldado promedio le hubiera sido imposible pagar. El profeta disfrazado continuó narrando su relato, y le dijo a Acab que el prisionero había escapado. Acab le respondió al hombre que, como había dejado escapar al prisionero, tendría que pagar el talento de plata o pagar con su vida, como habían acordado (versículo 40).

Entonces el profeta se quitó la venda de sobre sus ojos, y el rey de Israel conoció que era de los profetas (versículo 41). Le dijo a Acab que había dejado libre a un hombre que Dios había condenado a muerte. Por ello, Dios había decretado que pagaría con su vida y con la vida de su pueblo (versículo 42). Estas palabras del profeta enojaron a Acab (versículo 43).

Dios había estado tratando de revelarse de una forma muy poderosa a Acab. Le concedió el derrotar a sus enemigos de forma aplastante, pero al final, Acab había hecho un pacto con su enemigo y le había perdonado la vida. Dios deseaba obediencia y fidelidad absolutas. Acab había obedecido a medias, y además, había hecho una alianza con su enemigo.

Muchas veces, nosotros, al igual que Acab, nos hemos negado a eliminar los vestigios de pecado de nuestras vidas y ministerios, permitiendo la presencia de algunos pecados en nosotros. Los que hemos recibido grandes victorias debemos permanecer en esas victorias. Dios nos llama a una obediencia total, y a no comprometer nuestros principios.

Para meditar:

- Inicialmente, Acab estuvo dispuesto a dejar que Ben-adad se apoderara de su plata, sus esposas y sus hijos. ¿Qué está dispuesto usted a cederle al enemigo sin presentar batalla? ¿Nos resulta fácil comprometer nuestros principios solo por mantener la paz?

• ¿Qué tipo de rey era Acab? ¿De qué manera podemos ver la maravillosa misericordia de Dios a través de la victoria que Él le dio sobre sus enemigos?

• ¿Cuál era el deseo de Dios al darles a Acab e Israel la victoria sobre Ben-adad? ¿Cómo debió haber reaccionado Acab ante la intervención del Dios de Israel?

• El profeta del Señor le dijo a Acab que fortaleciera lo que había alcanzado durante su primera victoria. ¿Nos resulta fácil perder lo que Dios nos ha dado? ¿Alguna vez ha alcanzado usted alguna victoria, solo para perder después lo que había logrado?

• Los consejeros de Ben-adad creían que los israelitas adoraban dioses paganos en los lugares altos. ¿Qué pueden conocer las personas sobre Dios cuando nos observan?

• Dios se revela aquí como un Dios de los valles, y también como un Dios de los lugares altos. ¿Qué valle está usted atravesando hoy? ¿De qué manera se siente usted alentado al saber esto?

• ¿Nos es posible pactar con el pecado y el mal en nuestras vidas personales y ministerios? ¿Qué clases de pactos ha hecho usted?

Para orar:

• Pídale a Dios que lo libre de hacer concesiones en su andar con Él.

• Agradézcale a Dios por la misericordia que le ha mostrado a usted, aun sin merecerla.

- Pídale a Dios que le dé gracia y sabiduría para aferrarse a las victorias que Él le ha dado.
- Agradézcale al Señor por ser el Dios de los valles, así como el Dios de los lugares altos (en medio de las dificultades de la vida, así como en los buenos momentos).
- Pídale al Señor que le muestra de qué manera usted ha estado haciendo alianzas con el pecado y el mal en su vida personal y ministerio. Confiésele al Señor su pecado, y pídale que le dé la victoria.
- Pídale a Dios que abra sus ojos y le permita ver lo que Él está tratando de enseñarle a través de las circunstancias que Él ha permitido en su vida.

20 - LA VIÑA DE NABOT

Leer 1 Reyes 21:1-29

El rey Acab era un hombre acostumbrado a salirse con la suya. Era también un hombre que había tenido muchas oportunidades de volverse a Dios. Dios le había hablado a través del incidente con los profetas de Baal en el Monte Carmelo. También le había revelado Su poder de forma maravillosa cuando le hizo vencer al ejército de Ben-adad. Dios había estado tratando de comunicarse con él a través de todos estos acontecimientos. Pero el problema de Acab era que nunca podía entregarse completamente al Señor. Su esposa Jezabel constituía parte de ese problema. En este capítulo vislumbramos la terrible maldad de Jezabel, la esposa de Acab.

En una ocasión, Acab se fijó en una viña que le pertenecía a un hombre llamado Nabot. Dicha viña estaba cerca de su palacio. A Acab le gustó la viña y deseó tenerla para hacer en ella un huerto de legumbres, ya que estaba tan cerca de su palacio (versículo 2). Por tanto, le ofreció a Nabot darle una viña mejor a cambio de ella, o, si así lo prefería, le pagaría la propiedad conforme a su valor. Pero Nabot no estaba dispuesto a deshacerse de esta propiedad en particular, ya que había estado en su familia por muchos años (versículo 3).

Es importante que comprendamos aquí lo que Nabot estaba sintiendo. Observemos la forma en la que habló, "Guárdeme Jehová de que yo te dé a ti la heredad de mis padres." (versículo 3). Creía que su familia había recibido esa tierra de parte del Señor, y que era su obligación delante de Dios el administrarla. Nabot creía que vender la propiedad constituiría un pecado delante de Dios.

La respuesta de Nabot enfureció al rey. Regresó a su casa de mal humor. Se acostó en su cama malhumorado y se negó a comer (versículo 4). Cuando su esposa Jezabel vino a él y le preguntó por qué no comía, Acab le contó que Nabot no quería venderle su propiedad para construir un huerto de legumbres (versículos 5 y 6).

Frustrada ante la reacción de su esposo, Jezabel lo reprendió. "¿Es así como actúas siendo el rey de Israel? ¡Levántate y come! Yo te conseguiré la viña de Nabot de Jezreel", le dijo.

A Jezabel nadie podía decirle que no. No permitía que hubiese obstáculos en su camino cuando se trataba de lograr lo que quería. Escribió una carta en nombre de Acab y le puso su sello. En la carta, les ordenaba a los ancianos y nobles de la ciudad que proclamasen un día de ayuno y que sentasen a Nabot en un lugar de honor en medio del pueblo (versículo 9). Debían también sentar a dos hombres perversos frente a él. Estos hombres debían decir que Nabot había maldecido a Dios y al rey. Luego debían sacarlo y apedrearlo (versículo 10).

Observemos varios aspectos acerca de este plan. En primer lugar, Jezabel no confrontó a Nabot en persona. No se tomó el tiempo de analizar su situación, ni de hablar con él acerca de los motivos por los cuales no quería vender su propiedad. No le interesaba escuchar la opinión de Nabot. Ella sencillamente se deshacía de cualquiera que le impidiera obtener lo que ella deseaba. Para ella las personas eran desechables.

En segundo lugar, para Jezabel, la verdad no tenía importancia alguna. Ella promovía sus intereses por medio de mentiras y engaños. No habría juicio alguno, ni se le daría voz a la verdad. Nabot no tuvo oportunidad de defenderse.

En tercer lugar, todo este asunto debía desarrollarse rápidamente. De esa manera, las personas no tendrían tiempo de pensar en lo que estaban haciendo. No dejarían que ni la voz de sus conciencias, ni el Espíritu de Dios, tuviesen oportunidad de hablar. El plan debía llevarse a cabo a espaldas de la conciencia y la justicia.

Los ancianos y nobles cumplieron las órdenes de la reina Jezabel al pie de la letra. Los hombres perversos acusaron a Nabot, y los ancianos lo sacaron fuera de la ciudad y lo apedrearon hasta que murió, sobre la base de acusaciones falsas. Debemos señalar aquí que en 2 Reyes 9:26 se apunta que los hijos de Nabot también fueron asesinados en ese momento.

"Que yo he visto ayer la sangre de Nabot, y la sangre de sus hijos, dijo Jehová; y te daré la paga en esta heredad, dijo Jehová. Tómalo pues, ahora, y échalo en la heredad de Nabot, conforme a la palabra de Jehová".

El proceder de Jezabel garantizaba que no quedase nadie en la familia de Nabot que heredase sus tierras. Tras la muerte de Nabot, Jezabel fue a ver a Acab y le dijo que tomase posesión de la viña (versículo 15). Aunque Acab no había mandado a asesinar a Nabot, tampoco impidió que su malvada esposa llevara a cabo su plan, ni tampoco vaciló a la hora de aprovecharse de la situación para obtener lo que quería. Todo este asunto enojó grandemente al Señor Dios.

Después de estos acontecimientos, vino palabra de Dios al profeta Elías. Dios le dijo que se encontrase con Acab en Samaria (versículo 17). Debía decirle que era culpable de asesinar a un hombre para apoderarse de su propiedad. Aunque todo el ardid había sido tramado por Jezabel, Acab era también responsable. Sabía lo que su esposa había hecho. Estaba disfrutando del producto de su pecado. No hizo nada por detener ese mal, y Dios lo iba a responsabilizar por todo lo ocurrido.

Elías debía decirle a Acab que en el mismo lugar donde los perros habían lamido la sangre de Nabot, los perros lamerían también la suya (versículo 19). En 1 Reyes 22:29-37 leemos que Acab fue herido de flecha en una batalla. Estuvo sangrando por mucho tiempo y al final murió en su carro. Su carro fue trasladado a su casa en Samaria, y fue lavado en el estanque de esa ciudad, cayendo allí toda su sangre. Los perros lamieron su sangre, para que se cumpliera esa profecía (1 Reyes 22:38). Esta profecía de Elías se cumplió de forma más directa años después, en la vida de Joram, el hijo de Acab, cuyo cadáver fue echado a un extremo de la heredad de Nabot (2 Reyes 9:25-26).

Elías le dijo a Acab que el Señor Dios traería mal sobre él, por haberse vendido a hacer lo malo delante de Dios (versículos 21 y 22). Todos los descendientes de Acab serían cortados de la tierra de Israel. Su casa sería como la casa de Jeroboam y la casa de Baasa, a quienes el Señor había cortado completamente (ver 1 Reyes 15:28-29 y 1 Reyes 16:10-11). En cuanto a Jezabel, la esposa de Acab, Elías profetizó que los perros se la comerían en el muro de Jezreel (versículo 23). Para leer el relato del cumplimiento de esta promesa ver 2 Reyes 9:30-37. Según esta profecía de Elías, el que de Acab fuere muerto en la ciudad, los perros lo comerían, y el que fuere muerto en el campo, lo comerían las aves del cielo. Los perros eran considerados animales inmundos. Que un cadáver fuese devorado por un perro constituía una enorme vejación.

Todas estas cosas le ocurrirían a Acab por haber sido un rey malvado que le había dado la espalda al Señor Dios. Según los versículos 25 y 26, nunca hubo un hombre como Acab, que se vendió para hacer lo malo. Observemos que en el versículo 25 se nos dice que era incitado por su malvada esposa Jezabel. El versículo 26 nos relata que Acab "fue en gran manera abominable, caminando en pos de los ídolos".

Al parecer esta profecía de Elías conmovió el corazón de Acab. Tras escuchar la palabra del Señor, Acab rasgó sus vestidos y puso cilicio sobre su carne, y ayunó (versículo 27). No tenemos indicios de que Jezabel haya adoptado esa misma actitud. Ella no tenía noción de las cosas del Señor ni de Sus propósitos. Pero Acab era israelita. Aunque vivía en rebelión contra Dios, su corazón aun albergaba cierta sensibilidad hacia el Dios de sus padres. Dios le había hablado a Acab, y se le había revelado en numerosas ocasiones.

En esta ocasión, el endurecido corazón de Acab pareció conmoverse por la palabra del Señor. Dios vio la actitud de su corazón, y cómo se había acongojado por los pecados cometidos y por el castigo que Dios traería contra toda su familia. Dios le habló a Elías nuevamente, diciéndole que había visto cómo Acab se había humillado. En respuesta a esto, Dios le dijo al profeta que no traería este mal en sus días, sino en los días de su hijo. A Acab se le concedió el privilegio de morir en batalla como un guerrero (1 Reyes 22:29-37). Incluso en Sus juicios, Dios muestra misericordia hacia aquellos que se humillan.

Acab había escuchado la voz de Dios, pero no podía someterse a Él. Esto se debía, en parte, a la influencia de su esposa, que lo incitaba. Al parecer, él no podía resistirse a su influencia. Aunque su corazón podía parcialmente escuchar a Dios, él nunca permitió que su corazón fuese totalmente quebrantado por el Señor. Todos hemos conocido a hombres y mujeres que son así.

Para meditar:

- ¿Qué influencia ejercía Jezabel en la vida de Acab? ¿Qué influencia ejercen las personas en usted y en su andar con el Señor Dios?
- Dios le habló a Acab frecuentemente a través de Sus profetas. En ocasiones, el corazón de Acab fue quebrantado por las palabras que escuchó, pero nunca sometió su corazón totalmente al Señor. ¿Conoce usted personas hoy en día que son así? ¿De qué forma les ha estado hablando Dios a ellas?
- Jezabel parecía gobernar a través del miedo, las mentiras y el engaño. ¿Existen evidencias de este tipo de liderazgo en nuestra época?
- Acab no asesinó personalmente a Nabot. ¿Por qué Dios lo responsabilizó por su muerte?
- ¿Cómo se demostró la misericordia de Dios en medio del juicio contra Acab, cuando éste se acongojó por su pecado y por el castigo que recibiría?

Para orar:

- Pídale a Dios que le muestre las influencias que se ejercen sobre su vida que le impiden seguir al Señor de todo corazón.
- ¿Conoce usted a alguien como Acab, a quien Dios le ha estado hablando? Pídale a Dios que le dé a esa persona la gracia de poder someterse a Sus caminos.
- Pídale a Dios que lo libre de toda mentira, engaño o deseo de manipular o controlar. En lugar de ello, pídale que le dé gracia y fe para dejar que Él cumpla Sus propósitos para su vida y las vidas de los que le rodean.

- Agradézcale a Dios por ser misericordioso, aun en medio del juicio.

21 - LA MUERTE DE ACAB Y LOS REINADOS DE OCOZÍAS DE ISRAEL Y DE JOSAFAT DE JUDÁ

Leer 1 Reyes 22:1-53

En el capítulo 20 leímos cómo Ben-adad, el rey de Siria, sufrió una derrota cuando atacó a Israel con su alianza de 32 reyes. El rey Acab hizo un pacto con él y lo liberó, yendo en contra del plan de Dios. Pero el conflicto entre Siria e Israel no terminó tras la liberación de Ben-adad. En 1 Reyes 22:1 se nos dice que durante 3 años hubo guerra entre ambas naciones.

Después de 3 años de conflicto, el rey Josafat de Judá se acercó al rey Acab de Israel para formar una alianza contra Siria. A Acab le preocupaba más que nada la región de Ramot de Galaad, que en esos momentos estaba en manos de Siria. Esta ciudad había sido israelita. En el texto no queda claro por qué él deseaba que esta ciudad fuese devuelta a Israel.

Cuando Acab le preguntó a Josafat si estaba dispuesto a ir con él a tomar la ciudad nuevamente, Josafat le respondió, "Yo soy como tú, y mi pueblo como tu pueblo, y mis caballos como tus caballos". En otras palabras, estaba dispuesto a hacer todo cuanto estuviese a su alcance para ayudar a Acab a retomar el control de Ramot de Galaad. Se trataba del primer gesto de amistad entre Israel y Judá que había tenido lugar en muchos años. Sin embargo, antes de ir a pelear contra Siria al lado de Acab, Josafat le pidió que consultasen primero el consejo del Señor (versículo 5).

Resulta interesante observar que Josafat deseaba consultar al Señor antes de hacer cualquier compromiso con Acab. Esto demuestra que Josafat estaba preocupado por conocer la voluntad y el propósito de Dios. No estaba confiando en su propia sabiduría y fuerza en esta ocasión. Quería saber lo que Dios diría.

Como respuesta a la petición de Josafat, Acab convocó a los profetas de Israel. Cuatrocientos profetas se reunieron ante la orden del rey (versículo 6). Lo que tenemos que comprender aquí es que estos hombres no eran verdaderos profetas de Dios. Acab y su esposa habían estado matando a los profetas de Dios. Es posible que estos profetas estuviesen vinculados a las religiones paganas que se practicaban en Israel en la época. Cuando estos profetas falsos se reunieron, Acab les preguntó si debían ir a la guerra contra el rey de Siria (versículo 6). De forma unánime, todos los profetas dijeron, "Sube, porque Jehová la entregará en mano del rey" (versículo 6).

Pero Josafat no estaba convencido. No confiaba en esos falsos profetas, así que le preguntó a Acab si aún quedaba algún profeta del Señor Dios en Israel al que pudieran consultar (versículo 7). Acab le dijo que aún quedaba un profeta de Dios en la tierra, pero que él lo odiaba porque nunca decía nada bueno sobre él. El nombre de este profeta era Micaías (versículo 8). Es interesante observar cómo Acab juzgó al profeta. Odiaba al profeta Micaías porque nunca decía nada bueno sobre él. Él amaba a los falsos profetas, porque le decían lo que él quería escuchar. Existen muchas personas así en nuestra época. Disfrutan al escuchar a los predicadores que les hacen sentirse bien consigo mismos, pero detestan a los que les hacen frente a sus pecados. Josafat reprendió a Acab por su actitud hacia los profetas verdaderos del Señor, "No hable el rey así", le respondió Josafat (versículo 8). A petición de Josafat, Acab mandó a llamar a Micaías.

Cuando Micaías llegó, se encontró con una escena peculiar. Los reyes estaban vestidos de sus ropas reales, y sentados en sus tronos a la entrada de la puerta de Samaria. Alrededor de ellos estaban los falsos profetas haciendo su labor. Uno de ellos, que se llamaba Sedequías, se había hecho unos cuernos de hierro, y le estaba declarando al rey que con ellos acornearía a los sirios (versículo 11). Todos los demás profetas estaban prediciendo que el Señor entregaría a Siria en mano del rey (versículo 12). El mensajero que había llevado a Micaías le dijo que todos los profetas le estaban augurando éxitos al rey. Le aconsejó a Micaías que le convenía estar de acuerdo con ellos y hablar favorablemente al rey, profetizándole éxitos (versículo 13).

A pesar de la presión, Micaías le dijo al siervo que solo podía profetizar lo que el Señor le diese a profetizar (versículo 14). Al llegar, se le preguntó a Micaías si Israel y Judá debían salir a pelear para reconquistar Ramot de Galaad. Micaías respondió, "Sube, y serás prosperado, y Jehová la entregará en mano del rey" (versículo 15). Micaías sencillamente repitió las palabras de los profetas que le rodeaban. Pero no debemos ver esto como la palabra del Señor. En lugar de ello, debemos comprender que Micaías se sentía frustrado, y le dijo esto al rey porque sabía que él no estaba dispuesto a escuchar la verdad. Habló en un tono sarcástico, diciéndole al rey que hiciera lo que mejor le pareciera.

Acab se percató de su tono sarcástico y lo conminó a decirle la verdad (versículo 16). Micaías entonces les respondió a Acab y a Josafat que veía a todo Israel esparcido por los montes, como ovejas que no tienen pastor. Escuchó también al Señor decir: "Estos no tienen señor; vuélvase cada uno a su casa en paz" (versículo 17). Acab se volvió hacia Josafat y le dijo, "¿No te lo había yo dicho? Ninguna cosa buena profetizará él acerca de mí, sino solamente el mal".

Micaías luego le dijo a Acab y a Josafat que veía al Señor sentado en Su trono con todas las huestes del cielo alrededor de Él (versículo 19). Escuchó al Señor preguntar: "… ¿Quién inducirá a Acab, para que suba y caiga en Ramot de Galaad? Y uno decía de una manera, y otro decía de otra. Y salió un espíritu y se puso delante de Jehová, y dijo: Yo le induciré" (versículo 20). Cuando el Señor le preguntó al espíritu cómo lo induciría, éste le dijo al Señor que saldría y sería un espíritu de mentira en boca de todos los profetas. Micaías le dijo a Acab que el Señor le permitió a este espíritu hablar mentiras para provocar el mal contra él, tal y como había sido decretado (versículo 23).

No debemos ver en esto que el Señor Dios mienta o engañe para cumplir Sus propósitos. Lo que debemos ver más bien es que, Dios puede cumplir Sus propósitos a pesar de las mentiras y engaños del enemigo. Los espíritus engañadores que aquí se mencionan no son ángeles de Dios, sino ángeles caídos de Satanás. De la misma manera en la que Dios permite que haya enfermedades, males y desastres en este mundo para cumplir Sus propósitos, a veces también usa incluso los engaños y la maldad de Satanás y sus ángeles para que se cumplan Sus designios.

La profecía de Micaías enojó al profeta Sedequías, quien se había hecho cuernos de hierro y les había profetizado éxito a Acab y a Josafat. Cuando escuchó la profecía de Micaías, lo golpeó en la mejilla, diciendo: "¿Por dónde se fue de mí el Espíritu de Jehová para hablarte a ti?" Probablemente estuviera insinuando que el espíritu de engaño que Micaías había dicho que estaba en ellos, estaba realmente en él.

Micaías le dijo a Sedequías que pronto sabría quién estaba diciendo la verdad. Sabría quien había sido veraz el día que tuviese que esconderse de aposento en aposento (versículo 25). Es posible que Sedequías tuviese que ir de aposento en aposento ocultándose de ese mismo enemigo que él había profetizado que nunca los vencería.

Sintiéndose frustrado con las palabras de Micaías, Acab ordenó que lo mandaran a prisión y solo le dieran pan y agua hasta que él regresara de la batalla sano y salvo (versículos 26 y 27). Sin sentirse amenazado ante esta orden, Micaías le dijo al rey que si él regresaba sano y salvo de la batalla, entonces el Señor no había hablado a través de él (versículo 28). Lo que le ocurriese a Acab en la batalla determinaría si Micaías había hablado la verdad, o no.

En el versículo 29, Acab y Josafat decidieron que pelearían contra los sirios. Pero en caso de que Micaías hubiese hablado la verdad, Acab decidió disfrazarse. En lo más profundo de su ser, es posible que se preguntara si lo que Micaías había dicho era cierto. Iría a la batalla con el temor de perder la vida, a pesar de lo que habían dicho los 400 profetas falsos. Por su parte, Josafat fue a la batalla ataviado con sus vestidos reales (versículo 30).

Según el versículo 31, el rey de Siria les ordenó a sus 32 capitanes de los carros que centraran su atención en Acab. Estaba determinado a matarlo. En un momento dado, los comandantes de los carros, viendo a Josafat vestido con sus ropas reales, lo persiguieron, pensando que se trataba del rey Acab. Cuando descubrieron que no era él, dejaron de perseguirlo (versículo 33).

Un soldado sirio disparó su arco a la ventura e hirió a Acab por entre las junturas de la armadura (versículo 34). Se trataba claramente de una flecha enviada por el Señor. Acab le dijo a su cochero que diese la vuelta y lo sacase del campo, porque estaba herido (versículo 34). Pero la batalla entre Israel, Judá y Siria duró todo el día. Durante todo ese tiempo, a Acab se le mantuvo de pie en su carro frente a los sirios. La sangre de su herida no dejaba de correr por el piso del carro, y esa misma noche Acab murió (versículo 35). Cuando el sol se puso, la batalla se detuvo y todos regresaron a casa (versículo 36). El cadáver del rey se trasladó a

Samaria, donde fue sepultado. Lavaron el carro en un estanque de Samaria, donde se bañaban las prostitutas, y los perros lamieron la sangre, tal y como lo había declarado el profeta Elías (1 Reyes 21:19).

Todos los detalles sobre el reinado de Acab quedaron registrados en los anales de los reyes de Israel. Su hijo Ocozías ocupó su lugar como rey de la nación (versículo 40).

Concluimos este capítulo relatando brevemente las características del reinado de Josafat. Ya conocíamos de la existencia de Josafat. Él era rey de Judá cuando Acab era rey de Israel. Tenía 35 años cuando se convirtió en rey de Judá, y reinó en Jerusalén durante 25 años (versículo 42). El versículo 43 nos dice que caminó con el Señor toda su vida. Sin embargo, Josafat no quitó los lugares altos paganos de la tierra de Judá, y seguía habiendo personas que sacrificaban y quemaban incienso en esos lugares altos.

Sin embargo, en sentido general, Josafat trajo consigo una época de prosperidad y de bendición para Judá. Ya hemos visto que hubo cierta paz entre Israel y Judá durante su reinado. Él ayudó a Israel en su batalla contra Siria. Tuvo éxito en sus hazañas militares (versículo 45). Desterró del país todo vestigio de prostitución sagrada masculina que había dejado su padre, Asa (versículo 46). El versículo 47 nos hace pensar que Edom estaba bajo el dominio de Judá, y que había un intendente que le rendía cuentas a Josafat. Josafat construyó una flota de barcos mercantes para ir a Ofir a buscar oro, pero los navíos nunca zarparon. Según 2 Crónicas 20:35-36, fueron destruidos como resultado de una alianza que el rey hizo con el rey Ocozías de Israel. Josafat murió tras reinar en Judá durante 25 años, y en su lugar reinó Joram su hijo (versículo 50).

En Israel, Ocozías se había convertido en rey tras la muerte en combate de su padre Acab. Ocozías reinó en Israel mientras

Josafat era rey de Judá. Fue rey de Israel durante 2 años. Pero Ocozías hizo lo malo, al igual que su padre Acab y su madre Jezabel (versículo 52). Sirvió a Baal y provocó a ira al Señor, al igual que había hecho su padre Acab (versículo 53).

Para meditar:

- ¿Cree usted que la decisión que tomó Josafat de hacer una alianza con Acab, era del Señor? ¿Qué le ocurrió a la flota de barcos de Josafat por haber hecho alianza con Ocozías, el hijo de Acab?
- Percátese de la valentía que en este capítulo demostró Micaías, el verdadero profeta del Señor. ¿Tiene usted la valentía de Micaías?
- Acab buscó profetas que le dijesen solamente lo que él quería oír. ¿Ha conocido usted alguna vez personas así? ¿Está usted listo para escuchar lo que el Señor desea que usted escuche?
- Acab se disfrazó, tratando de ocultarse de sus enemigos. ¿Es posible ocultarse del Señor? ¿Existen cosas que usted está tratando de ocultarle al Señor hoy?
- ¿De qué forma usa Dios los propósitos y acciones malignos de Satanás y sus espíritus perversos para cumplir con Sus propósitos superiores? ¿De qué manera usó Dios los propósitos malignos de Satanás hacia el Señor Jesús en el momento de Su crucifixión para llevar a cabo nuestra salvación? ¿Cómo puede usar Dios las pruebas y dificultades que usted experimenta para cumplir Sus propósitos para su vida?
- Los navíos de Josafat nunca pudieron zarpar. ¿Tiene usted planes y propósitos que son contrarios a los planes y propósitos del Señor Dios? ¿Pueden tener éxito esos planes al final?

Para orar:

- Pídale a Dios que le impida hacer alianzas y asociaciones que estén fuera de Su voluntad y propósito.
- Pídale a Dios que le dé la valentía de permanecer firme en el Señor, aun cuando los demás se aparten de Él.
- Agradézcale al Señor por usar los propósitos malignos del enemigo para nuestro bien. Agradézcale por ser un Dios soberano.
- Pídale a Dios que le muestre si existen propósitos o planes en su vida que son contrarios a la voluntad de Dios. Pídale que le dé gracia para poder someter esos propósitos y planes al Señor.

22 - MUERTE DE OCOZÍAS, REY DE ISRAEL

Leer 2 Reyes 1:1-18

Tras la muerte de Acab, su hijo Ocozías reinó en su lugar en Israel. Ya habíamos visto en 1 Reyes 22:51-53 que Ocozías fue un rey malvado, que se apartó del Señor y siguió los caminos de su padre Acab. Desde el versículo 1 vemos que la bendición de Dios estaba siendo quitada del reinado de Ocozías. Tras la muerte de Acab, Moab se rebeló contra Israel. En 2 Samuel hallamos que Moab había estado bajo el dominio de Israel desde la época de David. Pero a causa del pecado de la tierra, Israel comenzó a perder su territorio. El pecado estaba debilitando a la nación.

En el versículo 2 vemos que Ocozías se cayó por la celosía del aposento alto que tenía en Samaria y quedó malherido. Preguntándose si moriría a causa de sus heridas, envió mensajeros a consultar al dios filisteo Baal-zebub para saber si se recuperaría. Baal-zebub significa literalmente, "el señor de las moscas". No resulta claro el motivo por el cual recibió este nombre. Algunos creen que se debe al hecho de que se le atribuía el haber impedido que una plaga de moscas azotara la región. Otros creen que se debe al hecho de que él revelaba su voluntad y propósito a través de los patrones de vuelo de las moscas. Otros eruditos creen, sin embargo, que el objetivo de este nombre era el de denigrar a esa deidad. Al llamarlo dios de las moscas, sus enemigos lo estarían llamando dios de la insignificancia.

La palabra del Señor vino a Elías cuando los mensajeros de Ocozías se dirigían a consultar a Baal-zebub. El ángel del Señor le dijo a Elías que saliera al encuentro de los mensajeros y los interpelara con respecto a su viaje para ver a Baal-zebub. "¿No hay Dios en Israel, que vais a consultar a Baal-zebub dios de Ecrón?", debía preguntarles Elías (versículo 3).

Dios estaba enojado con Ocozías por no consultarlo a Él, y en cambio, decidir consultar a Baal-zebub. Elías le dijo a Ocozías que moriría (versículo 4). Los mensajeros regresaron a Ocozías y le informaron lo que Elías les había dicho (versículos 5 y 6). Cuando Ocozías les preguntó cómo era el profeta que les había hablado, le dijeron que era un varón que tenía vestido de pelo, y ceñía sus lomos con un cinturón de cuero (versículos 7 y 8). Ocozías reconoció que se trataba de Elías.

Cuando Ocozías escuchó la profecía de Elías, envió a 50 hombres a capturarlo. Es obvio que la intención de Ocozías era hostil. Algunos comentaristas creen que ciertas religiones paganas suponían que una maldición podía evitarse si el profeta era asesinado antes de que se cumpliese su profecía. Sin embargo, no se puede afirmar que esa fuera la intención de Ocozías.

Los mensajeros de Ocozías hallaron a Elías sentado en la cumbre del monte. Le exigieron que descendiera hasta donde ellos estaban (versículo 9). Elías le respondió a su capitán, "Si yo soy varón de Dios, descienda fuego del cielo, y consúmate con tus cincuenta" (versículo 10). Entonces descendió fuego del cielo, y consumió al capitán y a sus hombres, confirmando que Elías era un hombre de Dios, y que su palabra era verdad.

Al escuchar lo ocurrido, Ocozías envió a otro capitán con 50 hombres. Nuevamente el capitán le exigió a Elías que descendiese de la montaña. Elías le dio la misma respuesta, y una vez más cayó fuego del cielo que consumió al capitán y a sus 50 hombres (versículo 12).

Cuando Ocozías envió a un tercer capitán, éste fue mucho más cauteloso. En lugar de exigirle a Elías que descendiese de la montaña, se puso de rodillas y le rogó que respetase su vida y las de los hombres que iban con él (versículo 13). Vino delante del profeta con temor de su Dios.

Esta vez, el ángel del Señor le dijo a Elías que fuese con el capitán. No debía tener miedo. Elías obedeció la palabra del Señor y fue con el capitán a ver al rey (versículo 15).

Cuando Elías vio a Ocozías, le repitió lo que el Señor le había dicho. Le dijo al rey que Dios estaba airado contra él por haber decidido consultar a Baal-zebub. Como le había dado la espalda al Dios de Israel, no sería sanado de sus heridas. Moriría en su lecho. Tal y como Elías había profetizado, Ocozías murió en su lecho (versículo 17). No tenía hijo que le sucediera, así que su hermano Joram, ocupó el trono en su lugar.

Aunque hubo otros muchos acontecimientos en la vida de Ocozías que han quedado registrados en los anales de los reyes de Israel, estos sucesos fueron escogidos expresamente para mostrarnos el estado espiritual de la nación. En la historia de Israel, desde los días de Jeroboam y hasta Ocozías, ningún rey había seguido al Señor ni le había buscado. Esto fue una gran tragedia.

Para meditar:

* En el versículo 1 leemos que Moab se rebeló contra Israel. ¿De qué forma demuestra esto que la nación había perdido la bendición de Dios? ¿De qué manera el pecado nos arrebata la bendición del Señor? ¿Qué bendiciones ha perdido su comunidad por causa del pecado?

- ¿Qué nos enseña este pasaje acerca de la importancia de buscar al Señor y Sus propósitos? ¿Consulta usted al Señor con respecto a sus decisiones? ¿A quiénes más consultamos? ¿Es incorrecto consultar a otras personas? ¿Puede el Señor usar a otras personas para que nos guíen?
- El tercer capitán de 50 hombres tuvo una actitud muy diferente hacia Elías y hacia su Dios. ¿Por qué esta actitud salvó su vida? ¿Qué importancia tiene nuestra actitud a la hora de acercarnos a Dios? ¿Alguna vez se ha acercado usted a Dios con la actitud incorrecta? Fundamente su respuesta.

Para orar:

- Pídale al Señor que le muestre cualquier pecado que haya en su vida que le esté impidiendo obtener Sus mayores bendiciones.
- Pídale al Señor que le enseñe a buscarlo más a la hora de hacer sus planes.
- Pídale al Señor que escudriñe su corazón para ver si existen actitudes que no le dan a Él la gloria y la honra. Confiésele esas actitudes, y pídale que le ayude a derrotarlas.

23 - ELÍAS ES ARREBATADO

Leer 2 Reyes 2:1-25

Se acercaba el fin de Elías como profeta. Dios le había dicho que debía ungir a Eliseo en lugar de él (1 Reyes 19:16). Desde el versículo 1, ya vemos que Elías sería alzado en un torbellino al cielo (versículo 1).

En el versículo 2, Elías le dice a su siervo Eliseo que se quede en Gilgal mientras él se dirigía a Bet-el. Eliseo sabía que algo ocurriría con su señor, y se negó a abandonarlo. Cuando iban de camino a Bet-el, salió a su encuentro un grupo de profetas, quienes le dijeron a Eliseo que ese día el Señor le quitaría a su maestro (versículo 3).

Tras reunirse con ese grupo de profetas en Bet-el, Elías decidió ir a Jericó (versículo 4). Nuevamente le dijo a Eliseo que se quedara mientras él iba. Eliseo se negó a obedecer a su maestro, y fue con él a Jericó.

Observemos que Elías se encontró con otro grupo de profetas en Jericó. Algunos consideran que estos grupos pertenecían a algún tipo de escuela que Elías pudo haber fundado para los profetas. Al parecer, Elías deseaba pasar algún tiempo con estos profetas antes de que el Señor lo arrebatara. Como mismo había ocurrido en Bet-el, los profetas en Jericó le dijeron a Eliseo que el Señor le iba a quitar a su maestro (versículo 5).

Saliendo de Jericó, Elías se dirigió hacia el Jordán. Nuevamente le dijo a Eliseo que se quedara donde estaba, pero al igual que en las ocasiones anteriores, Eliseo se negó a obedecer y fue con su maestro (versículo 6).

Al llegar al Jordán, se encontraron con 50 hombres de una compañía de profetas que estaban allí. Estos hombres también sabían que algo ocurriría ese día. Elías y Eliseo se detuvieron junto al río Jordán. Tomando entonces Elías su manto, lo dobló, y golpeó las aguas. Las aguas del río Jordán se apartaron a uno y a otro lado, y pasaron ambos por lo seco (versículo 8). Solo podemos imaginar el asombro de los 50 profetas que observaban a distancia todo lo que estaba ocurriendo.

Cuando los dos profetas cruzaron el Jordán, Elías se volvió y le preguntó a Eliseo qué podía hacer por él antes de ser arrebatado. Eliseo pidió una doble porción del espíritu de Elías (versículo 9).

¿Qué había querido decir Eliseo al hacer esta petición? Algunos han creído que Eliseo estaba pidiendo el doble de poder y de don profético que tenía Elías. Pero no era así. Eliseo estaba pidiendo sencillamente que se le diese el privilegio de continuar el ministerio de Elías como su sucesor. Según la ley de Moisés, el hijo primogénito de una familia, que debía convertirse en el sucesor de su padre, y en el siguiente cabeza de familia, debía recibir una porción doble de la herencia de su padre. Esto queda bien claro en Deuteronomio 21:17, donde dice:

> *"Mas al hijo de la aborrecida reconocerá como primogénito, para darle el doble de lo que correspondiere a cada uno de los demás; porque él es el principio de su vigor, y suyo es el derecho de la primogenitura."*

Eliseo le estaba pidiendo a Elías que lo nombrara como heredero de su cargo, para él poder continuar la obra que su maestro había comenzado. Esto daba cumplimiento directo al mandato del Señor en 1 Reyes 19:16. Elías le dijo a su siervo Eliseo que si lo veía en el momento en el que él fuera arrebatado, el cargo sería suyo (versículo 10). Al decir esto, Elías estaba dejando la decisión en las manos del Señor, quien era el Único que podía decidir con respecto a su sucesor.

Después de esta conversación, Elías y Eliseo iban caminando solos y hablando, cuando de repente, un carro de fuego apareció y los separó a los dos. En un instante, Elías fue llevado al cielo en un torbellino (versículo 11). Eliseo quedó abrumado, observando lo ocurrido, y exclamó, "¡Padre mío, padre mío, carro de Israel y su gente de a caballo!"

Esta expresión, "¡Padre mío, padre mío, carro de Israel y su gente de a caballo!" puede resultar desconcertante. Hay dos aspectos que debemos señalar acerca de esta expresión de Eliseo. En primer lugar, observemos cómo él veía su relación con Elías. Era un padre para él. Elías se había hecho cargo de él y lo había enseñado como a un hijo.

En segundo lugar, percatémonos de que Elías le dijo a su padre que era, "carro de Israel y su gente de a caballo". Esta frase es difícil de comprender. Pudiera tratarse de una descripción de su poder como varón de Dios en Israel. Los carros y los hombres de a caballo representaban el poder militar de la nación. Este solo hombre tenía el poder de todo el ejército israelita. Era capaz de lograr lo que todo el ejército de Israel, con todos sus carros y jinetes, no podía lograr. Es interesante observar que Eliseo recibió también ese mismo nombre en 2 Reyes 13:14. Él llevaría el nombre, la autoridad y el poder de Elías, su padre espiritual.

Esa fue la última vez que Eliseo vio a Elías. Al quedarse solo a orillas del Jordán, Eliseo, tomando sus vestidos, los rompió en dos partes, en señal de dolor y duelo (versículo 12). Tras hacer duelo por Elías, Eliseo se percató de que el manto de Elías se le había caído al suelo. Debemos comprender algo sobre este manto. En 1 Reyes 19:19, Elías había arrojado su manto sobre Eliseo en un gesto simbólico que demostraba que él sería su sucesor y que continuaría su ministerio. Debemos también observar en el versículo 8, que Elías usó este manto para apartar las aguas del Jordán. No era que el manto en sí tuviese propiedades mágicas. Era más bien un símbolo de la autoridad de Dios sobre él. El manto podía compararse con el uniforme que usa un policía. El uniforme en sí no tiene poderes mágicos, pero cuando un policía se lo pone, las personas le obedecen, porque reconocen que el uniforme es un símbolo de autoridad. Cuando Elías dejó caer su manto, estaba nombrando a Eliseo como su sucesor y transfiriéndole su autoridad profética.

Eliseo aceptó ese cargo de profeta al recoger el manto de Elías. La primera evidencia de su autoridad profética se manifestó cuando se paró a la orilla del Jordán, que había recuperado su corriente normal. Tal y como había visto a Elías hacer, Eliseo tomó el manto y golpeó el agua. Las aguas se separaron y él pudo cruzar (versículo 14).

Sería difícil saber si el grupo de profetas que estaba al otro lado del Jordán había presenciado todo lo ocurrido. Sin embargo, el versículo 15 sí aclara que vieron que el espíritu de Elías ahora reposaba sobre Eliseo. Cuando Eliseo volvió a ellos, ellos vinieron a recibirle, y se postraron delante de él en señal de respeto y sumisión (versículo 15).

El grupo de profetas, preguntándose donde estaría Elías, le sugirió a Eliseo que fuesen a buscarlo. Creían que tal vez el Espíritu del Señor lo había echado en algún monte o en algún valle (versículo 16). Pero Eliseo sabía que no era así. Sabía que Elías había ido a estar con el Señor, y no regresaría a ellos. Les dijo a los profetas que no tenía sentido salir a buscarlo. Pero los profetas insistieron en buscarlo, y Eliseo al final les dio permiso. Tras 3 días de búsqueda, los profetas no pudieron hallar a Elías, así que regresaron a Eliseo. El hecho de no haberlo podido encontrar confirmó en sus corazones que Eliseo era su sucesor, y que el Señor ciertamente se había llevado a Elías al cielo.

El resto del capítulo 2 brinda evidencias del poder de Dios sobre Eliseo. Estas evidencias confirman que él era el siervo escogido por Dios para reemplazar a Elías.

En el versículo 19 vemos que los hombres de Jericó fueron a ver a Eliseo para presentarle un problema. Le dijeron que el agua de su ciudad era mala, y la tierra improductiva. Es posible que esto se debiera a la maldición que Dios había lanzado contra la ciudad en la época de Josué.

En aquellos momentos, Josué había pronunciado este juramento solemne:

"Maldito delante de Jehová el hombre que se
levantare y reedificare esta ciudad de Jericó. Sobre su
primogénito eche los cimientos de ella, y sobre su
hijo menor asiente sus puertas" (Josué 6:26).

Incluso en la época de Eliseo la ciudad aun sufría por esta maldición de Dios. Eliseo pidió que le llevasen una vasija nueva con sal dentro. Cuando le llevaron la vasija, fue a los manantiales de las aguas, echó dentro la sal, y dijo: "Así ha dicho Jehová: Yo sané estas aguas, y no habrá más en ellas muerte ni enfermedad" (versículo 21). A partir de ese momento, el agua quedó purificada y la maldición fue quitada de la tierra.

Desde Jericó, Eliseo se fue a Bet-el. Mientras iba de camino, unos muchachos de la región le salieron al encuentro y comenzaron a burlarse de él porque era calvo (versículo 23). Eliseo miró atrás y los maldijo en el nombre de Dios. Acto seguido, dos osos salieron del monte y despedazaron a 42 de ellos. Nuevamente, esta fue una señal del Señor de que Eliseo era el siervo ungido de Dios.

Para meditar:

- ¿De qué manera la persistencia de Eliseo por seguir a Elías nos muestra que Dios había puesto carga en su corazón para que continuase con el ministerio de Elías? ¿Qué cargas ha puesto Dios en su corazón?
- ¿Con qué señales confirmó Dios el llamamiento de Eliseo? ¿Confirma Dios el llamamiento que hace a nuestras vidas hoy? ¿De qué manera lo hace?
- ¿Qué nos dice el incidente con los muchachos que se burlaron de Eliseo acerca de la importancia del respeto hacia los siervos de Dios? ¿Muestra usted respeto hacia los líderes espirituales que Dios le ha dado? ¿De qué manera muestra usted ese respeto?
- A Elías se le compara con los carros y los hombres de a caballo de Israel. ¿Qué evidencias hay del poder de Dios en su vida?

Para orar:

- Pídale a Dios que le dé una evidencia clara de Su llamado en su vida.
- ¿Ha sido usted alguna vez irrespetuoso para con los siervos de Dios? Pídale a Dios que lo perdone. Pídale que lo ayude a ser más respetuoso para con Sus siervos escogidos.
- Pídale a Dios que le dé una mayor autoridad en el ámbito de su llamado. Pídale que lo use de una manera aún mayor.

24 - MOAB CAE EN UNA TRAMPA

Leer 2 Reyes 3:1-27

Como Ocozías, el hijo de Acab no había tenido hijo que lo sucediera, su hermano Joram ocupó el trono en su lugar (2 Reyes 1:17). Reinaría durante un período de 12 años en Israel. El versículo 2 lo describe como un rey que hizo lo malo delante del Señor, aunque no como su padre Acab y su madre Jezabel. Joram se deshizo de las estatuas de Baal que su padre había hecho (versículo 2). También buscó librar la tierra de la influencia de la adoración a Baal. Aunque eso fue algo bueno, el versículo 3 aclara que Joram no se volvió hacia el Señor Dios. En lugar de cometer los mismos pecados de Acab (adorar a Baal), Joram se había adherido a los pecados de Jeroboam. Joram deseaba conducir al pueblo a retomar la adoración de los becerros de oro que Jeroboam había instituido (1 Reyes 12:28). Aunque Joram no anduvo en los caminos de su padre, le dio también la espalda al Señor Dios de Israel.

Durante el reinado de Acab, Mesa, el rey de Moab, le suministraba a Israel ovejas, carneros y vellón. Pero tras la muerte de Acab, Mesa se rebeló contra Israel (versículo 5). Como respuesta, Joram movilizó sus fuerzas (versículo 6). Le envió un mensaje a Josafat el rey de Judá, pidiéndole su apoyo para luchar contra Moab. Josafat consintió en pelear a su lado (versículo 7). En el versículo 9 vemos también que Joram hizo además una alianza con Edom para luchar contra Moab.

Los reyes de Israel, Judá y Edom decidieron atacar a Moab tomando la ruta que iba por el camino del desierto de Edom (versículo 8). Pero esta no era la ruta más fácil para llegar. Después de viajar durante 7 días por el desierto, se les acabó el agua a Israel y a Edom (versículo 9). Esto los colocó en una situación muy difícil. Desalentados, comenzaron a preguntarse si el Señor los entregaría en manos de los moabitas (versículo 10).

De esos 3 reyes, Josafat era el único que estaba andando en los caminos de Dios. Él preguntó si habría algún profeta del Señor que pudieran consultar para conocer el propósito del Señor para ellos (versículo 11). Uno de los oficiales de Joram les habló sobre el profeta Eliseo. Josafat reconoció su nombre de inmediato y dijo: "Este tendrá palabra de Jehová" (versículo 12). Josafat conocía la reputación de Eliseo, y se lo recomendó con entusiasmo a los otros reyes. Decidieron ir a verlo.

Cuando Eliseo vio a los reyes, dirigió su conversación hacia Joram, el rey de Israel. "¿Qué tengo yo contigo? Vé a los profetas de tu padre, y a los profetas de tu madre", le dijo (versículo 13). Al decir esto, Eliseo estaba expresando la desaprobación divina hacia los caminos de Joram. Joram debía haber estado sirviendo al Señor Dios, pero, en lugar de ello, había escogido adorar a los becerros de oro. Eliseo le preguntó por qué consultaba al Señor Dios de sus padres, cuando él servía a otros dioses. Joram le dijo a Eliseo, sin embargo, que había sido el Señor Dios quien los había llamado a pelear, y no sus dioses paganos.

En el versículo 14, Eliseo les dice a los monarcas que solo buscaría en nombre de ellos cuál era la voluntad de Dios, a causa del respecto que sentía por Josafat. De no haber sido por la presencia de Josafat, Eliseo no se habría fijado en la presencia de Joram ni habría hablado con él. Si deseamos que Dios nos escuche, necesitamos buscar de Él con un corazón sincero. El corazón de Joram no era obediente a Dios.

Por respeto a Josafat, Eliseo pidió que le llevasen a un arpista (versículo 15). Mientras el arpista tocaba, el Espíritu del Señor vino sobre Eliseo. Resulta importante analizar lo que estaba ocurriendo aquí. Al parecer, Eliseo necesitaba despejar su mente de todos los demás asuntos para poder escuchar al Señor Dios. La música calmaba su mente, y le permitía concentrarse en el Señor y en lo que Él pudiera decirle sobre este asunto.

Con demasiada frecuencia nos preguntamos por qué no oímos la voz de Dios ni entendemos Sus claros mandatos. ¿Podría ser porque estamos demasiado ocupados y nuestras mentes están demasiado abarrotadas de las cosas de este mundo? A todos nos haría bien dedicar momentos a reflexionar tranquilamente sobre Dios. Necesitamos tener momentos de paz, en los que podamos escuchar a Dios y dejarlo hablar. A menudo me ha ocurrido que he estado tan ocupado, que no le he dado ni tiempo ni oportunidad al Espíritu de Dios para que me guíe y me dirija. Con demasiada frecuencia, me he ensimismado tanto con el servicio y el ministerio, que no he podido sentir la dirección del Espíritu de Dios. Eliseo se propuso tener un momento de paz. Empleó la música para centrar su mente en Dios y deshacerse de toda distracción. Esa no es la única manera de centrarnos en Dios. Cada cual puede tener una forma diferente. Lo importante es lograr un momento de paz, para que Dios nos hable y podamos escucharle.

En medio de la quietud, el Señor le habló a Eliseo y le dijo:

"Haced en este valle muchos estanques. Porque
Jehová ha dicho así: No veréis viento, ni veréis lluvia;
pero este valle será lleno de agua, y beberéis
vosotros, y vuestras bestias y vuestros ganados"
(versículos 16 y 17).

Eliseo profetizó también que Dios les entregaría a Moab (versículo 18).

Aquí vemos una clara evidencia de la maravillosa gracia de Dios. El Señor proveería el agua que este ejército sediento necesitaba. Convertiría el valle desértico en un lago de aguas para satisfacer su necesidad. Al hacerlo, Dios estaba demostrándoles ser un Dios de misericordia y provisión. Su bendición caería sobre el rebelde Joram. Él proveería para sus necesidades. En medio del desierto fluirían corrientes de agua en abundancia. Él puede hacer lo mismo por nosotros hoy en día.

Eliseo les dijo a los 3 reyes que fueron a consultarlo que era la voluntad de Dios que destruyesen toda ciudad fortificada y todo pueblo importante. Debían cortar todo buen árbol y cegar todas las fuentes de agua. Debían destruir con piedras toda tierra fértil. Es importante comprender lo que Dios estaba diciendo aquí. Dios deseaba darle la victoria a Su pueblo, pero sabía que sería tentado a retornar a sus pecados y maldad. Sabía que, si el pueblo de Dios no destruía totalmente al enemigo, caería en el pecado de las naciones que conquistase. Dios esperaba que, cuando Él les diese a estos reyes la victoria, ellos destruyesen a su enemigo por completo, para que su victoria no fuese en vano. Esperaba que perseverasen en las victorias que Él les diera.

Tal y como Eliseo había profetizado, a la mañana siguiente, cuando el pueblo se levantó para ofrecer los sacrificios de la mañana, el valle estaba lleno de agua (versículo 20). El agua había venido hasta el valle desde la región de Edom.

Los moabitas escucharon que los reyes de Israel, Judá y Edom habían venido contra ellos y reunieron sus armas para la batalla (versículo 21). Al levantarse por la mañana, el sol brillaba en el agua que había inundado el valle silenciosamente durante la noche. Desde donde estaban situados los moabitas, el agua parecía de un rojo brillante, ya que el sol se reflejaba sobre ella. Los moabitas creyeron que se trataba de sangre. La única explicación que los moabitas hallaron para que hubiese tanta cantidad de sangre en el valle, era pensar que había habido una batalla terrible. Sabiendo que los reyes de Israel, Judá y Edom estaban en la región, asumieron que se habían vuelto uno contra otro (versículo 23). Si ese era el caso, ya no tendrían que pelear contra ellos. Solo tendrían que tomar el botín. Sin sospechar lo que realmente había pasado, los moabitas corrieron hacia el lugar para efectuar el saqueo.

Cuando llegaron, se sorprendieron al ver que el campamento israelita estaba intacto. Habían esperado hallar el campamento vacío. En lugar de ello, fueron recibidos por todo un ejército, que estaba listo para la batalla. El ejército israelita se levantó contra los desprevenidos moabitas. Éstos huyeron, pero todos fueron asesinados. Israel destruyó los pueblos y llenó los campos de piedras. Cegaron todas las fuentes de agua y talaron todo buen árbol (versículo 25).

Los moabitas trataron de penetrar las filas de Edom con 700 de sus espadachines, pero fracasaron (versículo 26). Viendo que todos sus intentos habían fracasado, el rey de Moab se volvió hacia sus dioses. En el versículo 27 leemos que tomó a su hijo primogénito, el heredero al trono, y lo sacrificó a sus dioses. Es probable que estuviese tratando de obtener el favor de su dios para que lo asistiera en la batalla. Aunque su hijo fue sacrificado, su dios no respondió, y la furia de Israel continuó contra él hasta derrotarlo completamente.

Para meditar:

- ¿Qué aprendemos aquí acerca de buscar a Dios cuando estamos desobedeciéndole? ¿Existen áreas de desobediencia en su vida hoy? ¿Cuáles son?
- Eliseo buscó tener un momento de paz para poder escuchar al Señor. ¿Tiene usted tiempo en su apretada agenda para

escuchar al Señor Dios? ¿Cuál es la importancia de dedicar tiempo para escuchar la dirección del Señor?

- Dios proveyó agua en un valle desértico cuando Su pueblo así lo necesitó. ¿Cuál es su necesidad específica hoy? ¿Puede Dios proveer lo que usted necesita?
- Dios esperaba que Su pueblo destruyese a su enemigo completamente. ¿Cuál es la importancia de cerrarle la puerta a los pecados pasados cuando el Señor nos otorga la victoria? ¿Alguna vez ha vuelto a caer usted en derrota después de que Dios le diera la victoria? ¿De qué forma este pasaje supone un reto para usted hoy?

Para orar:

- Pídale a Dios que le dé un corazón obediente a Él.
- Pídale a Dios que le enseñe a pasar tiempo a solas con Él en quietud, para que Él pueda hablarle y guiarle en Sus caminos. Pídale a Dios que lo perdone por estar demasiado ocupado y no buscar de Él.
- Dedique un momento a agradecerle al Señor por las victorias que Él le ha concedido en su vida. Pídale que le dé la gracia necesaria para andar en esas victorias cotidianamente.

25 - EL MINISTERIO MILAGROSO DE ELISEO

Leer 2 Reyes 4:1-44

En el último capítulo vimos cómo Eliseo profetizó que el ejército de Joram recibiría agua en el desierto, y derrotaría al ejército de Moab. Todos esos detalles se cumplieron exactamente como el profeta había predicho. Eliseo no solo era un profeta de poderosas palabras, sino también de grandes hechos. En este capítulo veremos algunos de los milagros de este poderoso profeta.

La viuda del profeta

Los versículos del 1 al 7 nos dicen que la esposa de uno de los profetas del grupo fue a ver a Eliseo a causa de un problema. Le dijo que su marido, que era profeta, había muerto. Es obvio que Eliseo lo conocía, porque el versículo 1 nos dice que él sabía que este hombre había sido temeroso de Dios. Pero ahora su esposa estaba atravesando momentos de graves dificultades. Su marido había muerto, y sus acreedores habían ido a cobrarle lo que les debía. La viuda no tenía dinero para pagar esta deuda, y por ello iban a llevarse a sus hijos como esclavos.

Tras escuchar el problema, Eliseo le preguntó a la viuda qué era lo que tenía en casa (versículo 2). Ella le dijo que lo único que tenía era un poco de aceite. Eliseo le dijo que les pidiera a sus vecinos vasijas prestadas. El profeta fue muy claro; ella no debía pedir solo unas pocas vasijas (versículo 3). Debía reunir todas las vasijas que pudiera encontrar. Tras reunir todas las vasijas que pudiese encontrar, debía llevarlas a su casa, y encerrarse con sus dos hijos. Después de encerrarse, tenía que echar en las vasijas el aceite que tuviera. A medida que cada vasija se fuera llenando, debía apartarla y llenar la vasija siguiente.

La viuda obedeció las órdenes de Eliseo. Reunió las vasijas, las llevó a su casa, y se encerró. Luego comenzó a echar el poco aceite que tenía en la primera vasija. Para su sorpresa, la vasija se llenó. La apartó, y su hijo le dio otra vasija, la cual logró también llenar. El aceite solo cesó cuando todas las vasijas estuvieron llenas (versículo 6). Ella fue y le dijo a Eliseo lo que había sucedido. Él le dijo que vendiera el aceite y que usara el dinero para pagar sus deudas. Ella y sus hijos vivirían después de lo que quedara.

Dios satisfizo las necesidades de esta viuda de una forma milagrosa. Eliseo no estaba presente en el lugar donde todo esto ocurrió. Él sencillamente le dijo a la viuda lo que debía hacer, y Dios se encargó del resto. Dios usó lo que la viuda tenía para hacer este maravilloso milagro. La viuda tuvo que dar un paso de fe ese día. Tuvo que reunir las vasijas, obedeciendo así la palabra que Dios había dicho a través de Eliseo. Ella pudo haberse conformado con una o dos vasijas, pero Eliseo le dijo claramente que debía reunir todas las que pudiera.

¿Qué le ha dado hoy el Señor a usted? ¿Qué recursos o dones está usted dispuesto a poner a Su disposición? ¿Dará usted un paso de fe y reunirá sus vasijas para que Dios pueda llenarlas? ¿Qué ha estado Dios poniendo en su corazón para que usted lo haga? ¿Dará usted un paso de fe y comenzará a usar los recursos que tiene?

La Sunamita

En los versículos del 8 al 37, Eliseo conoce a una mujer de la región de Sunem. A partir del versículo 8 se nos explica que era una mujer muy rica. Convidaba a Eliseo a comer en su casa. Su invitación siempre estaba en pie, de manera que cuando Eliseo pasaba por esa región, siempre iba a comer a su casa. Podemos estar seguros de que eso era de gran bendición para el profeta.

Un día la mujer le habló a su marido sobre Eliseo. Le preguntó si podían construirle una pequeña habitación en la azotea. Colocarían allí una cama, una mesa y su silla, y un candelero. Sería un lugar donde el profeta podría quedarse cada vez que visitase la región. Su esposo estuvo de acuerdo, y se fabricó una habitación para Eliseo.

Cierto día, cuando Eliseo estaba descansando allí, mandó a llamar a la mujer sunamita. Cuando ella fue a verlo, Eliseo le expresó su profunda gratitud por la habitación que ella y su esposo habían construido para él. Le dijo que quería devolverle el favor. Se ofreció a hablar con el rey o el comandante del ejército en nombre de ella (versículo 13).

Pero la mujer no deseaba que el profeta le hiciera ese favor. Tenía todo cuanto necesitaba y estaba feliz en medio de su familia.

Cuando la mujer se alejó, Eliseo le pidió consejo acerca de esto a Giezi, su criado. "¿Qué, pues, haremos por ella?", le preguntó (versículo 14). El criado de Eliseo le dijo que la mujer y su esposo no tenían hijos. Las cosas se tornaban más difíciles para esta familia porque el esposo de la mujer ya era viejo. Pronto moriría, y no habría un hijo varón que heredase sus propiedades.

En el versículo 15, Eliseo llama nuevamente a la mujer. Cuando ella se paró a la puerta, Eliseo le dijo que, al año siguiente, por esas fechas, tendría un hijo en sus brazos (versículo 16). A la mujer le resultó difícil creer lo que Eliseo le decía. "Varón de Dios, no hagas burla de tu sierva", le dijo. Al parecer, el corazón de esta mujer se había conmovido profundamente ante esta profecía. Obviamente, este era un problema que ella y su marido tenían. Pero tal y como Eliseo había profetizado, ella quedó embarazada y dio a luz a un hijo (versículo 17).

Un día, el niño fue a ver a su padre, quien estaba en el campo con los segadores, recogiendo la cosecha (versículo 18). Mientras estaba con su padre, se quejó de un fuerte dolor de cabeza. Su padre le ordenó a uno de sus siervos que lo llevase a casa con su madre. El siervo obedeció y llevó al muchacho a casa. Él estuvo sentado en el regazo de su madre por un rato, y luego murió (versículo 20). La mujer tomó a su hijo, lo acostó en la cama de Eliseo y cerró la puerta.

Luego llamó a su marido, y le pidió que le enviase a alguno de sus criados y una asna, para ir a ver a Eliseo. Su esposo, que ignoraba que su hijo había muerto, le preguntó a su esposa por qué tenía que ir ese día, pues se estaba haciendo de noche. Pero como ella insistió, él le dio permiso. Ella enalbardó el asna y le dijo a su criado que se apurara (versículo 24). Salieron, y hallaron a Eliseo en el Monte Carmelo.

Cuando Eliseo vio de lejos a la mujer, le pidió a Giezi que corriera a recibirla y le preguntara si su esposo e hijo estaban bien (versículo 26). Dios no le había revelado a Eliseo lo que había sucedido. Pero cuando él la vio, supo que tenía que haber algún problema.

La mujer le dijo a Giezi que todo estaba bien. No quiso hablar con él sobre este asunto. En lugar de ello, se dirigió hacia Eliseo. Cuando lo vio, se aferró a sus pies. No quiso soltarlo hasta que no escuchase su petición. Giezi trató de apartarla, pero Eliseo le dijo que la dejara, porque había reconocido que estaba en amargura.

Sin embargo, el Señor aun no le había revelado la causa (versículo 27).

Cuando vemos que el Señor le había ocultado este asunto a Eliseo, resulta evidente que el profeta dependía totalmente de Dios para cada revelación. No poseía en sí mismo un poder natural. Su don era sobrenatural. Solo podía saber lo que Dios decidía revelarle. Aquí a Eliseo se le recuerda su incapacidad en este sentido.

La mujer le recordó a Eliseo que él le había profetizado que tendría un hijo. En aquel momento, ella le había pedido que no le creara falsas expectativas (versículo 28). Cuando Eliseo escuchó lo que la mujer le dijo, se volvió hacia su criado, le dijo que tomase su báculo, y que corriera hacia la casa de la mujer. Por el camino, no debía saludar a nadie. Al llegar a la casa, debía poner el báculo de Eliseo en el rostro del niño (versículo 29). Eliseo regresó también a la casa con la mujer (versículo 30).

Giezi se adelantó, e hizo lo que Eliseo le había ordenado. Puso el báculo del profeta en el rostro del niño, pero no ocurrió nada. Giezi regresó a encontrarse con Eliseo y le dijo que el niño no despertaba (versículo 31).

Cuando Eliseo llegó a la casa, halló que el niño estaba muerto tendido sobre su cama (versículo 32). Él entró al aposento, y cerró la puerta. Allí oró al Señor, y luego subió a la cama y se echó sobre el niño, boca con boca, ojos con ojos, manos con manos (versículo 34). Resulta interesante observar aquí que Elías, el maestro de Eliseo, había hecho algo similar por la viuda de Sarepta (ver 1 Reyes 17:17-22). Al Eliseo tenderse sobre el niño, su cuerpo comenzó a entrar en calor (versículo 34). El versículo 35 nos dice que Eliseo se paseó por la habitación a una y otra parte, y después subió, y se tendió sobre el muchacho nuevamente. En ese momento, el niño estornudó 7 veces y abrió los ojos (versículo 35). El pasaje no nos dice si el hecho de estornudar 7 veces tuviese alguna importancia. Basta con decir que este jovencito estaba siendo liberado de la esclavitud de la muerte.

Cuando el niño volvió a la vida, Eliseo llamó a su madre (versículo 36). Cuando ella llegó donde estaba Eliseo, el profeta le entregó a su hijo vivo. Ella cayó a los pies de Eliseo y se inclinó ante él, llena de gratitud (versículo 37).

Gracias a la poderosa obra que Dios hizo a través de Eliseo, la muerte misma fue revertida. No fue un milagro que tuvo lugar en un instante. Eliseo tuvo que batallar en oración por la vida de este niño. A veces Dios responde nuestras oraciones de inmediato, pero otras veces nos llama a luchar ardua y prolongadamente para alcanzar una respuesta.

El Potaje Venenoso

Los versículos del 38 al 41 narran la historia de lo que sucedió cuando Eliseo fue a la región de Gilgal. Había una gran hambruna en la tierra en esa época. El profeta había ido a Gilgal a pasar un tiempo con un grupo de profetas. Un día, Eliseo le pidió a su criado que pusiera una olla e hiciera potaje para los profetas que se habían reunido allí con él (versículo 38).

Uno de los criados salió al campo a recoger hierbas para el potaje. Halló también una parra silvestre y recogió de ella calabazas silvestres. Cortó todo en pedazos, lo puso en el potaje y lo sirvió a los profetas. Cuando éstos comenzaron a comer, se dieron cuenta de que el potaje contenía esa parra venenosa. "¡Varón de Dios, hay muerte en esa olla!", exclamaron (versículo 40).

Eliseo pidió que le llevasen harina para esparcirla en la olla, y luego servir el potaje a los hombres. Cuando lo hicieron, el veneno fue neutralizado y los hombres que comieron del potaje no sufrieron daño alguno (versículo 41).

El Pan es Multiplicado

Un día un hombre fue de la región de Baal-salisa para llevarle a Eliseo 20 panes de cebada que había preparado con el primer grano de su cosecha. Le llevó también algunas espigas de grano nuevo (versículo 42).

"Sírvanle a la gente para que coma" dijo Eliseo (versículo 42). El criado de Eliseo, algo perplejo ante esta petición, le preguntó "¿Cómo pondré esto delante de cien hombres?" (versículo 43). Eliseo le dijo a su criado que el Señor le había dicho que era eso lo que debía hacer, y que el pueblo comería, y sobraría comida. Obedeciendo al Señor, pusieron el pan delante de los hombres y todos comieron. Cuando acabaron de comer, les sobró (versículo 44). El Señor proveyó para las necesidades de Su pueblo, multiplicando lo que tenía.

Aquí constatamos que Dios es un Dios de milagros y de provisión milagrosa. En esto hallamos un gran consuelo. Vemos también aquí que el Señor Dios usó a Eliseo de una forma poderosa. No se podía cuestionar el hecho de que Eliseo era un verdadero profeta de Dios. Podemos ver las evidencias del poder de Dios obrando en su vida.

Para meditar:

- Eliseo hizo un milagro con el poco aceite que le quedaba a la viuda. ¿De qué manera nos muestra este milagro que debemos poner todo cuanto tenemos a disposición del Señor? ¿Qué necesita ofrecerle usted al Señor hoy? ¿Puede el Señor usar lo poco que usted tiene para cumplir Sus propósitos?
- La mujer sunamita le ofreció su hospitalidad al profeta Eliseo. ¿De qué forma cree usted que esto sirvió de aliento

al profeta? ¿De qué forma le pediría el Señor a usted que le ministrara a uno de Sus siervos hoy?

- Dios no le reveló a Eliseo que el hijo de la sunamita había muerto. ¿Qué nos dice esto acerca de la forma en la que Eliseo dependía del Señor Dios para todo?
- Reflexione sobre la manera en la que Eliseo tuvo que pelear en oración para devolverle la vida al hijo de la sunamita. ¿Lo ha llamado Dios a usted a batallar en oración por algo en específico? ¿De qué forma esto lo alienta a perseverar?
- Reflexione sobre los diversos milagros que Eliseo hace en este pasaje. Percátese de que no existe un patrón específico para estos milagros. En una ocasión, Eliseo no estaba presente cuando el milagro ocurrió. En otra ocasión, tuvo que batallar y echarse sobre el cuerpo del niño para devolverle la vida. En otra ocasión, puso harina en un potaje para neutralizar su veneno. ¿Qué nos enseña esto? ¿Cuál es la importancia de obedecer a Dios y de hacer las cosas a Su manera?

Para orar:

- Agradézcale a Dios por ser un Dios de milagros y de provisión milagrosa.
- Pídale al Señor que lo perdone por las veces que usted ha puesto en duda Su poder y capacidad.
- Agradézcale al Señor por ser capaz de usar lo poco que usted tiene para lograr grandes cosas.
- Pídale al Señor que le muestre de qué manera Él quiere que usted bendiga a Sus siervos esta semana.
- Pídale al Señor que lo ayude a hacer las cosas a Su manera, y a no tratar de hacerlas a su manera. Pídale que

le dé oídos para escucharlo a Él, así como la voluntad de obedecerle.

26 - LA LEPRA DE NAAMÁN

Leer 2 Reyes 5:1-27

Esta es la historia de Naamán, un comandante militar del ejército sirio. Hay que observar que Siria era enemiga de Israel y de Judá (ver 1 Reyes 11:15; 1 Reyes 20:1-5). Naamán se había ganado un gran respeto como comandante militar, a causa de sus muchas victorias. El rey de Siria lo tenía en alta estima. Pero Naamán padecía de lepra (versículo 1).

En el versículo 2 se puede ver la evidencia de la hostilidad entre Siria e Israel. Siria solía enviar bandas armadas a Israel. En una de esas ocasiones, los sirios llevaron cautiva a una joven israelita. Ella se convirtió en la sirvienta de la esposa de Naamán (versículo 2). Aquí es preciso ver que Dios puede usar incluso algo que parece malo, para lograr Sus grandes propósitos. Esta muchacha apenas imaginaba el plan que Dios tenía para su vida.

Un día la chica le dijo a su señora, "Si rogase mi señor al profeta que está en Samaria, él lo sanaría de su lepra". Es obvio que esto despertó las esperanzas en el corazón de su señora, quien le transmitló a su marido este comentario. Al escuchar esto, Naamán fue a ver al rey y le dijo lo que la muchacha había dicho (versículo 4). En realidad, Naamán estaba tratando de conseguir el permiso del rey para ir a Israel a hallar a este profeta. El rey de Siria le concedió el permiso, y decidió enviarle una carta al rey de Israel, así como 10 talentos (340 kilogramos) de plata, 6000 piezas (70 kilogramos) de oro, y 10 mudas de vestidos. Esto nos indica el valor que el rey de Siria le daba a la vida de Naamán. Para establecer una comparación, en 1 Reyes 16:24 leemos que Omri compró la ciudad de Samaria, hacia donde Naamán se dirigiría, por la suma de 2 talentos (70 kilogramos) de plata. Aquí el rey de Siria estaba ofreciendo 5 veces esa cantidad en plata, y añadiendo otros 70 kilogramos de oro y 10 mudas de vestidos, en aras de lograr la sanidad de este importante oficial militar. Su vida tenía un enorme valor.

El rey de Siria envió a Naamán con una carta para el rey de Israel, pidiéndole que curase a Naamán de su lepra. Cuando el rey de Israel leyó la carta, sin embargo, se sintió angustiado. Pensó que el rey de Siria estaba intentando buscar una ocasión de querella contra él. "¿Soy yo Dios, que mate y dé vida, para que éste envíe a mí a que sane un hombre de su lepra? Considerad ahora, y ved cómo busca ocasión contra mí", dijo el rey (versículo 6).

Aunque la criada israelita conocía a Eliseo y comprendía que Dios lo usaba con poder, el rey de Israel le había dado la espalda a Dios y a Sus caminos. Se sentía impotente ante esta situación, porque ninguno de sus dioses podía hacer nada para aliviar la enfermedad de Naamán. La sencilla fe de una joven sierva había puesto en marcha algo que el gran rey de Israel era incapaz de manejar.

Pero Dios tenía un propósito en medio de estos acontecimientos. El problema que el rey estaba enfrentando llegó a oídos de Eliseo. Mandó a decirle al rey que le enviase al hombre. Aunque el rey de Israel no servía al Señor Dios, consintió en enviarle a Naamán.

Naamán se apareció en la casa de Eliseo con sus caballos y sus carros. Disfruto al imaginarme a una comitiva de aspecto muy oficial llegando a la casa donde Eliseo vivía. Se trataba de una demostración de la grandeza de Naamán. Era un hombre acostumbrado a la pompa y a las ceremonias. En su país lo tenían en alta estima, y estaba acostumbrado a tener sirvientes que le hicieran reverencias y obedecieran sus órdenes. Él esperaba que todos se percataran de su presencia y exigía respeto a su persona.

Pero Eliseo no fue a ver ni a saludar a Naamán. En lugar de ello, le dijo que fuese al río Jordán y se lavase 7 veces para ser curado de su lepra (versículo 10). Naamán se sintió insultado. Él había pensado que Eliseo al menos saldría a saludarlo, que invocaría el nombre del Señor y que alzaría su mano sobre la parte afectada de lepra. Pero Eliseo no hizo nada de eso.

Naamán abandonó la casa de Eliseo enojado, diciendo, "Abana y Farfar, ríos de Damasco, ¿no son mejores que todas las aguas de Israel? Si me lavare en ellos, ¿no seré también limpio?" (versículo 12).

Sin embargo, los criados de Naamán lo exhortaron a que obedeciera el mandato de Eliseo. "…si el profeta te mandara alguna gran cosa, ¿no la harías? ¿Cuánto más, diciéndote: Lávate, y serás limpio?" le dijeron (versículo 13). Naamán prestó atención a sus criados y fue al río Jordán. Se zambulló 7 veces y al salir, su piel estaba limpia y libre de toda lepra.

Permítanme mencionar 3 aspectos aquí. En primer lugar, percatémonos de la actitud de Naamán. Era un hombre que se había enojado y airado contra el profeta de Dios. Era un hombre que no creía que el río Jordán tuviese más poder que los ríos de su propio país. Tenía una actitud errónea, y no tenía fe en lo que el Dios de Israel podía hacer. A pesar de ello, el Señor lo sanó. Dios puede incluso trabajar en aquellos que se acercan a Él con malas actitudes y sin fe. Aunque es importante que cuidemos nuestra actitud y que confiemos en el Señor, las respuestas de Dios ante nuestras oraciones no dependen completamente de nosotros. Debemos estar muy agradecidos, sabiendo que Él es capaz de obrar a pesar de nuestras debilidades y deficiencias.

Veamos en segundo lugar, que Naamán casi deja escapar la bendición del Señor por estar buscando algo grande y espectacular. A veces el Señor responde nuestras oraciones de formas muy sencillas. Si estamos continuamente esperando que caigan rayos del cielo, no nos percataremos de las cosas maravillosas que Dios hace en silencio. La mayor parte de las cosas que Dios hace pasa desapercibida. Es importante que tengamos los ojos abiertos para también ver Su obra en las cosas sencillas.

Por último, veamos que Naamán por poco se aleja de su sanidad. Los ríos de su propio país le parecían más atractivos que el río Jordán. De no haber sido por el consejo de sus criados, que lo exhortaron a obedecer las palabras del profeta, él habría regresado a la corte del rey de Siria y habría muerto de su enfermedad. Naamán no era un hombre acostumbrado a obedecer las órdenes de sus criados. Él daba las órdenes, y sus siervos las acataban. Aceptar las órdenes de sus criados equivalía a humillarse, y a reconocer que estaba equivocado. No todas las personas están dispuestas a admitir sus equivocaciones. No todas están dispuestas a humillarse, y a ir al Jordán a lavarse. Con seguridad, Naamán sintió que estaba haciendo el ridículo. Seguramente se sentía un poco avergonzado, pero en lo más profundo de su ser se dio cuenta de que había una posibilidad remota de que el profeta estuviese diciendo la verdad. Si no intentaba poner a prueba esa palabra, nunca lo sabría.

Naamán quedó profundamente conmovido por lo que le sucedió ese día. Percatémonos aquí de que Eliseo no fue quien recibió el reconocimiento. Cuando Naamán había sido sanado, Eliseo ni siquiera estaba presente. Naamán sabía que había sido sanado por el Dios de Israel. Él y sus siervos regresaron donde estaba Eliseo y se pusieron delante de él. Allí, en presencia de Eliseo, Naamán dijo, "He aquí ahora conozco que no hay Dios en toda la tierra, sino en Israel" (versículo 15). Naamán había puesto la palabra de Dios a prueba y la había hallado veraz. Había visto una clara demostración de la realidad de Dios y de Su poder. Ninguno de sus propios dioses podía hacer lo que el Dios de Israel había hecho.

Naamán quería pagarle de alguna manera a Eliseo por haber sido sanado. Le ofreció darle un presente. Eliseo se negó a aceptar nada de él, aunque Naamán lo instaba (versículo 16).

Antes de partir, Naamán le pidió permiso a Eliseo para llevarse a casa toda la tierra que sus dos mulas pudiesen cargar. Naamán explica el motivo de esta extraña petición en el versículo 17. Le dijo a Eliseo que nunca más ofrecería holocaustos ni sacrificios a ningún otro dios que no fuese el Señor Dios de Israel. Naamán creía que el Señor Dios solo podía ser adorado en la tierra de Israel. Él no comprendía que Dios estaba presente en todas partes. Pensaba que necesitaba llevarse consigo parte de Israel a su propio país, para poder tener un lugar donde adorar a Dios. Pretendía llevarse esa tierra a Siria, y construir un santuario donde pudiera adorar al Dios de Israel.

Percatémonos de que esta nueva fe en el Dios de Israel ponía a Naamán en una situación difícil. En el versículo 18 le comenta a Eliseo sobre su obligación oficial de entrar con el rey al templo del dios Rimón. En su calidad de oficial militar, debía inclinarse en señal de respeto hacia ese dios. Naamán reconocía que no debía hacer esto tras haberse comprometido a servir al Señor Dios, pero se sentía a la vez obligado a cumplir con sus responsabilidades oficiales. Eliseo no le dio permiso para hacer esto. Él sencillamente le dijo a Naamán que se fuera en paz. Cuando Naamán se despidió de Eliseo, era un hombre transformado (versículo 19). Sin embargo, al partir, sus conocimientos sobre el Dios de Israel y sobre sus obligaciones para con Él, eran aún muy escasos.

Tras la partida de Naamán, Giezi, el criado de Eliseo, pensó:

"He aquí mi señor estorbó a este sirio Naamán, no
tomando de su mano las cosas que había traído. Vive

1 y 2 de Reyes

*Jehová, que correré yo tras él y tomaré de él alguna
cosa" (versículo 20).*

Aquí Giezi había visto una forma de enriquecerse. Corrió tras Naamán hasta alcanzarlo en su carro (versículo 21). Cuando Naamán le preguntó qué ocurría, Giezi le dijo que Eliseo lo había enviado. Le dijo a Naamán que habían llegado dos jóvenes profetas de visita, y que Eliseo se preguntaba si él podría darle a cada uno un talento de plata (34 kilogramos), y dos vestidos nuevos (versículo 22). Pero esa historia era totalmente falsa.

Naamán se sintió muy feliz de poder darle a Giezi lo que él le había pedido. Ató dos talentos de plata en dos bolsas, y dos vestidos nuevos, y lo puso todo a cuestas de dos de sus criados para que lo llevasen delante de Giezi (versículo 23). Al llegar a una colina que estaba a cierta distancia de donde Giezi y Eliseo estaban posando, Giezi tomó los artículos y despidió a los hombres, que se marcharon (versículo 24). Obviamente, la intención de Giezi era que Eliseo no descubriera lo que él había hecho.

Cuando Giezi retornó a Eliseo, el profeta le preguntó dónde había estado. Giezi le dijo que no había ido a ninguna parte, tratando de ocultar lo que había hecho. Pero su respuesta no engañó a Eliseo. Dios le había revelado lo que su criado había hecho (versículo 26). Ese día, Eliseo le dijo a Giezi que la lepra de Naamán se le pegaría a él y a su descendencia para siempre. Él y su familia serían malditos a causa de sus acciones engañosas. Cuando Giezi abandonó la presencia del profeta, la lepra se apoderó de él (versículo 27). Aquí vemos lo que Dios piensa del engaño y de la avaricia, especialmente en uno de Sus siervos.

La historia de Naamán es el relato de una joven sierva a quien Dios usó con poder en su exilio. Es la historia de cómo el Dios de Israel se acercó a un comandante militar extranjero para hacerle comprender Su poder y Su gracia. Dios ama a todas las naciones.

En este pasaje vislumbramos el corazón misionero de Dios. Este gran hombre fue transformado por medio de una humilde esclava. ¿A quién quiere Dios que usted alcance?

Para meditar:

- ¿De qué manera usó Dios a la joven sierva israelita que trabajaba en la casa de Naamán? ¿Qué nos dice esto sobre las formas en las que Dios puede usarnos?
- Reflexione acerca del hecho de que Siria e Israel eran enemigos. ¿De qué manera demostró la joven sierva israelita compasión hacia sus enemigos? Si usted estuviese en su lugar, ¿tendría la misma compasión?
- Reflexione sobre la desesperanza que sintió el rey de Israel al tener que lidiar con el problema de Naamán. Sus dioses eran incapaces de sanar a este oficial militar. ¿De qué manera cree usted que la curación de Naamán impactó al rey de Israel?
- En este pasaje vemos que a menudo Dios obra de formas sencillas. Reflexione en algunas de las formas sencillas en las que Dios ha obrado en su vida. ¿Alguna vez ha dejado usted de ver lo que Dios hizo por estar esperando algo mayor?
- ¿Qué nos enseña este pasaje sobre las obras que Dios puede hacer a pesar de nuestra falta de fe o actitudes erróneas?
- ¿Qué nos revela este capítulo acerca del corazón misionero de Dios?

Para orar:

- Agradézcale al Señor por las formas en las que puede usar, aun a las personas más sencillas, para lograr grandes cosas para Su gloria. Pídale al Señor que abra su corazón para que vea las cosas que Él quiere que usted logre para Su gloria.
- Pídale al Señor que le dé compasión hacia sus enemigos. Dedique un momento a orar por ellos, pidiéndole a Dios que les sane, y que restaure Su relación con ellos.
- Agradézcale al Señor que Su obra no depende de nosotros. Agradézcale por ser capaz de hacer progresar Su reino, a pesar de nuestras debilidades y fracasos.
- Pídale al Señor que le dé un mejor corazón misionero. Agradézcale por Su deseo de alcanzar a todas las naciones.

27 - LA DERROTA DE SIRIA

Leer 2 Reyes 6:1-7:20

Eliseo era un poderoso profeta de Dios. En los capítulos 4 y 5 vimos cómo Dios lo usó para levantar a los muertos, sanar a los enfermos, y predecir grandes victorias para el pueblo de Dios. Era un hombre de Dios sumamente respetado, pero no estaba exento de problemas. Había personas que buscaban matarlo porque no les gustaba el mensaje que él proclamaba.

Al comenzar el capítulo 6, descubrimos que una de las compañías de profetas a las que Eliseo estaba vinculado tenía un problema. Al parecer, a esta compañía o escuela de profetas en particular, le había quedado estrecho el lugar donde se reunía. Eliseo se había estado reuniendo con los profetas en este lugar, pero había tantos que acudían a escucharlo, que no había espacio para todos. Este puede ser un indicativo de la popularidad de Eliseo y de su reputación como profeta de Dios. Todos los profetas querían acceder a sus enseñanzas y aprender de él.

Decidieron ir al río Jordán, donde construirían un lugar más amplio para reunirse (versículo 2). Eliseo accedió a hacerlo, así que él y otros profetas se pusieron a construir una nueva escuela.

Cuando estaban construyendo sus nuevas habitaciones, uno de los profetas estaba cortando un árbol y su hacha se cayó al agua (versículo 4). Esto preocupó al hombre, pues el hacha era prestada. Eliseo le preguntó en qué parte del río había caído el hacha. Cuando le mostraron el lugar, Eliseo cortó un palo y lo echó al agua en el lugar preciso. Cuando lo hizo, la cabeza del hacha salió a flote, y el profeta la tomó (versículos 6 y 7).

Esto fue un milagro en todo el sentido de la palabra. Lo que más me llama la atención sobre este milagro es el hecho de que Dios estaba interesado en el problema de este profeta. Dios no solo se interesa por los problemas de vida o muerte que nos aquejan en la vida. Dios se interesa por todos los problemas cotidianos que enfrentamos. No importa si hemos perdido nuestras llaves, o si no sabemos qué hacer en una situación dada. A veces no le confiamos nuestros problemas porque pensamos que Él no se interesaría por ellos. Pero este pasaje muestra que Dios sí está interesado. Él se interesa hasta por los más mínimos detalles.

Lo que es válido para los pequeños detalles de la vida cotidiana también lo es para las situaciones de vida o muerte que podamos enfrentar. El resto de los capítulos 6 y 7 nos muestra cómo el Señor Dios cuidaba de Su pueblo en momentos muy difíciles de su historia.

Los sirios y los israelitas estaban en guerra entre ellos. El rey de Siria decidió establecer su campamento en un lugar determinado, esperando poder emboscar a los israelitas (6:8). Eliseo le hizo saber al rey de Israel lo que tramaban los sirios. El rey de Israel se cercioró de lo que Eliseo le había dicho y se percató de que era verdad, y de esa manera logró evitar la emboscada de los sirios. Esto sucedió en numerosas ocasiones. Dios le hablaba a Eliseo y le revelaba los planes de los sirios, y el profeta se los revelaba al rey de Israel (6:10).

El rey de Siria estaba enojado, viendo que sus planes se frustraban continuamente. Era obvio que alguien le estaba comunicando sus planes al rey de Israel. Comenzó a sospechar que había un espía en medio de ellos (6:11). Pero sus funcionarios le dijeron que el profeta Eliseo era quien le decía al rey lo que él hablaba en privado

(6:12). Incluso los sirios habían escuchado hablar de las maneras maravillosas en las que Dios le hablaba a Eliseo. Naamán, el oficial más importante del rey, había sido sanado a través del ministerio de Eliseo.

Cuando el rey supo lo que pasaba, y cómo sus planes estaban siendo frustrados, ordenó que capturasen a Eliseo (6:13). No podrían alcanzar la victoria hasta que Eliseo no fuese eliminado de la escena.

En esa época, Eliseo estaba en la ciudad de Dotán. El rey envió caballos, carros y un gran número de hombres a rodear la ciudad y a capturar al profeta (6:14). Cuando el criado de Eliseo despertó en la mañana, y descubrió que la ciudad estaba rodeada, le dijo a Eliseo, "¡Ah, señor mío! ¿qué haremos?" (versículo 15). El criado estaba obviamente atemorizado por su vida y por la vida de Eliseo, su señor.

Pero la reacción de Eliseo fue muy diferente. Él le dijo: "No tengas miedo, porque más son los que están con nosotros que los que están con ellos." (6:16). Luego Eliseo oró para que el Señor abriese los ojos de su criado. Dios contestó su oración y el siervo de Eliseo vio que el monte estaba lleno de gente de a caballo, y de carros de fuego alrededor de Eliseo (versículo 17). Este ejército, formado por los ángeles de Dios, era mucho más poderoso que el ejército sirio que los rodeaba. Dios estaba cuidando a Su profeta. Envió huestes de guerreros angelicales para que lo protegieran. Esas huestes eran invisibles ante los ojos naturales, pero aun así estaban presentes. Esto debe constituir también un aliento para nosotros en la actualidad. Es posible que nunca podamos ver a los ángeles que Dios envía para que nos protejan. Pero podemos estar seguros de que Dios cuida de aquellos que le pertenecen. Podemos ministrar con confianza. Dios cuida de Sus siervos, y los protege y sostiene en su momento de necesidad.

El ejército sirio comenzó a avanzar hacia donde estaba Eliseo. Entonces Eliseo clamó al Señor y le pidió que hiriera con ceguera a esos soldados. El Señor así lo hizo (6:18). Percatémonos de que, aunque los montes estaban rodeados por las huestes angelicales de Dios, la victoria solo vino cuando Eliseo clamó al Señor. La victoria es nuestra, pero debemos pedirla. Hay veces en las que no alcanzamos la victoria, sencillamente porque no la pedimos.

Los soldados sirios quedaron ciegos. El pasaje no especifica de qué forma esto ocurrió. Es posible que hubieran quedado totalmente ciegos, pero lo más probable es que se les hubiera impedido ver y reconocer a Eliseo. Cuando los hombres llegaron a donde estaba Eliseo, el profeta le dijo que estaban en la ciudad equivocada. Les sugirió que lo siguieran, pues él los llevaría hasta la persona que estaban buscando (6:19). Los hombres, sin percatarse de que estaban hablando con Eliseo, lo siguieron ciegamente hasta la ciudad de Samaria.

Al llegar a la ciudad de Samaria, Dios abrió sus ojos y se dieron cuenta de dónde estaban (6:20). Habían sido dirigidos directamente hacia una trampa. Cuando el rey de Israel vio lo que había sucedido, le preguntó a Eliseo si debía matar a los soldados sirios (6:21). Eliseo le dijo que no debía matarlos. En lugar de ello, debía darles comida y agua y enviarlos de regreso a su señor (6:22). Ese acto de bondad propició que Siria dejase de perseguir a Israel y a Eliseo por un tiempo. A veces, los actos de bondad son armas más poderosas que una agresión.

Pero no era fácil detener a Ben-adad, el rey de Siria, por mucho tiempo. Pasado algún tiempo, movilizó a su ejército nuevamente y marchó hacia Samaria para sitiarla (6:24). En la ciudad de Samaria no podían entrar ni alimentos ni provisiones, por lo que se desató una gran hambruna. La situación era tan grave que la cabeza de un asno se vendía por 80 piezas de plata (1 kilogramo), y la cuarta parte de un cab de estiércol de palomas (0,3 litros) por 5 piezas de plata (55 gramos). Debemos recordar que, según lo que planteaba la ley de Moisés en Levítico 11:2-7, el asno era un animal inmundo y no se podía comer. Pero la hambruna era tan severa en la tierra, que las personas estaban dispuestas a comer lo que fuese para poder sobrevivir.

Otro indicio de la severidad de la hambruna que sufría Samaria en ese momento puede observarse en la conversación que tuvo lugar entre Joram, el rey de Israel, y una mujer que estaba sentada en el muro de la ciudad. Cuando el rey iba pasando, la mujer le pidió ayuda a gritos. Frustrado ante su impotencia con respecto a esta situación, el rey le respondió a la mujer, "Si no te salva Jehová, ¿de dónde te puedo salvar yo?" (6:27). Sin embargo, el rey le pidió a la mujer que le dijese cuál era su problema.

La mujer que estaba en el muro de la ciudad le dijo que ella y su amiga tenían sendos hijos. Ambas habían decidido que comerían a su hijo, y que al día siguiente comerían al hijo de su amiga. Habiendo consentido ambas, habían cocido a su hijo y lo habían comido. Pero al día siguiente, la amiga de la mujer se había negado a entregar a su hijo. Lo había escondido para que no se lo comiesen (6:29).

Este relato entristeció tanto al rey que rasgó sus vestidos mientras caminaba por el muro para supervisar la situación. Cuando rasgó sus vestidos, el pueblo pudo ver el cilicio que llevaba sobre su cuerpo (6:30). Llevaba puesto el cilicio a causa de su duelo. Mientras caminaba por el muro dijo, "Así me haga Dios, y aun me añada, si la cabeza de Eliseo hijo de Safat queda sobre él hoy" (versículo 31). Para el rey, Eliseo era el culpable de lo que ocurría. Consideraba que esta catástrofe provenía del Señor Dios de Israel, a quien Eliseo servía. Él juró matar a Eliseo.

El rey Joram envió a sus mensajeros a Eliseo. Sus intenciones eran muy evidentes. Deseaba matar al profeta y cortarle la cabeza. Pero antes de que sus mensajeros llegasen, el asunto fue revelado a

Eliseo. Él estaba sentado en su casa con los ancianos de la ciudad. Les dijo lo que el rey intentaba hacer, y les pidió que cerraran la puerta y les impidieran la entrada a estos mensajeros (6:32). No había terminado de hablarles a los ancianos cuando los mensajeros del rey llegaron.

Percatémonos, al leer el versículo 33, de cuál era la actitud de Joram, el rey, ante lo que estaba ocurriendo en Samaria. Él dijo, "Ciertamente este mal de Jehová viene. ¿Para qué he de esperar más a Jehová?" Es posible que Eliseo hubiese estado exhortando al rey a esperar a que el Señor Dios les diera la victoria. Pero Joram había perdido la paciencia con el Señor. Creía que Dios pretendía destruir la ciudad, y se negó a esperar más por Él. Veía a Dios como su enemigo, y tomaría posición contra Él y contra Su profeta Eliseo.

En 2 Reyes 7:1, Eliseo profetizó que, al día siguiente, a esa misma hora, valdría el seah (7,3 litros) de flor de harina un siclo (11 gramos), y dos seahs (15 litros) de cebada un siclo (11 gramos), a la puerta de Samaria. En otras palabras, al día siguiente habría alimentos disponibles para todos.

Cuando uno de los funcionarios del rey escuchó esta profecía, dijo, "Si Jehová hiciese ahora ventanas en el cielo, ¿sería esto así?" (versículo 2). Su duda era evidente. Se burló abiertamente de la profecía de Eliseo. Debido a su duda y a sus burlas, Eliseo le dijo que, aunque vería el cumplimiento de esta profecía con sus propios ojos, él no comería de ninguna de esas cosas.

Había a la entrada de la puerta de la ciudad 4 hombres leprosos. Ellos estaban sufriendo también a causa de la devastación de la hambruna. Mientras analizaban las opciones que les quedaban, se preguntaron, "¿Para qué nos estamos aquí hasta que muramos?" (7:3). En la ciudad no encontrarían ninguna ayuda. Si se quedaban allí morirían de inanición. Por tanto, decidieron ir al campamento de los sirios y rendirse ante ellos. Si ellos les perdonaban la vida, vivirían. Si ellos decidían matarlos, solo estarían acelerando lo que de todas formas ocurriría. No tenían nada que perder.

Al caer la noche, se fueron al campamento sirio. Al llegar a su entrada, descubrieron que allí no había nadie (7:5). El Señor había hecho que los sirios escuchasen un estruendo de carros, caballos y de un gran ejército. El estruendo había hecho que cundiera el pánico entre los soldados sirios. Creyendo que los israelitas habían tomado a sueldo a los soldados heteos y egipcios para que los atacasen, los sirios huyeron del campamento, abandonando sus tiendas, caballos y asnos (7:6-7).

Los leprosos entraron en una de las tiendas y hallaron comida, bebida, plata, oro y vestidos. Comieron y bebieron, y escondieron los tesoros que habían hallado. Después, entraron a una segunda tienda e hicieron lo mismo (7:8).

Pero mientras se daban un banquete y se llevaban los tesoros, sus corazones comenzaron a condenarlos por lo que estaban haciendo. Se dieron cuenta de que toda una ciudad estaba pereciendo por falta de comida y provisiones. Sabían que si esperaban hasta el amanecer, y se descubría que ellos habían estado llevándose las riquezas sin decirle nada al rey, serían severamente castigados. No podían esperar hasta el día siguiente para compartir esta noticia. Decidieron, por tanto, ir al palacio y contarle todo al rey inmediatamente (7:9).

Así que fueron y gritaron a los guardas de la puerta de la ciudad (7:10). Les dijeron que habían ido al campamento de los sirios y que lo habían hallado abandonado, pero lleno de provisiones. Cuando los guardas escucharon estas noticias, gritaron, y lo anunciaron dentro, en el palacio del rey (7:11).

El rey sospechó de las noticias, creyendo que se trataba de una trampa. Pensaba que los sirios estaban escondidos en algún sitio y que cuando los israelitas fuesen a tomar provisiones los atacarían y los matarían (7:12). Sin embargo, uno de los funcionarios del rey le sugirió que enviase hombres con 5 caballos para confirmar las palabras de los leprosos. El rey consintió, y envió dos carros, ordenándoles a los jinetes que informasen cualquier cosa que descubriesen (7:14). Ellos fueron y descubrieron que todo el camino estaba lleno de vestidos y enseres, como si los sirios hubiesen tenido prisa por escapar y hubiesen arrojado todo lo que obstaculizaba su huida (7:15). Los mensajeros le informaron todo esto al rey.

Cuando el rey quedó convencido que no se trataba de una trampa, el pueblo fue y saqueó el campamento. Tal y como Eliseo había profetizado, fue vendido un seah de flor de harina por un siclo, y dos seahs de cebada por un siclo a la entrada de la ciudad (7:16). El rey Joram puso al funcionario que se había burlado de Eliseo a cargo de la puerta. Ese día, la multitud se precipitó de tal manera a saquear el campamento sirio, que atropelló al funcionario del rey a la entrada de la ciudad, y éste murió. Esto hizo que se cumpliera la profecía de Eliseo de que él vería la realización de la profecía, pero no comería nada.

Para meditar:

- Eliseo era un buen profeta del Señor, y, sin embargo, tenía muchos enemigos. ¿Nos promete Dios que no tendremos enemigos?
- ¿Qué aprendemos en el capítulo 6 acerca de la reputación de Eliseo como profeta de Dios? ¿Qué evidencias tenemos de que tenía muchos seguidores?
- ¿Se preocupa Dios por los pequeños problemas que enfrentamos en la vida? ¿Qué nos enseña el relato del hacha perdida?

- Dios puede frustrar los planes de reyes y funcionarios. ¿Qué nos enseña esto acerca de Su soberanía con respecto a los acontecimientos de la historia?
- Dios rodeó al profeta Eliseo con un enorme ejército celestial. ¿Cree usted que Él también lo rodea de la misma manera cuando usted tiene problemas?
- ¿Por qué la bondad es un arma más poderosa que la agresión y la fuerza?
- ¿Qué le sucedió al funcionario que se burló de la profecía de Eliseo? ¿Qué nos enseña esto sobre la importancia de honrar a los siervos de Dios?

Para orar:

preocuparse, tanto por los pequeños problemas, como por los grandes problemas que tenemos en la vida.

- Agradézcale al Señor porque lo rodea y lo protege en su momento de necesidad. Pídale que lo perdone cuando usted dude de Su amoroso cuidado.
- Agradézcale a Dios por tener el control de todas las cosas que ocurren en su vida. Agradézcale porque, incluso las fuerzas más poderosas de esta tierra, están bajo Su vigilante mirada.
- Pídale al Señor que abra sus ojos, para que pueda ver las victorias que Él tiene para usted. Pídale que envíe a Sus ángeles, para que vayan delante de usted, preparándole el camino para la victoria.

28 - HAZAEL DE SIRIA, JORAM, Y OCOZÍAS DE JUDÁ

Leer 2 Reyes 8:1-29

En 2 Reyes 4:17-37 leemos que Eliseo le había devuelto la vida a un joven. En 2 Reyes 8:1 Eliseo le dice a la madre del chico que abandone la región, porque habría una gran hambruna en la tierra. Eliseo le dice que la hambruna duraría 7 años.

La mujer y su familia hicieron lo que el profeta les dijo. Se trasladaron hacia Filistea, donde permanecieron durante 7 años (versículo 2). Al concluir este período, cuando regresaron a su tierra, la mujer fue a ver al rey para recuperar sus propiedades. En el pasaje no se explica por qué las propiedades tuvieron que ser reclamadas.

Sucedió que cuando la mujer se dirigía a ver al rey, el criado de Eliseo estaba hablando con el monarca. El rey le había pedido que le contase algunas de las maravillas que había hecho Eliseo (8:4). Giezi estaba contándole la historia de cómo el profeta Eliseo le había devuelto la vida al chico. En ese momento, la mujer entró, para implorarle al rey por su casa. No fue casualidad que la mujer llegase en ese preciso momento. Giezi la reconoció, y le dijo al rey que era su hijo a quien Eliseo había levantado de entre los muertos.

El rey quedó tan intrigado por este relato que le pidió a la mujer que le contase lo que había pasado (versículo 6). La madre del chico le contó que Eliseo le había devuelto la vida a su hijo. La historia conmovió al rey, quien le asignó su caso a un oficial, encargándole que le devolviese a la mujer todo lo que le pertenecía a ella y a su familia. Ordenó incluso que todos los ingresos que se hubiesen obtenido de su tierra durante su ausencia les fuesen dados también.

Observemos varios detalles en esta historia. En primer lugar, vemos la soberanía del Señor. La mujer llegó justo en el momento adecuado. Giezi, el criado de Eliseo, estaba presente y pudo reconocerla. Estaban hablando sobre ella, cuando ella llegó. Esto no había ocurrido por casualidad. Dios estaba obrando Sus propósitos de una forma maravillosa.

En segundo lugar, vemos el cuidado de Dios hacia esta mujer. Dios vio que en ese período de 7 años su tierra no había estado baldía e improductiva. Podemos imaginar cómo habría estado la tierra tras estar abandonada durante 7 años. Pero al parecer, alguien había estado ocupándose de la tierra en ausencia de la mujer.

En tercer lugar, percatémonos de la increíble bendición que el Señor había derramado sobre esta mujer y su familia. Dios no solo le devolvió su tierra, sino que también le devolvió todos los años de cosechas. El dinero obtenido durante 7 años de cosechas le fue devuelto a la mujer y a su familia. Era una bendición inesperada.

Esta mujer y su esposo le habían abierto sus corazones a Eliseo, el siervo de Dios, y Dios los bendijo abundantemente por ello. El Señor los honró, porque ellos honraron a Su siervo. Dios ve la forma en la que tratamos a Sus siervos. Él los tiene en alta estima, y cualquiera que los honre, lo estará honrando a Él. Esa fue la enseñanza del Señor Jesús en Mateo 25:40, cuando dijo, "Y respondiendo el Rey, les dirá: De cierto os digo que en cuanto lo hicisteis a uno de estos mis hermanos más pequeños, a mí lo hicisteis".

La Muerte de Ben-adad

En el versículo 7 de este capítulo, toda la atención se centra en los reyes de Siria, Israel y Judá. Comenzamos con el relato de los últimos días de Ben-adad, el rey de Siria. Siria había sido enemiga de Israel, y a menudo lo había atacado a través de incursiones armadas. En el versículo 7 leemos que Ben-adad estaba enfermo. Dios, en Su soberanía, había hecho que Eliseo estuviese en Damasco en ese momento. Le informaron al rey de su presencia, y éste envió a su funcionario Hazael a llevarle a Eliseo un obsequio y a pedirle que consultase a Dios para ver si se recuperaría de su enfermedad.

Debemos recordar que Naamán, otro de los funcionarios de Ben-adad, había sido milagrosamente sanado por Eliseo (2 Reyes 5). Ben-adad sabía que Eliseo era un poderoso profeta de Dios y confiaba en sus palabras.

Así que Hazael fue a ver a Eliseo. Le llevó 40 camellos cargados con las mercancías más valiosas que había en Damasco (versículo 9). Obviamente se trataba de un importante regalo. Cuando Hazael encontró a Eliseo, le dijo que Ben-adad lo había enviado a preguntarle si se recuperaría de su enfermedad.

La respuesta de Eliseo es un poco difícil de comprender. Le dijo a Hazael que regresara donde estaba su señor y le dijera, "Seguramente sanarás. Sin embargo, Jehová me ha mostrado que él morirá ciertamente". Estas palabras de Eliseo parecían contradictorias. El rey se recuperaría de su enfermedad, pero también moriría.

Debemos recordar que en 1 Reyes 19:15, Elías había ungido a Hazael para que fuese rey de Siria. Eliseo obviamente era consciente de esto, y también Hazael lo sabía. Es posible que Hazael estuviese sencillamente esperando su oportunidad para acceder al trono. Pudiera ser también que considerase que la enfermedad de Ben-adad era la oportunidad para convertirse en rey, y así dar cumplimiento a esta profecía.

Ese día, mientras Hazael estaba delante de Eliseo, el Señor le reveló al profeta muchas cosas sobre él y sobre su futuro reino. Eliseo miraba a Hazael fijamente, mientras Dios le hablaba sobre él. De repente, Eliseo comenzó a llorar (versículo 11).

Cuando Hazael le preguntó al profeta por qué lloraba, éste le dijo que sabía el gran daño que le infligiría a los israelitas. Profetizó que Hazael pegaría fuego a las fortalezas, mataría a espada a sus jóvenes, estrellaría a sus niños, y abriría el vientre a sus mujeres que estuviesen encintas (versículo 12). Hazael rechazó esta profecía, asegurándole a Eliseo que él nunca sería tan cruel (versículo 13). Eliseo confirmó la profecía de su señor Elías, diciéndole a Hazael que él se convertiría en rey de Siria.

Hazael regresó a ver al rey y le dijo que Eliseo había dicho que él se recuperaría de su enfermedad. Observemos que él no mencionó el hecho de que, aunque se recuperaría de su enfermedad, moriría de todas formas. Tampoco mencionó nada sobre la profecía de Eliseo de que él ocuparía el trono en lugar de Ben-adad (versículo 18).

Es muy probable que Ben-adad sí se recuperase de su enfermedad, tal y como había predicho el profeta. Pero al día siguiente, Hazael tomó un paño grueso, lo empapó en agua y asfixió al rey hasta matarlo (versículo 15).

Probablemente Hazael se valió de la enfermedad del rey para encubrir su asesinato. Todos sabían que Ben-adad estaba muy enfermo. Cuando lo hallaron muerto en su lecho, asumieron que había fallecido a causa de su enfermedad, y nadie sospechó que Hazael lo había asesinado. Tras la muerte de Ben-adad, Hazael ocupó el trono. Las palabras de Eliseo se habían hecho realidad.

Joram de Judá

En esa época, el hijo de Josafat se convirtió en rey de la nación de Judá (versículo 16). Tenía 32 años cuando se convirtió en rey, y reinó durante 8 años en la ciudad de Jerusalén. Pero Joram fue un rey malvado. En el versículo 18 se dice que anduvo en el camino de los reyes de Israel que le habían dado la espalda a Dios. Joram se casó con una de las hijas de Acab, el malvado rey de Israel. Debemos recordar que Acab adoraba a Baal. Es muy probable que la adoración a Baal entrase en la nación de Judá a través de Joram. Se habían desviado totalmente de los caminos que Dios le había señalado a la nación.

A pesar de que Judá se había apartado de Sus propósitos, Dios no la abandonó. No quería destruirla debido a la promesa que Él había hecho de darle lámpara a David y a sus hijos perpetuamente (versículo 19).

Aunque Dios no le dio la espalda a Judá mientras estuvo bajo el reinado del malvado Joram, sí permitió que Edom se rebelara contra ella (versículo 20). Durante ese tiempo, Edom había estado sometida a Judá. Según 1 Reyes 22:47, Edom no tenía rey. Pero ahora, a causa de la maldad de Joram, Edom se liberó del control de Judá y se convirtió en una nación independiente, con un rey propio. Dios no rechazó a Judá, pero la nación sí sufrió muchas pérdidas a causa de su rebelión.

La rebelión de Edom constituyó una declaración de guerra. Aunque Joram peleó contra los edomitas, no pudo conquistarlos, ni recuperar el control de su territorio. Edom sería un problema constante para Judá. Observemos en el versículo 22 que Edom no fue la única nación que se rebeló contra Judá. Libna también se rebeló en el mismo tiempo. Muy probablemente estas dos naciones se rebelaron como consecuencia directa de la rebelión de Judá contra Dios. Judá se debilitó como nación porque el rey Joram la había conducido a adorar a Baal. La verdadera victoria solo se halla cuando obedecemos a Dios.

Joram murió tras reinar durante 8 años. En 2 Crónicas 21:20 se describe lo que el pueblo sintió en el momento de su fallecimiento.

Joram tenía 32 años cuando se convirtió en rey, y gobernó en Jerusalén durante 8 años. Murió, y nadie lamentó su muerte, y fue sepultado en la ciudad de David, pero no en los sepulcros de los reyes.

Joram murió a los 40 años, y nadie lamentó su fallecimiento. Al morir, ni siquiera recibió el privilegio de ser sepultado con los reyes de Judá. Esas fueron las consecuencias de alejarse de Dios. Reinó en lugar suyo Ocozías, su hijo (versículo 24).

Ocozías de Judá

Ocozías, el hijo de Joram, se volvió rey de Judá a la edad de 22 años (versículo 26). Solo reinó durante un año. En el versículo 27 queda bien claro que la decisión de su padre de casarse con una parienta de Acab y adoptar sus malos caminos tuvo una gran influencia en él. El versículo 27 nos dice que Ocozías anduvo en los caminos de la casa del malvado rey Acab de Israel, porque estaba emparentado con su familia por matrimonio. Esto hace referencia al hecho de que él adoraba a Baal. Joram, el padre de Ocozías, había introducido la adoración a Baal en Judá a causa de su matrimonio con la hija de Acab. Su hijo había adoptado también sus costumbres.

Ahora Ocozías estaba unido a Israel y a sus malos caminos a través de su matrimonio. Vemos evidencias de este vínculo en los versículos 28 y 29. Joram, el hijo de Acab el rey de Israel, hizo guerra contra Hazael rey de Siria y fue herido (versículo 28). Joram retornó a Jezreel a recuperarse de sus heridas. En el versículo 29, el rey Ocozías de Judá fue a verlo. Ocozías estaba ahora emparentado con esta familia malvada, así que habría sido su deber visitar a Joram. Su matrimonio le había creado esa obligación.

Al casarse con la hija de Acab, Joram no le dio un buen ejemplo a su hijo. En lugar de ello, lo encaminó en la senda equivocada. Ocozías sencillamente siguió el ejemplo de su padre. No tenía la fuerza moral para hacer lo correcto. Sus nuevos lazos familiares parecían obligarlo a andar por el camino del mal. Todo esto nos demuestra la importancia de encaminar a nuestros hijos en la senda correcta. También nos demuestra la influencia y el poder que las alianzas malvadas ejercen sobre nosotros, y en nuestros hijos.

Para meditar:

- ¿De qué forma recompensó el Señor Dios a la mujer cuyo hijo había sido devuelto a la vida a través de Eliseo? ¿Qué nos enseña este relato sobre el valor que Dios le confiere a los actos de bondad hacia Sus siervos?
- En este capítulo, ¿qué nos enseña el relato de la mujer acerca de la soberanía de Dios en todas las esferas de la vida? ¿De qué manera se siente usted alentado al saber esto?
- Joram introdujo la adoración a Baal en Judá. Aunque Dios no destruyó a la nación, Judá sufrió severas consecuencias por ello. ¿Cuáles fueron?
- ¿De qué manera el perverso enlace matrimonial de Joram con la hija de Acab afectó su reinado y el reinado de su hijo Ocozías? ¿Qué nos enseña esto acerca de las alianzas o asociaciones con personas malvadas? ¿Qué alianzas ha establecido usted que le han impedido cumplir con el llamado de Dios en su vida?

Para orar:

- Pídale al Señor que le haga sentir un mayor respeto hacia sus líderes espirituales. Pídale que le muestre cómo puede ministrarles de una forma más eficaz.
- Agradézcale al Señor por Su maravillosa soberanía en todas las esferas de la vida. Agradézcale por ser el Señor de su situación hoy.
- Pídale al Señor que lo ayude a deshacerse de cualquier influencia impía en su vida que le esté impidiendo ser todo lo que Él quiere que usted sea.
- Pídale al Señor que lo ayude a encaminar a sus hijos en el camino correcto.

29 - JEHÚ LIMPIA LA TIERRA

Leer 2 Reyes 9:1-37

En el capítulo anterior, vimos cómo el rey Joram de Judá y su hijo Ocozías habían conducido a la nación de Judá hacia la adoración a Baal a través de sus matrimonios con familiares de Acab. En el capítulo 9 la atención se centra en la nación de Israel. En ese momento, Joram, el hijo de Acab era rey de Israel. En el capítulo 8 había peleado contra Siria y había sido herido en esa batalla. Ocozías, el rey de Judá había ido a visitarlo.

Mientras Ocozías estaba aún en Israel, Eliseo llamó a uno de los profetas de la compañía de profetas y le indicó que fuese a Ramot de Galaad con una redoma de aceite. Allí encontraría a un hombre llamado Jehú. El profeta debía apartar a Jehú de sus amigos, llevarlo a una cámara interior y darle un mensaje especial (versículo 2). Debía llevar la redoma de aceite y ungirlo, proclamando, "Así dijo Jehová: Yo te he ungido por rey sobre Israel". Tras pronunciar estas palabras, el profeta debía marcharse rápidamente (versículo 3). El pasaje no aclara por qué el profeta debía echar a huir sin esperar, pero probablemente era porque su vida estaría en peligro por haber cometido traición contra el rey con esta proclamación.

Cuando el profeta llegó a Ramot de Galaad, halló a un grupo de príncipes del ejército que estaban sentados y les dijo que tenía un mensaje para su comandante Jehú (versículo 5). Tal y como Eliseo le había ordenado, el profeta llevó a Jehú a una casa y derramó el aceite sobre su cabeza, declarando, "Así dijo Jehová Dios de Israel: Yo te he ungido por rey sobre Israel, pueblo de Jehová".

Percatémonos de que, en el versículo 7, el profeta le dijo a Jehú que él debía destruir la casa de Acab. De esa forma, Dios vengaría la sangre de los profetas que Jezabel, la esposa de Acab, había asesinado (ver 1 Reyes 18:4).

El profeta le dijo a Jehú que Dios destruiría la casa de Acab, tanto a sus familiares como a sus siervos. Pondría la casa de Acab como la casa de Jeroboam, y como la casa de Baasa, que habían sido totalmente destruidas a causa de sus pecados (versículo 9). Jezabel sería devorada por los perros y nadie la sepultaría (versículo 10).

Cuando el profeta se fue, y Jehú regresó a reunirse con los demás príncipes, le preguntaron si todo estaba bien. Jehú no quiso decirles a sus amigos lo que el profeta le había dicho. Pero cuando éstos lo presionaron, les contó que el profeta le había dicho que se convertiría en el rey de Israel (versículo 12). Cuando los amigos de Jehú y demás príncipes escucharon lo que el profeta había dicho, cada uno tomó rápidamente su manto, y lo puso debajo de Jehú y tocaron corneta, y dijeron: "…Jehú es rey" (versículo 13).

Jehú les dijo a sus hombres que no debían dejar que nadie saliese de la ciudad a difundir la noticia de que él había sido proclamado rey (versículo 15). Sobre todo, no deseaba que esta noticia llegase a oídos del rey Joram. Quería atraparlo por sorpresa.

Tras ordenarle a sus príncipes que guardasen silencio acerca de su deseo de volverse rey, Jehú viajó a Jezreel, donde estaban Joram y Ocozías (versículo 16). Un atalaya que estaba vigilando desde la torre vio a Jehú y a sus soldados acercándose, y puso sobre aviso al rey (versículo 17). El rey ordenó que un jinete fuese a encontrarse con Jehú para ver si sus intenciones eran pacíficas. "¿Qué tienes tú que ver con la paz?" le respondió Jehú. Luego le ordenó que se volviese con él (versículo 18).

Cuando el atalaya que estaba en la torre informó que el jinete los había alcanzado, pero no había regresado, el rey envió a un segundo mensajero (versículo 19). Jehú le dijo lo mismo, y le ordenó que se volviese con él.

Esta vez, cuando el atalaya informó lo que había ocurrido, añadió, "El marchar del que viene es como el marchar de Jehú hijo de Nimsi, porque viene impetuosamente" (versículo 20). Cuando Joram escuchó esto, ordenó que le uncieran el carro. A pesar de su enfermedad, Joram y Ocozías, el rey de Judá, cabalgaron para encontrarse personalmente con Jehú. El lugar donde se encontraron fue la heredad que pertenecía a Nabot (versículo 21). Jezabel, la madre de Joram, había ordenado asesinar a Nabot y a sus hijos a fin de usar su propiedad para hacer un huerto de legumbres (ver 1 Reyes 21:1-16). Sería en esa misma heredad donde Dios traería la venganza sobre la familia de Acab.

Cuando Joram vio a Jehú, le preguntó personalmente si había ido en paz. Jehú le respondió, "¿Qué paz, con las fornicaciones de Jezabel tu madre, y sus muchas hechicerías?" Lo más importante que debemos observar aquí es que Jehú comprendía en parte la naturaleza de la maldad y de la rebelión de Jezabel contra Dios. Sabía que Dios vengaría la sangre de los profetas que ella había asesinado. Presentía que Dios le había dado la misión de limpiar la tierra de todo mal.

El hecho de que Ocozías también estuviese presente ese día es importante. Probablemente se trataba también de una advertencia para él con respecto a lo que Dios pensaba de la maldad de Acab. Había sido el propósito y el plan de Dios que él fuese a visitar a Joram. Dios quería advertirle acerca del mal que les alcanzaría por andar en los caminos que Acab y Jezabel le habían impuesto a la nación. Ocozías experimentaría de primera mano la intensa ira de Dios contra Jezabel y sus malvadas prácticas.

Cuando Joram escuchó la respuesta de Jehú, supo que tendría problemas. Inmediatamente se dio la vuelta para huir, al tiempo que le gritaba a Ocozías, que estaba con él, "¡Traición, Ocozías!" (versículo 23).

Pero mientras Joram huía de su presencia, Jehú entesó su arco, y lo hirió entre las espaldas. La flecha le atravesó el corazón, y Joram se dobló sobre el carro (versículo 24). Al ver que la flecha había dado en el blanco, Jehú le dijo a Bidcar, su capitán, que recogiese el cadáver de Joram y lo echase en la heredad que pertenecía a Nabot. Percatémonos de que, aunque a Nabot lo habían despojado de su heredad, todavía ellos la consideraban como suya.

En 1 Reyes 21:18-24, Elías había profetizado que, como Acab había tomado por la fuerza la heredad de Nabot, los perros lamerían su sangre en esa misma tierra. Acab se había humillado, y por ello Dios lo había librado de esa vejación, pero le había dicho que la profecía se cumpliría en la vida de su hijo (1 Reyes 21:29). Fue exactamente eso lo que ocurrió ese día. El cadáver de Joram fue arrojado en la heredad de Nabot, para que se cumpliese la profecía de Elías.

Cuando el rey Ocozías vio lo que le había ocurrido a Joram, huyó. Jehú lo persiguió, y les dijo a sus hombres que lo mataran también (versículo 27). Ocozías resultó herido, pero pudo escapar a Meguido, donde murió posteriormente (versículo 27). El siervo de Ocozías lo llevó a Jerusalén y lo sepultó con sus ancestros (versículo 28). Por medio de Jehú, Dios eliminó a dos malvados reyes de Israel y de Judá que estaban desviando a Su pueblo.

La misión que Dios le había dado a Jehú no había concluido. La reina Jezabel aún estaba viva. Ella había sido responsable de la horrenda maldad que se había practicado en la tierra de Israel. Por causa de ella, muchos profetas de Dios habían perdido la vida.

Cuando Jezabel escuchó lo que le había sucedido a su hijo Joram y a Ocozías, se maquilló y se arregló el cabello. Obviamente sabía que Jehú no tardaría en ir a verla. Ella esperó por él asomada a su ventana (versículo 30).

Cuando Jehú entró por la puerta, ella le preguntó si iba en paz. Percatémonos de que lo llamó Zimri. Esta es una referencia histórica a lo que ocurrió en 1 Reyes 16:8-20. Allí leemos que Zimri mató al rey Ela, el hijo de Baasa, y destruyó a toda su familia. Jezabel estaba acusando a Jehú de ser igual a Zimri. Lo acusó de traición por haber matado al rey Joram, su señor.

Jehú alzó su rostro hacia la ventana donde Jezabel estaba, y les gritó a los que estaban en el palacio, "¿Quién está conmigo?" (versículo 32). Dos o 3 eunucos se inclinaron hacia él, indicándole que lo apoyaban. Entonces Jehú les ordenó que arrojasen a Jezabel desde su balcón (versículo 33). Los eunucos obedecieron y la echaron abajo. Su sangre salpicó en la pared y en los caballos y él la atropelló.

Jehú la dejó en el suelo y fue al palacio a comer y beber. Cuando terminaron de comer y beber, les ordenó a sus hombres que se ocuparan de la "mujer maldita".

Les dijo que la enterraran, porque ella, después de todo, era hija de un rey.

Pero cuando sus hombres fueron a sepultar a Jezabel, solo hallaron su calavera, sus pies y sus manos. Le informaron sobre esto a Jehú, quien de inmediato reconoció que otra profecía más del Señor, declarada por Elías el profeta, se había cumplido. En 1 Reyes 21:23, Elías había profetizado que los perros comerían a Jezabel en el muro de Jezreel. Los perros habían devorado su cadáver hasta dejarlo irreconocible.

Dios había elegido a Jehú específicamente para que hiciera juicio en la tierra. La familia de Acab había perpetrado maldades horrendas en Israel. Habían hecho que muchos se descarriaran, realizando las prácticas execrables de la adoración a Baal. Habían sido responsables de la muerte de muchos profetas de Dios. Ocozías de Judá se había emparentado con esta familia a través de su matrimonio, y estaba andando en sus malos caminos también. Había llegado el momento de limpiar a fondo las tierras de Judá e Israel. El momento del juicio había llegado y Dios había limpiado la tierra por completo de la influencia de estos líderes impíos.

Para meditar:

- ¿Qué papel le dio Dios a Jehú en este capítulo?
- ¿De qué manera las acciones de Jehú dieron cumplimiento a las profecías de Elías sobre el hijo de Acab y sobre Jezabel?
- La presencia simultánea de Ocozías y de Joram en Jezreel, ¿fue un accidente o una cita divina? ¿De qué manera usó Dios la presencia de Ocozías en Israel, junto a Joram, para efectuar Su juicio?
- Aquí se describe a Dios limpiando las naciones de Israel y de Judá de las influencias impías de sus líderes. ¿Qué influencias impías necesita Dios eliminar de su tierra o de su vida?

Para orar:

- Agradézcale al Señor por juzgar el pecado y el mal. Pídale que humille a su nación antes de que ocurra un juicio en ella.

- Pídale a Dios que escudriñe su corazón para ver cuáles influencias impías necesitan ser eliminadas. Pídale que extirpe esas influencias impías.

- Pídale a Dios que escudriñe su corazón para ver cuáles influencias impías necesitan ser eliminadas. Pídale que extirpe esas influencias impías.

30- JEHÚ DE ISRAEL LIMPIA AÚN MÁS LA TIERRA

Leer 2 Reyes 10:1-36

En el capítulo anterior vimos cómo Dios levantó a un comandante militar llamado Jehú para que fuese rey de Israel. Dios usó a Jehú con poder para limpiar la tierra de las malvadas prácticas de la adoración a Baal. Jehú mató tanto a Joram, el hijo de Acab, como a la malvada reina Jezabel. Pero el propósito del Señor era que destruyese por completo a toda la familia de Acab y que eliminara la adoración a Baal en Israel. Aquí en el capítulo 10 vemos cómo Jehú continuó desempeñando este papel que Dios le había dado.

Samaria era la capital de Israel en esos momentos. Setenta descendientes de Acab vivían en esa ciudad. Jehú escribió cartas y las envió a los ancianos y a los ayos de Acab (versículo 1). En estas cartas, los desafiaba a tomar al mejor y más valioso de entre los hijos de Acab y a ponerlo en el trono para que defendiese a su familia (versículo 2). Esta era una declaración de guerra contra la casa de Acab en Samaria (ver el versículo 3).

Cuando los principales de la ciudad recibieron esta carta, tuvieron temor. Habían escuchado cómo Jehú había derrotado a Joram de Israel y a Ocozías de Judá, y dijeron, "He aquí, dos reyes no pudieron resistirle; ¿cómo le resistiremos nosotros?" (versículo 4). El mayordomo, el gobernador de la ciudad, los ancianos y los ayos enviaron un mensaje a Jehú. En ese mensaje declaraban su lealtad hacia él como su rey. Se negaron a ungir a ninguno de los hijos de

Acab como rey, para no oponerse a Jehú. Se sometieron a él y a sus deseos (versículo 5).

Jehú les envió otra carta como respuesta, diciéndoles a los principales que, si verdaderamente estaban de su lado, debían demostrarlo cortando las cabezas de los 70 descendientes de Acab. Debían llevarle sus cabezas a Jezreel a esa misma hora del día siguiente (versículo 6).

Cuando la carta llegó, los principales hicieron lo que Jehú les había pedido, poniendo las cabezas en canastas y enviándolas a Jehú (versículo 7). Jehú ordenó que se colocasen las cabezas en dos montones a la entrada de la puerta hasta la mañana (versículo 8). Muchas personas podrían ver las cabezas. Serviría de ejemplo a todos aquellos que quisiesen andar en los caminos de Acab y adorar a Baal.

A la mañana siguiente, Jehú salió y estuvo en pie delante de todo el pueblo. La escena de las cabezas de los descendientes de Acab estaba en las mentes de las personas. Jehú declaró que el pueblo era inocente en todo este asunto. Se reconoció culpable por conspirar contra su señor Joram, pero le recordó al pueblo que habían sido los principales de la ciudad de Samaria y sus guardas los que se habían vuelto contra los hijos de Acab y los habían matado. La mano de Dios estaba contra la familia de Acab. Jehú le recordó al pueblo que estos hechos daban cumplimiento directo a la profecía del profeta Elías (ver 1 Reyes 21:21-22).

El versículo 11 nos dice que Jehú también mató a todos los que quedaban de la casa de Acab en Jezreel. Asesinó también a sus principales oficiales, a amigos cercanos, y a sacerdotes que le servían en la adoración a Baal, sin dejar sobrevivientes. Esto daba cumplimiento a la profecía de Elías.

Tras destruir a la familia de Acab en Jezreel, Jehú salió hacia Samaria. En el camino se encontró con algunos parientes del rey

Ocozías de Judá, quienes iban a saludar a las familias del rey Acab y de su esposa Jezabel (versículo 13). Ocozías de Judá tenía parentesco con Acab gracias a su matrimonio (ver 2 Reyes 8:26-27). Obviamente, estos parientes no se habían enterado de que Jehú había aniquilado a todo el linaje de Acab. Jehú les dijo a sus hombres que capturasen a estos parientes. Los llevaron junto al pozo de la casa de esquileo, y allí los degollaron. Ese día eliminaron a 42 varones en total.

No debemos ver esto como una coincidencia. La mano de Dios estaba sobre Jehú. Lo estaba usando para destruir a todo el linaje familiar de Acab. En Su soberanía, Dios estaba poniendo en el camino de Jehú a todos los que Él deseaba juzgar. Incluso la nación de Judá estaba experimentando la mano del juicio de Dios debido a su asociación con Acab.

En los versículos 15 y 16 conocemos a un hombre llamado Jonadab, hijo de Recab. Sus descendientes serían conocidos como recabitas. En Jeremías 35:6-10, el Señor los empleó como ejemplo de fidelidad. Algunos comentaristas creen que los recabitas se oponían a la adoración a Baal y se habían resistido a este movimiento durante el reinado de Acab y de sus familiares. Cuando Jehú se encontró con Jonadab mientras viajaba hacia Samaria, lo saludó, y le preguntó si estaría con él en este esfuerzo por eliminar a la familia de Acab y la práctica de la adoración a Baal en la tierra (versículo 15). Jonadab le aseguró a Jehú que él estaba de acuerdo con lo que estaba haciendo. Jehú, tras recibir esta seguridad, lo invitó a subir a su carro junto a él, para que así Jonadab viese su celo por el Señor. Jonadab obedeció y fue con él a Samaria (versículo 16). Cuando Jehú llegó a Samaria exterminó a todos los restantes miembros de la familia de Acab (versículo 17).

Tras exterminar a toda la familia de Acab, Jehú reunió al pueblo y le dijo, "Acab sirvió poco a Baal, mas Jehú lo servirá mucho". Invitó a todo el pueblo a asistir a un gran sacrificio a Baal. Amenazó con matar a todos los que no asistiesen a este sacrificio (versículo 19). Lo que Jehú no le dijo al pueblo fue que los sacrificados serían los profetas y sacerdotes de Baal. Jehú actuó engañosamente para poder eliminar a los ministros de Baal.

Se convocó a una gran asamblea, y se envió un mensaje por toda la tierra, emplazando a todos los ministros de Baal para que participasen de esta celebración (versículos 20 y 21). Bajo la amenaza de perder la vida si no participaban, todos los ministros de Baal se presentaron a la ceremonia. Se congregaron en el templo de Baal en la ciudad de Samaria (versículo 21). Jehú hizo que todos los ministros de Baal se ataviaran con sus vestiduras especiales (versículo 22). Esto hizo que fuese fácil distinguirlos. Luego Jehú y Jonadab fueron al templo y les pidieron a los profetas de Baal que se cercioraran de que no hubiese allí ningún siervo del Señor (versículo 23). Cuando estuvo seguro de que no había allí siervos del Señor, Jehú puso fuera a 80 hombres, advirtiéndoles que si dejaban escapar a alguien del templo, lo pagarían con sus propias vidas (versículo 24).

Después de que acabaron ellos de hacer el holocausto, Jehú les ordenó a sus guardas y oficiales que matasen a todos los ministros de Baal. No debían dejar escapar a ninguno. Los guardas obedecieron, y mataron a todos los ministros de Baal, arrojando luego sus cadáveres fuera del templo (versículo 25). Entraron en el santuario y lo quemaron, sacando de allí la columna sagrada. Quebraron la columna sagrada de Baal y derribaron el templo. Las ruinas del templo comenzaron a usarse como letrina a partir de ese día. En 1 Reyes 16:30 se dice que el rey Acab había construido ese templo de Baal en Samaria. Por su parte, a Jehú se le debe el haber eliminado la adoración a Baal en la nación de Israel (versículo 28).

Jehú no fue perfecto. El versículo 31 nos dice que no cuidó de andar en la ley de Dios. Sirvió a los dioses becerros que Jeroboam había instalado en Israel. Sin embargo, demostró ser un fiel siervo al eliminar la adoración a Baal de la nación. A Dios le agradaron estos esfuerzos. En el versículo 30 el Señor bendijo a Jehú por su obediencia. Dios le prometió que sus descendientes se sentarían en el trono de Israel durante 4 generaciones (versículo 30).

Aunque la adoración a Baal había sido eliminada de Israel, aún quedaba mucho trabajo por hacer en esa nación. Aun se adoraba a los becerros de oro, y el pueblo de Dios aún no se había vuelto hacia Él. Esto trajo como consecuencia que se redujesen la influencia y el tamaño de la nación de Israel. Hazael de Siria derrotó a Israel, apropiándose de algunos de sus territorios (versículos 32 y 33). Los israelitas se estaban debilitando a causa de su rebelión contra el Señor Dios. El pecado los estaba despojando de su poder e influencia.

Jehú gobernó en Israel desde Samaria durante 28 años (versículo 36). Los acontecimientos de su reinado fueron registrados en los anales de los reyes de Israel (versículo 34). Murió y fue sepultado en Samaria. Su hijo Joacaz ocupó el trono de Israel en su lugar (versículo 35).

Jehú constituye un ejemplo de la tolerancia de Dios. Él fue usado por Dios para llevar a cabo una obra grandiosa en Israel, pero estaba lejos de ser perfecto. Adoró a los dioses becerros de Jeroboam. A pesar de esos fallos, Dios lo usó para cumplir Sus propósitos en Israel. Dios lo bendijo a causa de lo que hizo, aunque Israel, en general, sufrió durante su reinado por negarse sistemáticamente a apartarse de sus dioses becerros y a servir solo a Dios.

Para meditar:

- ¿Qué evidencias tenemos de que Dios estaba con Jehú cuando él buscaba eliminar la adoración a Baal en la nación?
- ¿Por qué era tan importante que se eliminase de la tierra todo vestigio de la adoración a Baal, así como a toda la familia de Acab? ¿Qué hubiera sucedido si estas personas y estas influencias no hubieran sido eliminadas?
- ¿Qué influencias pecaminosas necesitan ser eliminadas de su vida? ¿Por qué estas cosas hacen que su andar con Dios sea más difícil?
- Jehú no era perfecto. Se nos dice que no cuidó de observar la ley de Dios, y que adoró a los dioses becerros de Jeroboam. Aun así, Dios lo usó para lograr un objetivo específico en Israel. ¿Qué tipo de persona puede usar Dios? ¿Tenemos que ser perfectos para que Dios nos use?
- Aunque Dios usó a Jehú de una forma poderosa, la nación de Israel se debilitó durante su reinado. ¿Qué nos enseña esto sobre la importancia de que los líderes busquen de Dios de todo corazón?

Para orar:

- Agradézcale al Señor porque nos puede usar tal y como somos. Agradézcale porque no tenemos que ser perfectos para que Él nos use.
- Pídale al Señor que le dé el anhelo de buscar de Él de todo corazón.
- Pídale al Señor que escudriñe su corazón, para ver si hay cosas que impiden que usted se fortalezca más en Él. Pídale que elimine de su corazón cualquier desobediencia y rebelión.

- Agradézcale al Señor, porque cuando Él nos llama a hacer alguna obra, también va delante de nosotros, y nos conduce hacia la meta.

- Agradézcale al Señor, porque cuando Él nos llama a hacer alguna obra, también va delante de nosotros, y nos conduce hacia la meta.

31 - JOÁS SE CONVIERTE EN REY DE JUDÁ

Leer 2 Reyes 11:1-21

Al comenzar el capítulo 11 de 2 Reyes, conocemos a Atalía, la madre de Ocozías, el antiguo rey de Judá. Atalía era hija del malvado rey Acab de Israel. Ella se había casado con Joram de Judá y había comenzado a andar en los caminos de Acab y a adorar al dios Baal. Ella anduvo tras los pasos de la malvada reina Jezabel.

Cuando Atalía escuchó que su hijo Ocozías había sido asesinado, conspiró para asegurarse su lugar en el trono. Para lograrlo, necesitaba asesinar a todos los candidatos a ese trono. El versículo 1 nos dice que ella se levantó y destruyó a toda la descendencia real que estaba en Judá. Esto significaba que estaba matando a su propia familia. Esto nos demuestra lo perversa que realmente era esta reina. Corrían días difíciles en Judá.

Mientras Atalía asesinaba a la familia real, Josaba, la hermana de Ocozías, tomó a uno de los hijos de Ocozías y se lo llevó para protegerlo de su abuela. Ocultó a Joás y a su ama, en la cámara de dormir, y de esta forma no lo mataron (versículo 2). Allí permaneció oculto durante 6 años (versículo 3). En el versículo 21 leemos que Joás tenía 7 años cuando se convirtió en rey. Esto significa que Joás era solo un bebé cuando lo ocultaron junto con su ama. Es bastante sorprendente que Joás hubiera podido esconderse de Atalía durante tanto tiempo.

En el séptimo año de vida de Joás, el sacerdote Joiada mandó a buscar a los comandantes militares y les dijo que se presentaran en el templo del Señor (versículo 4). Cuando llegaron, los juramentó y les mostró a Joás, el hijo del rey Ocozías. La naturaleza de este juramento no es clara. Puede haberse tratado de un juramento de lealtad hacia Joás como legítimo heredero del trono.

Cuando los comandantes militares hubieron tomado su juramento, el sacerdote Joiada les dijo que los que normalmente estaban de guardia los sábados debían dividirse en 3 compañías. La primera compañía debía proteger el palacio real, la segunda debía posicionarse en la puerta de Shur, y la última compañía debía apoyar a los guardas que se turnaban para proteger el templo. Los que normalmente estaban fuera de servicio los sábados debían guardar el templo junto al rey (versículos 5 y 7).

Estos soldados debían posicionarse alrededor del joven rey con las armas en las manos. Joiada les dijo a los soldados que si alguien se acercaba al rey debían matarlo. Su tarea era proteger a Joás a toda costa. El sacerdote Joiada sabía que Atalía no estaría feliz al saber lo que estaba a punto de ocurrir. Ya ella había asesinado a los demás miembros de la familia real, para asegurar su reinado. Ella asesinaría a Joás sin vacilar.

Los comandantes de las unidades cumplieron al pie de la letra las órdenes de Joiada. El sacerdote les dio las lanzas y los escudos que habían pertenecido a David, y que estaban guardados en el templo del Señor (versículo 10). Los guardas se posicionaron alrededor del rey para protegerlo.

Entonces el sacerdote Joiada trajo al hijo del rey, y puso una corona sobre su cabeza. Le dio una copia del pacto y lo proclamó como rey de Judá. Algunos comentaristas creen que, al hablar aquí del pacto, se hace referencia a una copia de la ley de Moisés que el rey debía leer diariamente (ver Deuteronomio 17:18 y19).

Tras coronar a Joás y darle una copia del pacto, el sacerdote lo ungió con aceite y lo proclamó rey. El pueblo respondió batiendo las manos y diciendo: "¡Viva el rey!" (versículo 12).

Cuando la reina Atalía escuchó el estruendo, fue al templo para ver qué sucedía. Allí vio al rey recién ungido, parado junto a la columna. A su lado estaban los trompeteros y los príncipes. El pueblo estaba celebrando y regocijándose. Cuando ella vio esto, rasgó sus vestidos, y clamó a voz en cuello: "¡Traición, traición!" (versículo 14).

Joiada les ordenó a los comandantes que sacaran a Atalía del templo y la mataran. Todos los que la siguieran debían también ser muertos a espada (versículo 15). De esta forma, se daría muerte a otra descendiente de Acab, cumpliendo así la profecía de Elías.

Tras la muerte de Atalía, Joiada hizo pacto entre el Señor Dios y el pueblo (versículo 17). El rey Joram había introducido la adoración a Baal en Judá, y su hijo Ocozías había andado tras sus pasos. El sacerdote Joiada hizo un llamado a renovar el compromiso del pueblo con el Señor Dios. Ese día el pueblo obedeció a Joiada y derribó el templo de Baal. Despedazó enteramente sus altares y sus imágenes, y ajustició a Matán sacerdote de Baal (versículo 18). En el capítulo anterior vimos cómo Jehú había eliminado la adoración a Baal de la nación de Israel. Aquí en Judá estaba ocurriendo un reavivamiento similar, a través del ministerio del sacerdote Joiada.

Manteniendo los guardas alrededor del templo y del palacio, Joiada tomó a Joás, el rey recién coronado, lo sacó del templo, donde había sido proclamado rey, y lo llevó para el palacio, donde viviría en lo adelante. Fue un tiempo maravilloso para la nación de Judá. El versículo 20 nos dice que el pueblo de la tierra se regocijó y que la ciudad estuvo en calma, porque Atalía había sido muerta a espada. A causa de su muerte el pueblo se regocijó, y la nación tuvo paz y una mayor estabilidad. Joás tenía 7 años cuando se convirtió en rey de Judá (versículo 21).

Para meditar:

- ¿Qué aprendemos aquí acerca del mal perpetrado por Atalía, la reina de Judá? ¿Qué nos dice esto acerca del estado en el que estaba la tierra de Judá en esa época?
- ¿Cómo derrocó Dios al malvado gobierno de Atalía y trajo renovación a la tierra de Judá? ¿Puede Dios derrocar el mal en nuestros días también?
- Dios protegió a Joás de las perversas intenciones de su abuela. ¿De qué manera se ha evidenciado la mano protectora de Dios en su vida? ¿Qué nos enseña esto sobre la forma en la que Dios protege a aquellos a quienes Él llama?

Para orar:

- Agradézcale al Señor por proteger su vida. Agradézcale por haberlo protegido siempre de daños físicos y espirituales.
- Pídale a Dios que obre para renovar su vida personal, su iglesia y su nación. Pídale que purifique y renueve su relación con Él.
- Pídale a Dios que lo limpie de cualquier pecado específico que le esté impidiendo tener una relación más profunda con Él.
- Agradézcale al Señor por traer renovación y reavivamiento a Su pueblo. Agradézcale porque Él está dispuesto a

abrirse paso a través de nuestros pecados y rebeliones para acercarnos a Él.

32 - REINADO Y MUERTE DE JOÁS REY DE JUDÁ

Leer 2 Reyes 12:1-21

En el capítulo 11 vimos que el joven Joás, de solo 7 años, se convirtió en rey de Judá, sustituyendo a su malvada abuela Atalía. Él gobernó en Judá por un período de 40 años, reinando desde Jerusalén.

Se describe a Joás como un rey bueno, que hizo lo correcto delante del Señor todo el tiempo que le dirigió el sacerdote Joiada, quien lo había coronado como rey (versículo 2). En 2 de Crónicas 24:17-22, vemos que, cuando el sacerdote Joiada murió, Joás le dio la espalda al Señor Dios, obedeciendo el consejo de sus funcionarios. Al parecer, su fe y lealtad eran más para Joiada que para el Señor Dios. Cuando el sacerdote Joiada murió, Joás desvió su lealtad hacia otras personas. Hay muchos individuos así. Dependen en su vida espiritual de otras personas. No poseen sus propias convicciones personales, sino que siguen a aquellas personas que admiran o respetan.

Aunque en sentido general Joás hizo lo recto delante del Señor mientras el sacerdote Joiada vivió, aun existían lugares altos paganos en la tierra, que no habían sido eliminados. Las personas continuaban adorando a dioses foráneos, y ofreciéndoles incienso en esos lugares altos (versículo 3).

Uno de los más grandes logros espirituales del rey Joás fue la reparación del templo en Jerusalén. Bajo el liderazgo de Joram y de Amasías, se había introducido la adoración a Baal en Israel, y el templo del Señor había quedado desatendido, llegando a deteriorarse. Tras la eliminación de la adoración a Baal en la nación por parte del sacerdote Joiada, había llegado el momento de limpiar el templo y de restaurar la adoración al Señor Dios en Judá.

Joás les pidió a los sacerdotes del Señor que se reuniesen, y les dijo que recogiesen dinero para reparar el templo. Este dinero debía provenir de 3 fuentes. En primer lugar, debía provenir de los empadronamientos. En Éxodo 30:11-16 se nos dice que este dinero lo pagaban regularmente los hombres a partir de los 20 años. El dinero de este empadronamiento debía emplearse para las obras del templo. En segundo lugar, debía provenir dinero también de los votos hechos al Señor. En Levítico 27:1-27 han quedado registradas las regulaciones concernientes a los votos, y a la cantidad que se debía pagar a la hora de hacer votos especiales. Por último, el dinero debía provenir también de las ofrendas voluntarias dadas por los creyentes. Joás les ordenó a los sacerdotes que reuniesen todo ese dinero y lo usaran para hacer las reparaciones necesarias en el templo (versículo 5).

Pero pasados 23 años del reinado de Joás, los sacerdotes aún no habían reparado el templo (versículo 6). No se especifica la fecha en la que el rey dio la orden de restaurar el templo, pero el contexto parece indicar que había transcurrido mucho tiempo, y que el templo aún no había sido reparado.

Viendo que nada se había hecho para reparar el templo, Joás convocó a una reunión con Joiada y los demás sacerdotes. Cuando todos se reunieron a petición del rey, él les preguntó por qué no habían obedecido sus órdenes con respecto a la reparación del templo. Al parecer, habían estado recaudando dinero como él les había solicitado, pero éste no se estaba usando para la reparación. Todo parece indicar que el dinero en su totalidad se estaba depositando en un fondo que también estaba usándose para los trabajos del templo en general.

En el versículo 8, Joás les hace dos recomendaciones a los sacerdotes. En primer lugar, les orienta que dejen de recibir dinero de mano de los tesoreros para sus labores habituales. Esto significaba que todo el dinero que entrase iría directamente al fondo para la reparación del templo. En segundo lugar, los sacerdotes debían concentrarse en sus deberes sacerdotales, y contratar obreros para que hicieran la reparación del templo.

En respuesta a las órdenes del rey Joás, el sacerdote Joiada tomó un arca e hizo en la tapa un agujero. Puso el arca al lado del altar. Los sacerdotes encargados de guardar la entrada del templo colocaban las ofrendas del pueblo en el arca (versículo 9). Cuando veían que había mucho dinero en el arca, el secretario real y el sumo sacerdote contaban el dinero, y lo ponían en bolsas (versículo 10). Este dinero se entregaba luego a los hombres encargados de supervisar la obra del templo. Ellos empleaban el dinero para pagarles a los obreros y para adquirir los materiales (versículos 11 y 12).

Ese dinero no debía usarse para ninguna otra cosa que no fuese las reparaciones en el templo. Las actividades habituales y los recursos que se usaban en el templo debían pagarse de otras maneras. El versículo 13 aclara que el dinero no se podía usar para pagar tazas de plata, ni despabiladeras, ni jofainas, ni trompetas; ni ningún otro utensilio para la adoración habitual. Joás deseaba que todo el dinero que se recaudara de las personas se empleara para restaurar el templo.

El salario de los sacerdotes debía provenir del dinero que se recibía de las ofrendas por el pecado y por la culpa (versículo 16). Ese dinero no se llevaba al templo, sino que se entregaba directamente para ayudar a los sacerdotes y para pagar las actividades habituales que se hacían en el templo. A los que estaban encargados de lidiar con el dinero y de reparar el templo no se les pedían cuentas. Esto se debía a que procedían con toda honradez (versículo 15).

Una vez que se contratasen obreros para esta tarea, y se dedicasen todas las ofrendas a la reparación del templo, la obra podría completarse. El pueblo tendría que hacer un sacrificio al traer sus ofrendas. Los sacerdotes también tendrían que sacrificarse al no tomar dinero de las ofrendas del pueblo para sus tareas habituales. De esa manera, la obra en el templo podría culminarse y el edificio quedaría en buen estado nuevamente.

El capítulo 12 concluye de forma muy triste. Hemos visto que Joás sentía carga por reparar el templo del Señor. Pero ya al final de su reinado, tras la muerte del sacerdote Joiada, Joás dio la espalda al Señor Dios (ver 2 Crónicas 24:17-22). Algunos comentaristas creen que esto provocó que Dios enviase a Hazael de Siria para que atacase a Gat (versículo 17). Hazael tuvo éxito y logró tomar la ciudad de Gat. Tras su éxito en Gat, centró su atención en la ciudad de Jerusalén. Para salvar la ciudad, Joás tomó los objetos sagrados de la tesorería del templo y del palacio real y se los entregó a Hazael. Tras recibir esta enorme dádiva, Hazael se retiró de Jerusalén (versículo 18).

En este capítulo hemos presenciado un cambio radical de actitud. Joás, quien se destacó gracias a su obra de restauración del templo, al final de su vida entregó todos los tesoros de templo. Lo que al principio parecía tener tanto significado para él, no significó nada al final. Su pasión por el Señor Dios y por Su templo se habían desvanecido. Esto constituye una gran advertencia para nosotros. Joás sirvió al Señor mientras el sacerdote Joiada vivió. Pero cuando el sacerdote murió, al parecer quedó bajo la influencia de otras personas. No tenía una fe propia. Dependía de las personas que le rodeaban y de las influencias del momento. No tenía una fe personal sólidamente afianzada. ¿Hasta qué punto las personas que lo rodean a usted influyen en su fe? ¿Es usted capaz de mantenerse firme, pase lo que pase? ¿Modifican las circunstancias su compromiso para con el Señor Dios? ¿Determinan sus amigos la magnitud de su servicio a Dios? Necesitamos hombres y mujeres en nuestra época cuya fe sea profundamente personal, que no cambie por causa de influencias ajenas o de circunstancias adversas.

Al final de la vida de Joás, sus funcionarios conspiraron contra él y lo asesinaron. Murió de forma violenta, y fue sepultado con sus ancestros en la ciudad de David (versículo 21). Su hijo Amasías ocupó su lugar como rey. Los hechos ocurridos durante el reinado de Joás quedaron registrados en los anales de los reyes de Judá. Sin embargo, estos acontecimientos en particular fueron escogidos por el Señor para darnos una idea del clima espiritual que se respiraba en la tierra de Judá en esa época.

La historia de Joás es la historia de un rey que comenzó bien, pero no terminó bien. Se alejó de su Señor, y murió en rebeldía contra el Dios que había servido. Su relato nos desafía a ser vigilantes en nuestro andar con el Señor. Para nosotros constituye un reto el luchar por tener una profunda fe personal que resista la influencia de las circunstancias o de las personas.

Para meditar:

- La fe del rey Joás dependía de las circunstancias y de la influencia de las personas que lo rodeaban. ¿Por qué podemos decir que esta es una señal de una fe débil?
- ¿Qué cosas están influenciando actualmente el estado de su fe y de su andar con Dios? ¿Tiene usted una fe que pueda permanecer fuerte a pesar de las influencias de las personas que le rodeen, o de las circunstancias que puedan presentarse?

- Al parecer, los sacerdotes de la época de Joás se conformaban con trabajar en un templo que estaba en mal estado. ¿Nos es posible vivir nuestras vidas con actitudes o hábitos incorrectos? ¿Qué aspecto de su vida está "en mal estado"? ¿Cuáles son las relaciones, acciones o actitudes que usted necesita reparar?
- Cuando Joás le dio la espalda al Señor, el enemigo vino contra él. Él se debilitó por haberle dado la espalda a Dios. ¿Hasta qué punto está debilitada la iglesia contemporánea por haberle dado la espalda al Señor Dios?
- ¿Es posible que alguien comience bien y no termine bien? ¿Cuáles son las cosas que pueden impedir que terminemos bien?

Para orar:

- Pídale al Señor que le conceda una profunda fe personal que ni las personas ni las circunstancias puedan influenciar negativamente. Agradézcale al Señor por ser digno de nuestro compromiso, suceda lo que suceda en nuestra vida.
- Pídale al Señor que le muestre las áreas de su vida que necesitan reparación. Pídale que le dé la gracia y la sabiduría para actuar con respecto a esto.
- Pídale al Señor que lo ayude a valorar Sus prioridades en la vida.
- Pídale al Señor que le conceda Su gracia para poder terminar bien.

33 - JOACAZ Y JOÁS, REYES DE ISRAEL

Leer 2 Reyes 13:1-25

Joacaz

En el capítulo 13, la atención transita de la nación de Judá y hacia la nación de Israel. Joacaz se convirtió en rey de Israel cuando aún Joás era rey de Judá (versículo 1). Joacaz reinaría 17 años en Samaria, la capital de Israel.

El versículo 2 describe a Joacaz como un rey malvado que anduvo en los pecados de Jeroboam. El pecado de Jeroboam fue el de adorar al becerro de oro. Joacaz, siguiendo sus pasos, adoró al becerro de oro y le dio la espalda al Dios de Abraham, de Isaac y de Jacob. Por ello, la ira del Señor ardió contra Israel, y mantuvo a la nación bajo el poder de Hazael, el rey de Siria y de su hijo Ben-adad (versículo 3). El pueblo de Dios solo podía alcanzar la victoria al obedecer al Señor su Dios. Pero mientras estuviese en rebeldía contra el Señor Dios, permanecería débil e indefenso ante sus enemigos. Esa es la enseñanza que aparece en 2 Crónicas 7:14, donde el Señor dice:

> *"Si se humillare mi pueblo, sobre el cual mi nombre*
> *es invocado, y oraren, y buscaren mi rostro, y se*
> *convirtieren de sus malos caminos; entonces yo oiré*
> *desde los cielos, y perdonaré sus pecados, y sanaré*
> *su tierra".*

En este versículo Dios le dijo a Su pueblo que, si deseaba que su tierra fuese sanada, tendría que humillarse, convertirse de sus malos caminos y buscar Su rostro. En nuestra vida espiritual, hallamos la victoria cuando obedecemos a Dios y a Sus propósitos. En ese momento Israel no estaba caminando en obediencia y estaba sufriendo las consecuencias de sus pecados.

En el versículo 4 vemos que en la nación de Israel ocurrió algo raro para el momento histórico que se vivía. Joacaz buscó el favor del Señor. Dios lo escuchó y le proporcionó un salvador a Israel, para que pudiese escapar del poder de Siria. El versículo 5 nos dice que los hijos de Israel pudieron habitar en sus tiendas como antes. La tierra, que Siria les había arrebatado, les fue restaurada.

Pero a pesar de que el Señor libró a Israel de la opresión de Siria, la nación no se convirtió de sus pecados. Dios los había librado de sus enemigos, pero ellos continuaron sirviendo al becerro de oro de Jeroboam, y también la imagen de Asera permaneció en Samaria (versículo 6). Israel deseaba la liberación que Dios podía darle, pero no estaba dispuesto a convertirse de sus malos caminos.

La maravillosa gracia de Dios puede verse aquí en el hecho de que Él rescató a aquellos que no lo amaban. Él los ayudó sencillamente porque Joacaz invocó Su nombre. Es posible que la motivación de Joacaz no haya sido genuina. Es improbable que Joacaz hubiese tenido intención alguna de convertirse de sus malvadas prácticas. Aunque él no había servido al Señor Dios, Dios le ofreció Su ayuda y fue clemente para con él. ¿Cuánto más no se deleitará el Señor en rescatar a aquellos que lo aman y le sirven con un corazón sincero?

Incluso el clamor débil y egoísta de un rey malvado llegó a los oídos del Señor Dios. Dios escuchó ese clamor y respondió. Tal vez usted esté atravesando una situación en la que no se sienta con derecho de clamar a Dios. Este pasaje es de aliento para nosotros. Sabemos que incluso nuestros clamores más débiles serán escuchados.

En el versículo 7 hallamos las evidencias de la enorme debilidad de Israel en esos momentos. Del ejército de Israel solo quedaban 50 hombres de a caballo, 10 carros, y 10,000 hombres de a pie. Los sirios habían destruido al resto del ejército de Israel. Aquí podemos ver cuán indefenso se hallaba Joacaz ante sus enemigos. Los pecados de Israel lo habían debilitado significativamente. De nada le habían servido a la nación los becerros de oro. Como continuaban adorando y sirviendo a esos becerros, continuaban débiles e indefensos delante de sus enemigos. Aun así, Israel seguía sirviendo a sus dioses becerros.

Los que están esclavizados por el pecado no reflexionan acerca de sus consecuencias. Estarían dispuestos a perecer solo por poder disfrutar el sabor del pecado. Solo la obra poderosa del Espíritu de Dios puede anular sus deseos. Israel estaba perdiendo todo cuanto tenía por causa del pecado, y aun así continuaba deseándolo.

Joacaz murió y fue sepultado con sus ancestros en Samaria. Los acontecimientos de su reinado fueron registrados en los anales de los reyes de Israel (versículos 8 y 9). Su hijo Joás ocupó el trono en su lugar.

Joás

Joás, el hijo de Joacaz, se convirtió en rey de Israel tras la muerte de su padre. Reinó desde Samaria durante 17 años (versículo 10). Pero Joás anduvo tras los pasos de su padre y continuó en el pecado de Jeroboam, adorando los becerros de oro (versículo 11). Ya habían pasado muchos años desde que Israel, tras su separación de Judá, le había dado la espalda a Dios y había escogido servir a los becerros de oro y a Baal.

En los versículos del 14 al 19, podemos leer el relato de la conversación entre Joás y el profeta Eliseo. En estos versículos Joás consulta al profeta Eliseo en un momento de verdadera necesidad. El ejército de Israel era tan pequeño en esos momentos que Joás estaba prácticamente indefenso. Los enemigos lo amenazaban constantemente. En su desesperación, Joás fue a ver al profeta Eliseo para buscar su consejo y su ayuda.

Percatémonos de la forma en la que Joás llama al profeta Eliseo en el versículo 14. Primeramente lo llama "padre mío". Esa era una referencia al papel que Eliseo había jugado en la nación. Eliseo era un padre espiritual. Era un padre al que toda la nación podía acudir para obtener consejo, indicación y orientación. En segundo lugar, Joás llama a Eliseo, "carro de Israel y su gente de a caballo". Ese había sido el nombre que Eliseo le había dado a su maestro Elías en 2 Reyes 2:12. Ahora Joás lo llamaba a él por el mismo nombre. Este nombre al parecer representaba el poder y la autoridad de Eliseo como varón de Dios. Este solo hombre era más poderoso que toda la fuerza militar de Israel, debido a su relación con Dios. Este solo hombre y su Dios podían hacer lo que el ejército de Israel en su totalidad no podía hacer.

Lo más importante que se debe resaltar del versículo 14 es que Eliseo estaba en su lecho de muerte. Estaba padeciendo a causa de la enfermedad que eventualmente acabaría con su vida. Cuando Joás fue a ver al profeta, lloró delante de él. Aunque la nación de Israel no había buscado frecuentemente la ayuda y el consejo de Eliseo, con su deceso estaba perdiendo a un hombre muy poderoso. Joás lo sabía.

Eliseo comprendía la carga que había en el corazón de Joás y en la nación de Israel. Estaban oprimidos y débiles. Le dijo a Joás que buscara un arco y algunas saetas. Joás obedeció. Eliseo le dijo el rey Joás que tomara el arco en sus manos. Entonces Eliseo puso sus manos sobre las manos del rey (versículo 16). Eliseo le dijo al rey que abriera la ventana que daba al oriente. El área oriental puede haber sido el área controlada por los enemigos. Es posible que Joás lo hubiese comprendido. Eliseo le dijo al rey que disparara una saeta por la ventana. Cuando Joás disparó la saeta, Eliseo le explicó la importancia de lo que acababa de hacer. En el versículo 17, Eliseo le dice al rey que la saeta que había disparado por la ventana oriental era la saeta de su victoria contra Siria. Le dijo a Joás que vencería a la nación que había estado oprimiéndolos.

Tras comunicarle la importancia de las saetas y de la ventana oriental, Eliseo le dijo a Joás que tomara sus saetas y golpeara la tierra con ellas. Joás obedeció y golpeó la tierra 3 veces (versículo 18). Eliseo se enojó con el rey por golpear la tierra solamente 3 veces. En el versículo 19 le dijo que debía haber golpeado la tierra 5 o 6 veces. De haberlo hecho, habría podido destruir a Siria completamente. Pero por haberlo hecho así, ahora solo derrotaría a Siria 3 veces (una victoria por cada golpe en la tierra con las saetas).

Es importante que analicemos lo que ocurrió ese día entre Eliseo y Joás. Eliseo le dijo al rey que obtendría victorias. Eso quedó claramente simbolizado con la saeta que disparó a través de la ventana. La cuestión ya no era si Joás tendría victorias, sino cuántas victorias alcanzaría. Esto quedó representado por la cantidad de veces que él golpeó la tierra con las saetas. ¿Hasta qué punto dependían de Joás esas victorias? La victoria estaba garantizada, pero la calidad y cantidad de ellas dependía del rey. No podemos pasar por alto esta idea. Dios nos ha prometido darnos victorias. El Señor Jesús ya ha derrotado al enemigo. Pero el problema es que cuando miramos alrededor, no siempre vemos las evidencias de esa victoria en las vidas de los creyentes. Esto se debe a que muchos creyentes son demasiado tímidos. Nunca han aprendido a apropiarse valientemente de esa victoria. Se conforman con golpear la tierra 3 veces con la saeta de la victoria del Señor. Dios quiere darles mucho más, pero ellos nunca se adentran en esa victoria mayor. Este pasaje nos desafía a dar un paso adelante en fe para que Dios nos conceda victorias aún mayores. La limitación no se halla en Dios, sino en nuestra disposición a recibir de Él todo lo que Él nos quiere dar. Joás se contentó con demasiado poco. Que nunca caigamos nosotros en esa misma trampa.

Joás murió y fue sepultado con sus ancestros en Samaria. Los demás acontecimientos de su reinado quedaron registrados en la historia de los reyes de Israel (versículos 12 y 13). Su hijo Jeroboam ocupó el trono en su lugar. Aunque no quisiéramos interpretar demasiadas cosas a partir del nombre Jeroboam, el hijo de Joás, resulta interesante ver que llevaba el mismo nombre del primer rey de Israel después de su división, el cual desvió el corazón del pueblo de Dios y lo condujo a la adoración de los becerros de oro. Este pudiera ser un indicio de cuál era la adhesión religiosa de Joás al nacer su hijo.

En esa época, el profeta Eliseo murió y fue sepultado. En una ocasión, mientras algunos israelitas estaban sepultando el cadáver de un hombre, fueron sorprendidos por una banda armada de moabitas. En su prisa por escapar de estos invasores, arrojaron el cuerpo en la tumba del profeta Eliseo. Cuando el muerto tocó los huesos de Eliseo, revivió, y se levantó sobre sus pies (versículo 21).

Este es un pasaje importante y nos enseña algo trascendental sobre el profeta y el poder de Dios. En ese momento Eliseo estaba muerto. No poseía ningún poder propio. No podía pensar ni actuar, y, aun así, sus huesos muertos le devolvieron la vida a ese hombre. Esto nos demuestra que el poder no estaba ni en Eliseo ni en su capacidad. El poder del que Eliseo disfrutaba provenía de Dios. Muchas personas podrían usar este pasaje para mostrar que hay poder en los huesos o en las vestimentas de santos fallecidos. Pero no es eso lo que el pasaje pretende enseñarnos. Toda sanidad proviene de Dios. El pasaje pretende mostrarnos que el poder de Dios no tiene por qué demostrarse únicamente a través de grandes hombres y mujeres de fe. Él puede demostrar Su poder de la forma que Él desee.

Aunque es importante que caminemos con Dios y que vivamos en obediencia, tenemos que comprender que los grandes logros que se obtienen no se alcanzan gracias a nosotros, sino gracias al poder de Dios, y a Su decisión de usarnos. Debemos cuidar de vivir para Dios, y de desarrollar los dones que Él nos ha dado, pero debemos saber también que Dios puede usar incluso los huesos secos de un profeta para lograr Sus propósitos. Él no depende de nuestra habilidad a la hora de usar nuestros dones. Este pasaje debería darnos una lección de humildad. Si usted cree que Dios lo está usando porque usted es muy espiritual y porque ha desarrollado mucho sus dones, lea de nuevo este pasaje. Dios usó los huesos de Eliseo para demostrarnos que ni nuestra madurez espiritual, ni nuestras habilidades nos ayudarán a ganar la batalla, sino solo Su poder.

El capítulo 13 concluye refiriéndose al rey que Dios había estado usando para juzgar a Israel. Hazael de Siria había estado oprimiendo a Israel. Había sido una espina en el costado de Israel por mucho tiempo (versículo 22). Pero aunque Hazael oprimió a Israel, no alcanzó una victoria total en su lucha contra ellos. Dios lo restringió. A pesar de la rebeldía de Israel, Dios tenía misericordia de él. Lo hacía a causa de Su pacto con Abraham, Isaac y Jacob (versículo 23). A pesar de su rebelión contra Él, Dios se negaba a abandonar a Israel.

Hazael, el rey de Siria, falleció, y reinó en su lugar Ben-adad su hijo (versículo 24). Joás tuvo éxito al tratar de reconquistar las ciudades que Siria había tomado de Israel, y derrotó a Ben-adad 3 veces, conforme a la palabra del profeta Eliseo.

Para meditar:

- ¿Qué evidencia hallamos en este pasaje de que Dios está dispuesto a bendecir incluso a aquellos cuya motivación no siempre es correcta?
- ¿Qué nos enseñan las palabras que Eliseo le dijo a Joás sobre las saetas? ¿Hasta qué punto está usted aferrándose a la victoria que es suya por medio del Señor Dios?
- ¿Qué lección debemos aprender del hombre que revivió al tocar los huesos de Eliseo? ¿Depende Dios de nuestras habilidades y madurez para cumplir Sus propósitos? ¿Por qué recibimos una lección de humildad a través de este pasaje?

Para orar:

- Agradézcale al Señor por usarlo tal y como usted es. Pídale que lo perdone por las ocasiones en las que, de alguna manera, creyó que su éxito en el ministerio se debía a sus propias habilidades y madurez. Agradézcale por recordarle que toda bendición dentro del ministerio proviene de Su poder, que se derrama a través de siervos inútiles.
- Agradézcale al Señor porque no nos abandona, ni siquiera cuando nos alejamos de Él. Agradézcale por Su fidelidad hacia usted, a pesar de su pecado.
- Pídale al Señor que le enseñe a ser cada día más obediente a Su palabra y a la dirección de Su Espíritu Santo.

34 - AMASÍAS Y AZARÍAS DE JUDÁ; Y JOÁS Y JEROBOAM, HIJO DE JOÁS, DE ISRAEL

Leer 2 Reyes 14:1-29

Amasías de Judá

Amasías se convirtió en rey de Judá cuando tenía 25 años. Reinó durante 29 años desde la ciudad de Jerusalén (versículos 1 y 2). Fue un buen rey, pero siguió el ejemplo de su padre Joás, quien sirvió al Señor mientras el sacerdote Joiada vivió, pero que se apartó del Señor tras su muerte. Amasías no eliminó los lugares altos de la tierra, donde la nación seguía sirviendo a dioses foráneos (versículo 4).

Una de las primeras cosas que Amasías hizo como nuevo rey de Judá fue deshacerse de los que habían asesinado a su padre (ver 2 Reyes 12:21). Este proceder le habría asegurado su posición como rey. Percatémonos, al leer el versículo 4, de que Amasías no dio muerte a los hijos de los asesinos, a fin de obedecer lo que estaba escrito en el Libro de la Ley de Moisés. Esta ley ha quedado registrada en Deuteronomio 24:16.

> *"Los padres no morirán por los hijos, ni los hijos por los padres; cada uno morirá por su pecado."*

Amasías hubiera podido sentir la tentación de exterminar a la familia completa de aquellos que habían asesinado a su padre, pero obró con moderación en este asunto, por respeto a la palabra de Dios. Esto nos habla sobre su carácter y su forma de pensar en ese momento de su reinado.

Amasías se destacó también por su batalla contra los edomitas. En el versículo 7 vemos que derrotó a 10,000 edomitas en el Valle de la Sal y capturó la ciudad de Sela (ver también 2 Crónicas 25:11-12). Él renombró la ciudad, llamándola Jocteel.

Durante el reinado de Amasías, la relación entre Israel y Judá fue tensa. Vemos evidencias de esto en el versículo 8, donde Amasías envía mensajeros a Joás, el rey de Israel, desafiándolo a encontrarse con él cara a cara en la batalla.

El rey de Israel le envió una respuesta a Amasías en los versículos 9 y 10. Su respuesta fue en forma de parábola:

"El cardo que está en el Líbano envió a decir al cedro
que está en el Líbano: Da tu hija por mujer a mi hijo.
Y pasaron las fieras que están en el Líbano, y
hollaron el cardo. Ciertamente has derrotado a
Edom, y tu corazón se ha envanecido; gloríate pues,
mas quédate en tu casa. ¿Para qué te metes en un
mal, para que caigas tú y Judá contigo?"

Esta respuesta de Joás es un tanto difícil de entender. Vamos a desmenuzarla para poder comprender el significado de este desafío que le lanzó a Amasías. En la respuesta de Joás existen dos personajes.

En primer lugar, tenemos al cardo del Líbano. El cardo es una planta espinosa nociva. Esta planta representaba a Amasías, el rey de Judá.

En segundo lugar, tenemos al cedro del Líbano. Se trata de un árbol majestuoso, y muy diferente al cardo. Este cedro representaba a Joás. En su carta, el rey Joás estaba insultando a Amasías, llamándole cardo insignificante.

Percatémonos de que el cardo, (Amasías) le pide al cedro (Joás) que le dé a su hija en matrimonio para su hijo. Para comprender esto, tenemos que verlo en el contexto de la parábola de Joás. Él se refiere a sí mismo como a un majestuoso árbol de cedro, y compara a Amasías con un cardo insignificante y mísero. ¿Qué derecho tendría el mísero cardo de exigir que el majestuoso cedro le diese a su hija? Era un insulto para el cedro que un simple cardo se considerara digno de pedir la mano de su hija. Joás pensaba que Amasías estaba siendo orgulloso y arrogante. Él había derrotado a Edom, y ahora pensaba que era alguien importante (ver el versículo 10). Joás le recordó que él seguía viéndolo como un desdeñable cardo.

Por último, observemos que pasaron fieras y hollaron al cardo. El cardo, que se sentía tan importante, sería hollado y aniquilado por fieras salvajes que andaban por el bosque. Para Joás, Amasías era una amenaza insignificante para él y para su reino. Lo derrotaría fácilmente.

Joás le dijo claramente a Amasías que, por haber derrotado a Edom, Amasías se había vuelto arrogante (versículo 10). Le dijo que se quedara en Judá y se regocijara en su éxito, pero que no debía salir de su nación, a menos que quisiera ser derrotado y humillado por Israel.

Pero Amasías no hizo caso a la advertencia de Joás. Por ello, Joás cumplió con su amenaza. Atacó a Amasías, dispersó a su ejército y capturó al rey (versículo 13). Luego abrió una brecha de unos 200 metros en el muro de Jerusalén y tomó el oro, la plata y los artículos que había en el templo. Después saqueó el tesoro del palacio, tomó rehenes y se volvió a Samaria (versículo 14). Los demás hechos que ejecutó Joás durante su vida y su reinado quedaron registrados en el libro de los anales de los reyes de Israel (versículo 15). Murió y fue sepultado en la ciudad de Samaria con su familia (versículo 16). Su hijo Jeroboam ocupó el trono de Israel en su lugar.

La derrota y saqueo de Jerusalén por parte de Israel fueron obviamente muy humillantes para Amasías. Dios quebrantó su orgullo. Judá se debilitó durante su reinado. Algunos individuos en Jerusalén conspiraron contra él y tuvo que huir a Laquis. Los conspiradores lo hallaron en Laquis y lo mataron allí. Su cuerpo fue sepultado en la ciudad de Jerusalén, y su hijo Azarías ocupó su lugar en el trono (versículo 21).

Jeroboam, Hijo de Joás, de Israel

Tras la muerte del rey Joás de Israel, Jeroboam se convirtió en rey (versículo 23). Reinaría durante 41 años en Samaria. Pero anduvo en los caminos de Jeroboam, quien condujo a la nación a la adoración de los becerros de oro (versículo 24). Lo que resulta particularmente interesante sobre la vida de Jeroboam el hijo de Joás, es que, a pesar de sus hábitos pecaminosos, en su reinado se puso en evidencia la bendición de Dios. Él restauró territorios que a Israel le habían sido arrebatados. El versículo 25 nos dice que estos límites fueron restaurados conforme a la palabra profética dicha por el profeta Jonás. No poseemos registros de esta profecía específica de Jonás.

Al leer el versículo 26 comprendemos que cuando Jeroboam, el hijo de Joás llegó al poder, la nación de Israel estaba sufriendo amargamente. Israel era el culpable de su propio sufrimiento, por haberse negado a honrar al Señor Dios. Le habían dado la espalda a Él para servir a Baal y a los becerros de oro. Pero como Dios seguía amando a Israel, a pesar de su rebelión, tuvo compasión de ellos, y los salvó por mano de Jeroboam hijo de Joás (versículo 27).

Resulta muy importante ver lo que Dios estaba haciendo aquí. Estaba mostrándole compasión a un pueblo que había estado sirviendo a otros dioses. No lo rechazó, aun cuando le había dado la espalda. Su corazón estaba entristecido a causa de lo que los israelitas estaban haciendo, pero aun así los amaba, y cuando vio su necesidad, actuó de forma compasiva para con ellos. ¿Tiene usted hermanos y hermanas en Cristo que se han apartado y han provocado su propio sufrimiento? ¿Cuál ha sido su reacción ante esta situación? ¿Les ha dado la espalda, diciendo, "Ellos son los culpables de su sufrimiento, y hasta que no se arrepientan no tendré compasión de ellos"? ¿O ha actuado usted como el Señor Dios, dándoles una mano cuando aún están en pecado y rebelión, y demostrándoles su amor y cuidado en su necesidad?

Jeroboam, hijo de Joás, no fue un buen rey, pero Dios lo usó para devolverle a Su pueblo algunas bendiciones en un momento de tremendo sufrimiento. Dios vio cómo el pecado estaba destruyendo la nación y tuvo compasión de ella. Esto demuestra que Dios sabe cuánto podemos soportar, y a veces nos ayuda, aun cuando no lo merezcamos.

Jeroboam, hijo de Joás, experimentó también varias victorias militares y recobró más territorios que le pertenecían a Israel, incluyendo las ciudades de Damasco y de Hamat (versículo 28). Los detalles de su reinado quedaron registrados en los anales de los reyes de Israel. Murió y fue sepultado con sus padres, los reyes de esa nación. Su hijo Zacarías ocupó su lugar en el trono de Israel.

Para meditar:

* ¿Por qué el orgullo de Amasías se convirtió en su perdición? ¿Cuál fue el gran logro que hizo que se envaneciera?

- ¿Ha sentido usted alguna vez la tentación de volverse orgulloso? ¿De qué logros personales se siente usted orgulloso hoy? ¿Impiden estos logros que usted confíe en Dios y en Su capacitación?
- Dios usó a Jeroboam hijo de Joás, de Israel, a pesar de su renuencia a honrarlo. ¿Qué nos enseña este relato sobre Jeroboam hijo de Joás acerca de la compasión de Dios hacia Su pueblo que está en pecado?
- ¿A qué tipo de persona puede Dios usar? ¿Por qué esto constituye una lección de humildad para nosotros?

Para orar:

- Dedique unos momentos a agradecerle al Señor por la forma en la que lo ha usado. Dele la gloria por la sabiduría, la fuerza y la capacitación que Él le ha dado para lograr estas cosas.
- Agradézcale a Dios por poder usarnos a pesar de nuestros defectos y pecaminosidad.
- Pídale al Señor que le dé un corazón humilde. Pídale que le muestre si, de alguna manera, usted ha permitido que el orgullo avance furtivamente en su vida.

35 - AZARÍAS Y JOTAM DE JUDÁ; ZACARÍAS, SALUM, MANAHEM, PEKAÍA Y PEKA DE ISRAEL

Leer 2 Reyes 15:1-38

Azarías de Judá

Comenzaremos con algunos comentarios acerca del reinado del rey Azarías de Judá. El rey Azarías también es conocido en las Escrituras como Uzías. Fue rey en Judá cuando Jeroboam hijo de Joás era rey de Israel. Azarías tenía 16 años cuando comenzó su reinado, que duró 52 años (versículo 2). El versículo 3 lo describe como un rey bueno que sirvió al Señor, pero que no eliminó los lugares altos paganos de la tierra. El pueblo de Judá continuó ofreciendo sacrificios extraños a otros dioses en los altares de los lugares altos.

Azarias estaba aquejado de lepra. Si hacemos una lectura rápida de 2 Crónicas 26:16-21, vemos que el corazón de Azarías (Uzías) se enalteció y fue al templo a ofrecer sacrificios que solo los sacerdotes podían ofrecer. Cuando los sacerdotes lo confrontaron por lo que estaba haciendo, se enojó con ellos. El Señor lo hirió con lepra por esta blasfemia.

A causa de su lepra, Azarías tuvo que vivir en dependencias separadas, lejos de su familia. Su hijo Jotam cuidó del palacio y gobernó al pueblo en nombre de su padre, hasta su muerte. Tras su fallecimiento, Jotam ocupó su lugar como rey (versículos 6 y 7).

Zacarías de Israel

Zacarías fue rey de Israel durante el reinado de Azarías de Judá. Solo reinaría 6 meses en Samaria (versículo 8). Fue un rey malvado que adoró a los becerros de oro de Jeroboam (versículo 9). Contra él surgió una conspiración dirigida por un hombre llamado Salum (versículo 10). Salum asesinó a Zacarías públicamente y reinó en su lugar (versículo 10). Este asesinato y esta conspiración dieron cumplimiento a la profecía del Señor que había sido dada al rey Jehú de Israel. Jehú había dado fin a la adoración a Baal en Israel. Por ello, el Señor le había prometido que sus hijos reinarían en Israel hasta la cuarta generación (ver 2 Reyes 10:30). Zacarías pertenecía a la cuarta generación de la familia de Jehú que había reinado. Durante 4 generaciones Dios había protegido al linaje de Jehú, a causa de su fidelidad al eliminar la adoración de Baal de la tierra. Ahora que la promesa había sido cumplida, esta familia ya no reinaría más en Israel.

Salum de Israel

Salum le quitó el reino a Zacarías por la fuerza. Se convirtió en rey de Israel tras asesinar a Zacarías. Reinaría en Samaria durante solo un mes (versículo 13). Fue asesinado por Manahem (versículo 14). Obviamente, en Israel había un gran descontento y mucha inestabilidad política en esa época.

Manahem de Israel

Como rey de Israel, Manahem atacó las ciudades de Tirsa y Tifsa. El versículo 16 describe la personalidad de Manahem. Tras atacar a Tifsa, abrió el vientre a todas sus mujeres que estaban encintas, demostrando así su crueldad. Manahem se convirtió en rey de Israel y reinó desde Samaria durante 10 años (versículo 17). Hizo lo malo delante del Señor y sirvió a los becerros de oro (versículo 18).

Durante el reinado de Manahem, el rey asirio Pul (conocido también como Tiglat-pileser) invadió a Israel. Manahem le dio 1000 talentos de plata (37 toneladas) para obtener su apoyo. Para poderle pagar esta suma de dinero a Pul, Manahem exigió que cada hombre adinerado de Israel contribuyera con 50 siclos de plata (0.6 kilogramos) para el rey de Asiria. Cuando hubo recibido esa suma de dinero, Pul retiró de Israel a sus ejércitos (versículo 20).

Bajo el reinado de Manahem, la nación de Israel se debilitó. Él murió y fue sepultado con sus ancestros, dejando en el trono a su hijo Pekaía (versículos 21 y 22).

Pekaía de Israel

Pekaía fue rey de Israel durante dos años. Sirvió a los becerros de oro y le dio la espalda al Señor Dios. En el versículo 25 vemos que uno de sus funcionarios, un hombre llamado Peka, conspiró contra él. Tomando consigo a 50 hombres, Peka asesinó a Pekaía en la ciudadela del palacio real en Samaria (versículo 25). Peka ocupó el trono en lugar de Pekaía.

Peka de Israel

Peka reinó durante 20 años en Samaria (versículo 27). Al igual que los reyes que habían reinado antes que él, sirvió a los becerros de oro que Jeroboam había establecido cuando Israel se separó de Judá.

Durante el reinado de Peka, Tiglat-pileser de Asiria comenzó a apoderarse de muchas ciudades de Israel y a enviar cautivos al exilio (versículo 29). Ese fue el comienzo de una larga batalla con Asiria, que terminó cuando los israelitas fueron obligados a abandonar su tierra y pasar 70 años en el exilio. Desde sus inicios como nación independiente, y tras separarse de Judá, los reyes de Israel le habían dado la espalda al Señor Dios de forma sistemática, escogiendo servir a Baal y a los becerros de oro. La hora de su juicio estaba llegando. Dios usaría a Asiria como instrumento para juzgar a Israel. El rey Peka fue asesinado por Oseas, quien ocupó el trono como rey de Israel (versículo 30).

En Israel había una inestabilidad enorme en esa época. En un período de 33 años, 4 reyes, de un total de 5, habían sido asesinados. Asiria había atacado dos veces. Durante el primer ataque del rey asirio, el rey Manahem le había dado una enorme cantidad de dinero, debilitando la economía de la tierra. La segunda vez que Asiria atacó, Tiglat-pileser tomó el control de muchas ciudades de Israel (incluyendo toda la región de Neftalí). Asiria también llevó cautivos a muchos israelitas, obligándolos a abandonar su tierra. Las cosas no andaban bien en la nación de Israel.

Jotam de Judá

En la nación de Judá había una estabilidad mucho mayor. El rey Azarías había reinado durante 52 años en la nación. Su hijo Jotam reinó durante 16 años en Jerusalén (versículo 33). Jotam sirvió al Señor, al igual que su padre Uzías (Azarías), aunque no eliminó los lugares altos paganos de la tierra. A Jotam se le atribuye la reconstrucción de la puerta superior del templo del Señor (versículo 35).

Durante el reinado de Jotam, el Señor comenzó a enviar enemigos contra Judá también. Tanto Rezín de Siria como el rey Peka de Israel le ocasionaron problemas a Judá en esta época de su historia (versículo 37). Jotam murió y fue sepultado con sus ancestros en la ciudad de David (versículo 38).

Para meditar:

- Se dice que los reyes de Judá fueron buenos reyes. En otras palabras, sirvieron al Señor Dios. Pero estaban, a la vez, muy lejos de ser perfectos en su relación con Dios. Azarías se enalteció. Además, ni Azarías ni Jotam eliminaron los lugares altos de la tierra de Judá. Dedique unos instantes a reflexionar acerca de su relación con el Señor. ¿Qué aspectos de su vida necesitan alinearse con los propósitos de Dios?
- El orgullo condujo a Azarías (Uzías) a la perdición. ¿Batalla usted contra el orgullo en su vida?
- ¿Qué nos dice este capítulo sobre la inestabilidad de Israel en ese momento de su historia? ¿Cuál era el vínculo que existía entre la situación espiritual de Israel y el estado de su política? ¿Podemos establecer en la actualidad esa misma conexión en nuestras vidas?

Para orar:

- Pídale al Señor que escudriñe su corazón, y le muestre aquellas áreas de su vida que usted necesita entregarle a Él de una forma más absoluta.
- Pídale al Señor que se mueva con poder y transforme la vida espiritual de su comunidad, para que esté en mayor sintonía con Sus propósitos.
- Pídale a Dios que su comunidad se percate de la futilidad de buscar de otros dioses. Agradézcale a Dios, porque Él bendice a aquellos que solo le sirven a Él.
- Agradézcale al Señor porque Él ayuda incluso a aquellos que menos lo merecen, y los colma de Sus bendiciones. Pídale que nos enseñe a estar agradecidos por esa misericordia.

36 - ACAZ, REY DE JUDÁ

Leer 2 Reyes 16:1-20

El capítulo 16 tiene que ver con el rey Acaz de Judá. Él se convirtió en rey de Judá durante la época en la que Peka fue rey de Israel. Acaz no sirvió al Señor Dios. Muchos de los reyes de Judá reconocían y honraban al Señor Dios, aunque no de todo corazón. Acaz fue diferente. Él se convirtió en rey cuando tenía 20 años (versículo 2). Escogió andar tras los pasos de los reyes de Israel, y hasta llegó a pasar a su hijo por fuego según los rituales paganos de las naciones que el Señor había expulsado de la tierra (versículo 3). Ofreció sacrificios y quemó incienso a los dioses falsos en los lugares altos y debajo de todo árbol frondoso en Judá. Acaz practicó abiertamente el mal y la rebelión contra el Dios de sus padres. Aunque esto era común en Israel, no era tan común en Judá. Sus acciones pecaminosas provocaron que Dios enviara naciones enemigas contra él.

En el versículo 5, Rezín el rey de Siria, y Peka, el rey de Israel, marcharon contra Judá. Acaz no pudo hacer nada para impedirlo (versículo 5). Rezín recuperó la ciudad de Elat para Siria, sacando de ella a todos los hombres de Judá. Los edomitas fueron a habitar en la ciudad (versículo 6). Las acciones pecaminosas de Acaz debilitaron tanto a la nación que no pudo hacerles frente a sus enemigos.

Por ello, Acaz le pidió a Tiglat-pileser, el rey de Asiria, que lo ayudase (versículo 7). Acaz no buscó del Señor Dios. Prefirió buscar apoyo en los asirios. Para garantizar el apoyo de los asirios, Acaz tomó el oro y la plata del templo y del tesoro real y se los entregó como regalo al rey de Asiria (versículo 8). Tiglat-pileser accedió a socorrer a Judá y atacó a la ciudad de Damasco, llevó cautivos a los moradores a Kir, y mató a Rezín de Siria (versículo 9).

Cuando Acaz fue a Damasco a encontrarse con Tiglat-pileser, vio un altar allí. Se trataba obviamente de un altar pagano, empleado para adorar a los dioses de esa ciudad (versículo 10). Acaz quedó tan impresionado con este altar, que le envió al sacerdote Urías el diseño y la descripción del mismo para que fuese construido en Judá.

Urías construyó un altar conforme al diseño que Acaz le había enviado. Cuando Acaz regresó de Damasco, ya Urías había finalizado la construcción (versículo 11). Al ver el altar, el rey estuvo satisfecho con su construcción y presentó una ofrenda quemada y una ofrenda de grano en este nuevo altar. También derramó una ofrenda líquida y roció sobre el altar la sangre de ofrendas de paz.

Acaz luego tomó el altar de bronce que estaba en el templo y lo colocó en el lado norte del altar nuevo. Al hacerlo, evidentemente estaba desplazando el altar del Señor a un segundo lugar, y dándole el primer lugar a este altar nuevo que ahora ocupaba un lugar prominente dentro del templo. Al usar este altar extraño dentro del templo, estaba profanando el templo.

Este altar de bronce jugaba un papel muy importante dentro del templo para la adoración a Dios. Era el lugar donde se ofrecían sacrificios por los pecados del pueblo. Era, en muchos sentidos, un símbolo de la obra sacrificial del Señor Jesús, quien moriría por los pecados de Su pueblo. Acaz había sustituido ese altar con uno suyo. Lo mismo ocurre en nuestra época.

Muchas personas se sienten ofendidas por el mensaje del evangelio y el sacrificio del Señor Jesús. Predican otro mensaje; uno que es menos ofensivo para los oídos humanos.

Acaz le ordenó al sacerdote Urías que ofreciera en ese altar el holocausto de la mañana y la ofrenda de grano de la tarde, y el holocausto del rey y su ofrenda de grano, y asimismo el holocausto de todo el pueblo de la tierra. Le dijo a Urías que él usaría el altar de bronce para buscar la dirección del Señor (versículo 15). Urías siguió al pie de la letra las órdenes del rey.

Percatémonos aquí de que el sacerdote no estaba tomando partido por el Señor, sino que estaba cediendo ante los deseos del rey. Ni el rey ni el sacerdote estaban dispuestos a deshacerse del altar de bronce que el Señor le había ordenado hacer a Moisés, pero éste ya no era parte primordial dentro de la adoración. El nuevo altar se había vuelto más importante. ¡Cuán fácil nos resulta reemplazar los mandatos y las prioridades de Dios con los nuestros! No se trata de que queramos deshacernos de Dios ni de Su palabra, sino de que ya no ocupan un lugar primordial en nuestra adoración y vida cristianas. Hemos sustituido el altar de bronce con otro que es más agradable a la vista humana. Es innumerable la cantidad de iglesias que han caído en el pecado de Acaz. Han apartado a Dios y a Su palabra, para dar paso a cosas que según ellos, serán más agradables a la vista de aquellos que van a la iglesia a adorar.

Tras reemplazar el altar de bronce con su propio altar, Acaz quitó los tableros y fuentes de las basas que se usaban para la adoración en el templo (ver 1 Reyes 7:27-29 para leer la descripción de estas basas y de sus tableros laterales). Quitó además el "mar" (una fuente de agua donde los sacerdotes se lavaban) de la base de bronce y lo puso sobre un suelo de piedra (versículo 17). Obviamente, Acaz estaba extrayendo todo lo que fuese de valor, posiblemente para poder pagarle al rey de Asiria. Para lograr su objetivo, despojó al templo de todos sus objetos de valor. Todos los utensilios del templo fueron desapareciendo, uno a uno.

Observemos que Acaz también eliminó todo aquello que resaltara su condición como rey. El versículo 18 nos dice que eliminó el pórtico para los días de reposo, que habían edificado en el templo. Esto puede hacer referencia a un tipo de toldo por debajo del cual él pasaba a la hora de entrar al templo a adorar. Quitó también el pasadizo de afuera, por donde él caminaba al entrar en el templo. Todas estas cosas realzaban su dignidad y realeza como monarca. Pero ahora que habían sido eliminadas, él entraría en el templo como cualquier otro individuo. Es posible que todas estas cosas fuesen eliminadas como símbolo de su nueva sumisión al rey de Asiria. Él había dejado de ser un verdadero rey, y se había convertido en súbdito del rey Tiglat-pileser de Asiria. La gran nación de Judá se había debilitado y estaba indefensa. Bajo los reinados de David y Salomón había sido una nación poderosa, pero ahora estaba indefensa ante sus enemigos. La nación no había servido al Señor de todo su corazón, y ahora estaba afrontando las consecuencias.

Como creyentes, somos reyes y sacerdotes delante de Dios (ver 1 Pedro 2:9). Por ello, poseemos la autoridad de Dios en este mundo. Sin embargo, en numerosas ocasiones no ejercemos esa autoridad. En lugar de reinar con Cristo, escogemos, al igual que Acaz, someternos a otros reyes. En lugar de vencer a aquellos a quienes Dios nos ha llamado a someter, vivimos sojuzgados por ellos. La imagen de Acaz es una imagen de derrota. Es la imagen de un rey que renunció a su autoridad. Esta imagen la encontramos hoy en muchas personas y con demasiada frecuencia en la iglesia de Jesucristo.

Es esto lo que el autor de 2 Reyes desea que recordemos acerca del reinado de Acaz. Él fue un rey que le dio la espalda a Dios, e hizo que su pueblo se sometiera al rey de Asiria. No buscó al Señor, sino que escogió ignorar Sus propósitos. Sustituyó la adoración instituida por Dios por sus propias ideas.

El altar fue quitado de su lugar legítimo, y el templo fue despojado de sus riquezas. Su confianza no estaba depositada en el Señor

Dios, sino en Asiria, nación que finalmente acabaría venciéndolos y enviando a todo Israel al exilio. Israel se involucró con el enemigo y sufrió las consecuencias.

La historia de Acaz es un recordatorio del precio que hay que pagar cuando nos sometemos al enemigo. Nos recuerda lo que ocurre cuando intentamos hacer las cosas a nuestra manera, y no prestamos atención a lo que Dios tiene reservado para nosotros. Acaz murió y fue sepultado con sus padres en la ciudad de David. Su hijo Ezequías gobernó en su lugar, como rey de Judá. Él le dejó a su hijo Ezequías una nación debilitada y dominada por Asiria.

Para meditar:

- ¿De qué manera el pecado de Acaz debilitó a la nación de Judá? ¿De qué forma puede la situación espiritual de una nación influir en su política y su prosperidad?
- Acaz no buscó del Señor en su momento de necesidad. ¿Alguna vez se ha sentido usted tentado a buscar ayuda en otras fuentes en su momento de necesidad? Fundamente su respuesta.
- El rey Acaz se sintió impresionado con el altar pagano que vio en Damasco. ¿Se ha percatado usted alguna vez de que está anhelando las cosas de este mundo? ¿Cuáles son las cosas específicas que más lo tientan?
- El sacerdote Urías actuó más como siervo del rey que como siervo de Dios. ¿De qué manera mostró su debilidad como sacerdote en este capítulo, contribuyendo así a la maldad de la nación?
- Acaz reemplazó el altar de bronce con un altar propio. ¿Hasta qué punto nos sentimos tentados en la actualidad a comprometer el mensaje del evangelio?

Para orar:

- Pídale a Dios que escudriñe su corazón, para ver si usted ha comprometido su fe de alguna manera hoy. Pídale que lo ayude a vivir para Él con fidelidad.
- Pídale al Señor que lo ayude a resistir las atractivas tentaciones de este mundo, para que pueda serle fiel a Él y a Sus propósitos solamente.
- Pídale a Dios que le dé discernimiento a Su iglesia, para que ésta pueda detectar y derrotar cualquier mensaje falso que intente reemplazar la verdad del evangelio.
- Pídale a Dios que lo ayude a vivir como hijo Suyo, con una autoridad y un poder que venzan al mundo y a sus tentaciones.

37 - REBELDE HASTA EL FIN

Leer 2 Reyes 17:1-41

Una de las cosas que hemos visto en la historia de Israel como reino del norte, mientras duró la división entre los dos reinos, es que le dio la espalda a su Dios de forma sistemática. Desde el momento en el que se separó de Judá, cuando reinaba Jeroboam, hasta su exilio en la tierra de Asiria, no tuvo un solo rey que anduviese en los caminos del Señor Dios de todo corazón. En lugar de ello, eligió servir a Baal y a los becerros de oro.

Mientras Acaz reinaba en Judá, Oseas se convirtió en rey de Israel. Gobernó durante 9 años en Samaria, la capital. Anduvo tras la costumbre de los reyes de Israel y le dio la espalda al Señor. Sin embargo, no fue tan impío como los reyes que gobernaron antes que él (versículo 2).

Durante el reinado de Oseas, el rey Salmanasar de Asiria atacó a Israel y lo hizo pagar tributos (versículo 3). Sin embargo, el rey Salmanasar descubrió posteriormente que Oseas había estado buscando el apoyo de Egipto contra él, y no había estado pagándole el dinero de los tributos. Por ello, Salmanasar lo mandó a prisión (versículo 4). Invadió también a Israel, y puso sitio a la ciudad de Samaria durante 3 años (versículo 5). Por último, en el noveno año del reinado de Oseas, Asiria capturó la ciudad de Samaria y envió a los israelitas a Asiria. Éstos se asentaron en Halah, en las márgenes del río Habor, así como en los pueblos de los medos. Esto significó que el pueblo de Israel dejó de vivir en su propia tierra. Dios le quitó la tierra a causa de su pecado y rebelión.

El autor del libro de Reyes creyó que era importante que el pueblo supiese los motivos por los cuales Dios lo sacó de la tierra que Él les habían prometido a sus ancestros. El versículo 7 nos dice que los israelitas perdieron la tierra porque habían pecado contra el Señor Dios que los había sacado de la tierra de Egipto. En Egipto habían sido esclavos y habían sufrido una cruel opresión. Dios los había liberado, y les había dado una tierra propia. Pero los israelitas habían escogido darle la espalda al Señor, para servir a otros dioses, imitando las prácticas malvadas de las naciones que el Señor había sacado de delante de ellos (versículo 8). No solo adoptaron las malvadas costumbres de esas naciones, sino que también introdujeron sus propias perversidades. Esto fue particularmente cierto en el caso de Jeroboam, quien introdujo la religión de los dioses becerros.

En el versículo 9, el autor le recuerda a Israel que había pecado secretamente contra Dios. Esto no significaba que Dios no podía ver lo que hacía. Aquí el texto más bien hace referencia al hecho de que el pueblo de Israel hacía estas cosas en privado. Construía lugares altos para adorar dioses extranjeros en sus ciudades. Levantó estatuas e imágenes de Asera en todo collado alto, y debajo de todo árbol frondoso, (versículo 10). En esos lugares altos, los israelitas quemaban incienso a los dioses de la nación que había sido traspuesta delante de ellos. Al hacerlo, provocaban a ira al Señor (versículo 11).

El Señor les dijo que no debían adorar ídolos, pero Israel no escuchó (versículo 12). Les advirtió a través de los profetas que se volviesen de sus malos caminos y observaran Sus mandamientos y ordenanzas, pero ellos no prestaron atención a las palabras de esos profetas (versículos 13 y 14). En el versículo 14 se describe a Israel como un pueblo duro de cerviz, que no podía ver nada, excepto lo que deseaba ver. Israel rechazó a Dios y Sus ordenanzas a pesar de las advertencias de los profetas. Escogió servir a ídolos inservibles. Como consecuencia, la nación se volvió inútil para Dios. Israel imitó a las naciones que estaban alrededor de él, desechando los estatutos de Dios (versículo 15).

Israel dejó todos los mandamientos de Dios, y se hizo dos ídolos en forma de becerros, y también hizo una estaca de Asera, y adoró a todo el ejército de los cielos, y sirvió a Baal (versículo 16). Sacrificaban a sus hijos e hijas en el fuego y practicaban la magia y la hechicería. Estas cosas airaron en gran manera al Señor (versículo 17).

La ira del Señor se encendió contra Israel debido a toda esta maldad, así que los sacó de Su presencia. Solo Judá permaneció en la tierra prometida a sus padres (versículo 18). Pero Judá también era culpable de haberle dado la espalda a Dios. Judá también fue presa de las prácticas que Israel había introducido (versículo 19). Su exilio y deportación llegarían también. Dios entregaría a todo Su pueblo en mano de sus enemigos, para que fuese saqueado y arrojado de Su presencia por un tiempo (versículo 20).

En el versículo 21, el autor le recuerda al pueblo que cuando Israel y Judá se dividieron, bajo los reinados de Roboam y Jeroboam, el rey Jeroboam instó a Israel a apartarse de los mandatos y ordenanzas del Señor. Le dio al pueblo dos becerros de oro. Israel persistió en los pecados de Jeroboam hasta que el Señor los sacó de Su presencia, conforme a las palabras que Él había hablado a través de Sus profetas (versículos 22 y 23). Fue por ello que Israel fue deportado a Asiria.

Dios no fue injusto en Su sentencia. Él lo había hecho todo por Su pueblo. Durante cientos de años, Él había sido fiel a los israelitas, a pesar de su rebelión. Su paciencia era muy grande, pero era también un Dios de justicia y rectitud. Estaba castigando a Su pueblo por sus pecados. Fueron exiliados de su tierra y obligados a servir como esclavos en una tierra que no era la suya. Dios los había rescatado precisamente de la esclavitud en Egipto. Sus pecados los habían llevado de vuelta a esa servidumbre.

En el versículo 24 vemos lo que ocurrió en la tierra de Israel en ausencia del pueblo de Dios. Salmanasar, el rey de Asiria, llevó gente de Babilonia, de Cuta, de Ava, de Hamat y de Sefarvaim, y los puso en las ciudades de Israel para sustituir a los israelitas que habían sido exiliados a Asiria. La tierra que Dios le había dado a Su pueblo ahora había sido dada a otras naciones.

Resulta interesante observar que cuando estos nuevos moradores fueron a vivir a la región de Samaria, Dios envió leones para que los matasen (versículo 25). Esto se convirtió en un problema tan grande que se le envió un informe al respecto al rey de Asiria. Los que mandaban el informe creían que los leones estaban matando al pueblo porque no conocía la ley de los dioses de Israel. Le sugirieron que el problema podía solucionarse si se enviaban sacerdotes israelitas que instruyeran al pueblo en la fe de los judíos (versículo 26).

El rey asirio decidió enviar a Samaria a uno de los sacerdotes que habían llevado cautivos, para que le enseñase al pueblo "la ley del Dios del país" (versículo 27). El versículo 28 nos dice que uno de los sacerdotes regresó del exilio y fue a vivir a Bet-el, y le enseñó al pueblo cómo adorar al Señor.

No resulta claro cuáles fueron realmente las enseñanzas de este sacerdote. Hay que observar que Bet-el era uno de los centros donde se ubicaba el becerro de oro de Jeroboam (ver 1 Reyes 12:28-29). Cuando el rey estableció allí la adoración a los becerros de oro, sus sacerdotes no eran de la tribu de Leví, como Dios exigía (ver 1 Reyes 12:31). El versículo 28 nos dice, sin embargo, que este sacerdote les enseñó a los nuevos habitantes de Israel a adorar al Señor. Es posible que este sacerdote hubiese intuido los motivos que habían provocado el exilio del pueblo de Israel, e hiciese un esfuerzo por enseñarles los mandamientos del Dios de Abraham, Isaac y Jacob. Es evidente que cada uno de los grupos que el rey de Asiria había enviado a vivir en Israel había llevado consigo sus propios dioses. Ellos establecieron a esos dioses en la tierra. Aunque estaban aprendiendo los mandamientos del Dios de Israel, continuaban adorando a sus dioses paganos también. Los versículos 30 y 31 enumeran a los dioses que ellos adoraban en esa época en la tierra:

- Sucot-benot era el dios de Babilonia
- Nergal era el dios de Cuta
- Asima era el dios de Hamat
- Nibhaz y Tartac eran los dioses de los aveos

Los de Sefarvaim practicaban el sacrificio infantil, y quemaban sus hijos en el fuego para adorar a Adramelec y a Anamelec, sus dioses.

El pueblo adoraba al Señor Dios, pero también a todos esos otros dioses (versículos 32 y 33). Las naciones que habitaban en la tierra de Israel no servían únicamente al Señor Dios de Abraham, Isaac y Jacob (versículo 34). Mezclaban la fe de Israel con la suya propia. Deseaban la protección del Dios de Israel, pero también deseaban a sus propios dioses.

Cuando el Señor Dios sacó a Su pueblo de la tierra de Egipto, le había dicho que no debía adorar a ningún dios, ni inclinarse delante de ellos, ni servirles (versículo 35). Los israelitas debían adorar al Señor Dios que los había sacado de Egipto, y solo a Él (versículo 36). Debían obedecer Sus estatutos y mandamientos (versículo 37). No debían olvidar el pacto que habían hecho con el Señor su Dios, y debían apartarse de los demás dioses (versículo 38). Si honraban al Señor y lo adoraban solo a Él, Él los protegería y los libraría de las manos de sus enemigos (versículo 39). Pero Israel no había obedecido esos mandamientos. Adoraba al Señor, pero también servía a sus ídolos (versículos 40 y 41).

El Señor Dios fue justo al imponerles el castigo. Su pueblo había quebrantado el pacto que tenía con Él, había hecho caso omiso a todos los llamados al arrepentimiento, y servía a otros dioses. Su castigo estaba justificado. Dios lo había hecho todo por ellos. Había sido extremadamente paciente para con ellos, pero todo había sido inútil. Israel persistía en su desobediencia. Ahora sufriría las consecuencias de sus pecados. Su tierra le fue quitada, y entregada a otras naciones. Este capítulo muestra las terribles consecuencias del pecado. Israel perdió todo cuanto tenía por haberse apartado de Dios. Eso también nos puede suceder a nosotros.

Para meditar:

- Hemos leído que la tierra de Israel fue entregada a sus enemigos. ¿Qué territorios nuestros, como creyentes, han sido entregados a nuestros enemigos en la actualidad?
- ¿Qué conclusiones podemos sacar con respecto a la dureza de corazón que tenía Israel? ¿Existe evidencia de dureza en su corazón? ¿Existen aspectos de su vida que usted no está dispuesto a entregarle al Señor? ¿Cuáles son?
- ¿Estaba justificado el castigo que Dios le impuso a Israel? Fundamente su respuesta.
- ¿Qué evidencias existen de la paciencia de Dios para con Israel durante todo su período de rebeldía? ¿De qué forma ha sido Dios paciente con usted?
- Israel era propenso a mezclar la adoración a Dios con las prácticas de las naciones que le rodeaban. ¿Podríamos nosotros estar haciendo lo mismo hoy también? Fundamente su respuesta.

- ¿Por qué es importante que nos percatemos de que Dios es un Dios santo que juzga el pecado? ¿Qué esperanza tendríamos si Dios no juzgase el pecado y el mal?

Para orar:

- Pídale al Señor que nos ayude, como creyentes, a reclamar el territorio que hemos perdido por causa de nuestros pecados.
- Pídale a Dios que ablande su corazón, para que usted pueda escucharlo y obedecerlo cuando Él le hable.
- Agradézcale al Señor por Su paciencia para con nosotros.
- Agradézcale al Señor por ser un Dios santo, que juzga el pecado.
- Pídale a Dios que lo ayude a servirlo solo a Él. Pídale que elimine de su vida toda influencia que no le dé honra a Su nombre.

38 - EL JEFE COPERO DEL EJÉRCITO ASIRIO

Leer 2 Reyes 18:1-37

Ezequías se convirtió en rey de Judá cuando Oseas era rey de Israel (versículo 1). Tenía 25 años cuando comenzó su reinado. Gobernó durante 29 años en la ciudad de Jerusalén (versículo 2). Ezequías fue un buen rey, y sirvió al Señor de todo corazón. El versículo 3 nos dice que él anduvo conforme a todas las cosas que había hecho David. Se trata de un elogio extraordinario, pues pocos reyes pudieron alcanzar el grado de intimidad que David experimentó con Dios.

Ezequías llevó a cabo una gran limpieza en la tierra de Judá. El versículo 4 es muy importante. Percatémonos de que Ezequías quitó los lugares altos, y quebró las imágenes, y cortó los símbolos de Asera. Observemos también que él hizo pedazos la serpiente de bronce que había hecho Moisés, en el desierto (ver Números 21:8-9) porque el pueblo le quemaba incienso. Esta serpiente fue llamada Nehustán (que significa, sencillamente, "cosa de bronce").

En el versículo 4 debemos ver dos cosas. En primer lugar, percatémonos de que, aunque la nación de Judá no había caído tan profundamente en el pecado como lo había hecho la nación de Israel, seguían siendo culpables delante de Dios. Aunque muchos de sus reyes sirvieron al Señor hasta cierto punto, seguía habiendo mucho pecado en la tierra. Adoraban al Señor Dios en el templo, y aparentemente cumplían con sus deberes religiosos para con Él, pero también adoraban a otros dioses. Su fe no era pura. Sus corazones estaban divididos.

En segundo lugar, observemos que la serpiente de bronce que Dios le había dado para su bien, se había convertido en una piedra de tropiezo para Judá. No era el propósito de Dios que el pueblo adorara a la serpiente. En Números 21:8-9, Dios la usó como un instrumento para sanar a los que habían sido mordidos por serpientes en el desierto. Todo el que miraba a la serpiente de bronce en el asta, era sanado. Pero el pueblo de Dios había comenzado a adorar a esta serpiente de bronce. Debemos tener mucho cuidado, para no permitir que lo que Dios nos da para nuestro bien se convierta en un dios para nosotros. He visitado iglesias, en las que la teología se ha convertido en un dios. Otras iglesias parecen adorar el estilo de vida específico que han adoptado. En otras congregaciones adoran al edificio, o al pastor. Aunque estas cosas han sido ordenadas por Dios, y son buenas en sí mismas, pueden fácilmente convertirse en serpientes de bronce para nosotros. Solo Dios es digno de nuestra adoración y veneración.

Ezequías destruyó la serpiente de bronce. Tuvo que hacer uso de mucha valentía para hacerlo. Esta serpiente de bronce tenía un papel importante en la historia del pueblo de Dios. Dios había ordenado su fabricación. Dios la usó para sanar a numerosos ancestros de los israelitas. Pero Ezequías había visto que se había convertido en una piedra de tropiezo. Decidió destruir la serpiente para evitar que se usara de forma incorrecta. Jesús les dijo a sus oyentes en Mateo 5:30:

"Y si tu mano derecha te es ocasión de caer, córtala,
y échala de ti; pues mejor te es que se pierda uno de
tus miembros, y no que todo tu cuerpo sea echado al
infierno".

Era exactamente eso lo que estaba ocurriendo aquí. Ezequías estaba cortando algo bueno que se había convertido en un medio para que el pueblo de Dios pecase. A veces Dios debe lidiar con nosotros de forma severa, para eliminar aquellas cosas que se han convertido en dioses, y nos están apartando de la verdadera adoración a Su nombre.

Ezequías confiaba en el Señor. Ni después ni antes de él hubo otro como él entre todos los reyes de Judá, desde sus comienzos como nación (versículo 5). Siguió al Señor y no se apartó de Él (versículo 6).

Dios bendijo a Ezequías a causa de su fidelidad. El versículo 7 nos dice que en todo lo que hacía, prosperaba. Tuvo incluso éxito en su rebelión contra el rey de Asiria. Dios lo honró, porque él honró a Dios. Ezequías derrotó a los filisteos hasta Gaza (versículo 8). El secreto de su victoria había estado en su obediencia al Señor.

Mientras Ezequías era rey de Judá, Asiria invadió la tierra de Israel. Salmanasar capturó a Samaria (versículos 9 y 10). Más israelitas fueron enviados al exilio en Asiria.

En el decimocuarto año del reinado de Ezequías, Senaquerib, el rey de Asiria, atacó las ciudades fortificadas de Judá y las capturó (versículo 13). Ya hemos visto que Ezequías servía al Señor y que había limpiado la tierra de su maldad. Lo que necesitamos comprender aquí es que a aquellos que honran al Señor también pueden ocurrirles cosas malas. En esta vida, ni siquiera los justos están exentos de angustias y de pruebas.

Cuando Ezequías vio que el rey de Asiria había tomado sus ciudades fortificadas, le envió un mensaje. Le confesó haberse rebelado contra su autoridad, y le pidió que se retirase, y que él pagaría lo que el rey de Asiria le exigiese (versículo 14). No existe constancia de que Ezequías haya consultado al Señor en ese momento. Aunque posteriormente sí habló con el Señor sobre esta situación, al parecer no lo hizo en ese momento.

El rey de Asiria exigió 300 talentos de plata (11 toneladas), y 30 talentos de oro (alrededor de 1 tonelada). Ezequías se vio obligado a darle la plata que estaba en el templo y en los tesoros de la casa real (versículo 15). Quitó el oro que cubría las puertas y los quiciales del templo, para dárselo al rey de Asiria (versículo 16).

El rey de Asiria envió a su general, a su jefe de eunucos y a su jefe copero, con un enorme ejército, a la ciudad de Jerusalén (versículo 17). Llegaron, y acamparon fuera de la muralla. Llamaron luego al rey, pero en lugar de ir él, se presentaron Eliaquim el mayordomo, Sebna el escriba, y Joa, el canciller (versículo 18).

El jefe copero habló con los funcionarios de Ezequías. Les dio un mensaje para su rey. Comenzó por cuestionar la capacidad de Ezequías de resistir al ejército asirio. "¿Qué confianza es esta en que te apoyas?", les preguntó en el versículo 19. Acusó a Ezequías de hablar palabras vacías cuando decía que poseía fuerzas para la guerra (versículo 20). Les recordó que hasta el Faraón de Egipto era como un báculo de caña cascada, que se quebrantaría y le traspasaría la mano, si Ezequías lo buscaba para obtener su apoyo (versículo 21). Ezequías no podía confiar en una alianza con Egipto.

El jefe copero prosiguió, recordándoles a los funcionarios que Ezequías había quebrado los lugares altos y los altares en la tierra. No podrían confiar en esos dioses, porque Ezequías los había insultado al quitarlos de la tierra (versículo 22).

Luego el jefe copero les dijo a los funcionarios de Ezequías que estaba dispuesto a llegar a un arreglo con ellos. En el versículo 23 les dice que les daría 2000 caballos, si podían hallar jinetes para ellos. Esto era un insulto. Le estaba recordando a Judá lo pequeño e insignificante que era su ejército en comparación con el suyo. El ejército asirio, muy superior, vencería y destruiría al ejército de Judá. Sería solo cuestión de tiempo. Les dijo que no poseían la fortaleza para resistir ni siquiera al menor de sus oficiales, aunque tuviesen el apoyo de Egipto (versículo 24).

El jefe copero asirio les dijo a los funcionarios de Ezequías que él mismo había consultado al Señor. Les dijo que el Señor le había ordenado marchar contra Judá y destruirla (versículo 25). No queda claro si realmente escuchó estas palabras de parte de Dios, o no. Pero evidentemente sí deseaba desalentar a Ezequías y quebrantarlo emocionalmente.

Con estas palabras, el jefe copero pretendía desalentar el espíritu del pueblo de Dios y quebrantarlo. Esas palabras fueron pronunciadas en voz alta, para que los que estuviesen cerca del muro pudiesen oírlas. Eliaquim y Sebna le pidieron que les hablase en arameo, y no en hebreo, para que el pueblo que estaba en el muro no se sintiera desalentado (versículo 26). Obviamente estaban observando los efectos que el discurso del jefe copero estaba teniendo en el pueblo.

Pero el jefe copero les dijo a Eliaquim y a Sebna que sus palabras no solo eran para el rey, sino para todos sus hombres también. Observemos cómo insulta a los hombres, diciéndoles que tendrían que comer su propio estiércol y beber su propia orina para poder sobrevivir (versículo 27). Esto puede ser un indicio de la situación que se vivía en la ciudad de Jerusalén, donde todos los suministros habían sido cortados.

El jefe copero habló en hebreo para que todos lo escuchasen. Les dijo a los israelitas que no dejasen que Ezequías les hiciera pensar que podría librarlos de las manos de Asiria (versículo 29). Les dijo que no dejaran que Ezequías les persuadiera de que el Señor podía librarlos de sus manos (versículos 29 y 30). Les aconsejó no escuchar a Ezequías, instándolos, en lugar de ello, a hacer las paces con Asiria y a rendirse (versículo 31). Les prometió que, si lo hacían, cada uno comería de su vid y de su higuera, y bebería agua de su propio pozo (versículo 31). Los llevaría a una tierra como la de ellos, donde podrían tener grano y vino nuevo, pan, viñas, olivos y miel (versículo 32). En realidad, les estaba diciendo que los deportaría, pero estaba tratando de hacer que la deportación les pareciera atractiva. A menudo Satanás hace que el mal parezca muy atractivo. Intenta hacernos creer que no tenemos esperanza. Nos hace grandes promesas de placer y de satisfacción. Era eso lo que el jefe copero estaba haciendo.

En los versículos 33 y 34, el jefe copero explica claramente su argumento, diciéndoles a sus interlocutores que ningún dios había jamás librado a su nación de la mano del rey de Asiria. Cita luego los ejemplos de Hamat, Arfad, Sefarvaim, Hena, Iva y Samaria. Todas esas ciudades habían caído en manos de Asiria. Les preguntó por qué creían que Jerusalén podría tener éxito, cuando todas esas naciones habían caído y sus dioses no las habían podido ayudar (versículo 35).

Mientras el jefe copero estuvo hablando, el pueblo permaneció en silencio, porque el rey había ordenado que nadie le respondiese al jefe asirio (versículo 36). Sin embargo, Eliaquim, Sebna y Joa rasgaron sus vestidos en señal de dolor y lamento, y regresaron a ver al rey, para informarle lo que el jefe copero les había dicho.

El pueblo de Judá estaba atravesando tiempos muy difíciles. A pesar de la fidelidad a Dios que había mostrado Ezequías, en la nación abundaban problemas y dificultades. La fe de Ezequías, y la fe de toda la nación estaban siendo probadas. El enemigo estaba arremetiendo contra el pueblo de Dios, e insultándolo descaradamente. Posteriormente, el enemigo sería humillado, pero en ese momento el pueblo de Dios estaba pasando por una prueba muy dura.

Para meditar:

- La nación de Judá alegaba servir al Señor Dios, pero en la tierra seguía habiendo ídolos. ¿Qué tipo de ídolos existen en su vida?
- Dios le había facilitado al pueblo la serpiente de bronce para que fuese sanado de las mordeduras de serpientes en el desierto. Pero Ezequías no vaciló en destruirla, porque se había convertido en un dios para el pueblo de Judá. ¿Qué cosas buenas pueden convertirse en dioses hoy para nosotros?
- El jefe copero asirio intentaba desalentar y quebrantar el espíritu de Judá. ¿Ha estado usted alguna vez en una situación que parece desesperanzadora? ¿Lo ha puesto Dios alguna vez en una situación donde usted aparentemente lo ha perdido todo? Fundamente su respuesta.
- El jefe copero asirio le ofreció al pueblo de Judá una forma fácil de dejar de sufrir, instándolo a que se rindiera. Le prometió muchas cosas maravillosas si se rendía ante él. ¿Se ha sentido usted tentado alguna vez a darle la espalda a lo que sabe que es correcto, porque otro camino le parece más atractivo que la obediencia? Fundamente su respuesta.

Para orar:

- Pídale al Señor que escudriñe su corazón y le revele cualquier hábito pecaminoso que necesite ser eliminado y sometido a Él.
- Pídale a Dios que le muestre si usted le ha dado demasiado valor a las cosas buenas que Él le ha dado. Pídale que le

muestre si esas cosas han ocupado el lugar de Dios en su vida.

- Si usted está enfrentando pruebas difíciles en su vida, pídale al Señor que le dé fuerzas para perseverar y no darse por vencido. Pídale que lo ayude a ser fiel hasta el final.
- Agradézcale al Señor porque, aunque tengamos que pasar por situaciones difíciles en esta vida, Él sigue siendo el Señor, y es mayor que cualquier cosa que el enemigo pueda usar contra nosotros.

39 - DIOS LIBRA A JUDÁ

Leer 2 Reyes 19:1-37

En el capítulo 18 vimos cómo el jefe copero asirio había insultado al pueblo de Dios e intentado quebrantar su espíritu. El ejército asirio estaba acampado fuera de la ciudad de Jerusalén. A la ciudad no entraban suministros, así que las cosas eran bastante difíciles para el pueblo que permanecía adentro.

Cuando Eliaquim, Sebna y Joa le comunicaron al rey Ezequías las palabras del jefe copero asirio, Ezequías rasgó sus vestidos, se cubrió de cilicio y fue al templo de Dios a lamentarse y a orar (versículo 1). Envió a Eliaquim, el mayordomo, a Sebna, el escriba, así como a los principales sacerdotes, todos vestidos de cilicio, a ver al profeta Isaías, y a pedirle que orase por ellos en esta circunstancia difícil (versículo 4). Ezequías comparó la situación que estaban enfrentando ese día con la de una joven madre que estaba a punto de dar a luz, pero no tenía fuerzas para hacerlo. Ezequías sabía que no tenía la fuerza necesaria para conquistar a los asirios. Si deseaban obtener la victoria ese día, ésta tendría que provenir del Señor. La esperanza de Ezequías era que el Señor escuchase los insultos del jefe copero y lo reprendiese por su orgullo y su blasfemia (versículo 4).

Ezequías no tenía a más nadie a quien acudir. El Señor había provocado que la nación cayese en un estado en el que no podía confiar en ninguna otra nación, ni podía confiar tampoco en su propia fuerza. El Señor era su única fuente de esperanza y de confianza.

Cuando los funcionarios de Ezequías fueron a ver a Isaías, el Señor le dio al profeta una palabra para el rey. El profeta le dijo a Ezequías que no debía sentir temor por causa de las palabras que había escuchado de la boca del jefe copero asirio. Dios había escuchado la blasfemia, y le quitaría la vida (versículo 7).

La respuesta parecía muy sencilla. Judá no necesitaría siquiera pelear contra los asirios. Su enemigo sencillamente recogería sus pertenencias y se marcharía. Eso fue exactamente lo que sucedió. El versículo 8 nos dice que el jefe copero supo que el rey de Asiria había abandonado la región de Laquis. Al escuchar estas noticias, él se retiró, y encontró al rey peleando contra Libna. El rey Senaquerib recibió un informe que decía que Tirhaca, rey de Etiopía, había salido para hacerle guerra. Esto significaba que tendría que usar a los soldados que estaban acampados fuera de Jerusalén para pelear contra el ejército de Tirhaca.

Pero antes de irse de Jerusalén, Senaquerib le envió una carta a Ezequías con un mensaje. En esa carta, le decía que no dejara que su Dios le engañara diciéndole que Jerusalén no caería en manos de los asirios (versículo 10). Senaquerib le recordó a Ezequías que Asiria había destruido a todas las naciones alrededor de ellos (versículo 11). Judá sería destruida. Era solo cuestión de tiempo. Le dijo que su Dios no podría salvarlos. Según el jefe copero, ningún dios de ninguna nación podría librarlos de la poderosa mano de Asiria.

Las palabras de Senaquerib perturbaron a Ezequías. Tras recibir esta carta, fue al templo, extendió la carta delante del Señor Dios, y oró. Su oración fue importante.

Al comenzar su oración, en el versículo 15, Ezequías dedicó unos momentos a adorar al Dios que estaba entronizado entre los querubines. Esta es una referencia al Arca del Pacto que estaba en el templo. En la cubierta del Arca había dos figuras angélicas con alas extendidas. Dios revelaba Su presencia entre las alas de los querubines.

Percatémonos también de que Ezequías reconocía al Señor Dios como el único Dios de todas las naciones de la tierra. Ninguna nación podía hacer nada contra Él. El Dios de Ezequías era quien había hecho la tierra. Su poder y capacidad eran incuestionables. Él era Dios sobre todas las naciones, y el que les daba vida y aliento a todas.

Tras reconocer la identidad de Dios, Ezequías le pidió que inclinase Su oído y abriese Sus ojos, para que escuchase y viese lo que Senaquerib había escrito en esa carta. Le recordó a Dios que el rey asirio lo había insultado (versículo 16).

Ezequías continuó abriéndole su corazón a Dios, y le recordó que los asirios habían sido una fuerza muy poderosa en la tierra. Habían destruido las naciones y sus tierras (versículo 17). Habían echado al fuego a los dioses de otras naciones, y los habían destruido (versículo 18). Ezequías reconoció que los dioses de esas naciones no eran dioses verdaderos. Eran obra de manos de artífices, hechos de madera o piedra. Ezequías sabía que el Dios de Judá era el único Dios verdadero. Le estaba suplicando que los librara de las manos de los asirios, para que toda la tierra supiese que solo Él era el Dios verdadero (versículo 19).

Una vez más, vino palabra del Señor a través de Isaías, para el rey Ezequías. En el versículo 20, el profeta le dijo que el Señor había escuchado su oración. Los versículos del 21 al 28 registran las palabras que Dios le dijo a Ezequías, a través de Isaías. Aquí analizaremos brevemente este fragmento.

Las palabras de Isaías se presentaron en forma poética. En el versículo 21 se refirió a Judá diciendo que era la hija virgen de Sion. Ella era pura e inocente delante del Señor. Esta hija virgen le habla a la nación de Asiria, que había sido tan arrogante y jactanciosa.

"La virgen hija de Sion te menosprecia, te escarnece", les dijo Isaías a los asirios. Los asirios habían menospreciado al pueblo de Dios, pero ahora había llegado el momento en el que Judá se burlaría de Asiria y de sus arrogantes vanaglorias. Jerusalén sacudiría la cabeza con incredulidad y se maravillaría cuando los asirios huyeran de delante de ella.

Asiria había blasfemado al Santo de Israel. Había alzado su voz y levantado en alto sus ojos en sus arrogantes vanaglorias contra el Dios de Judá (versículo 22). Había acumulado vituperios contra el Señor Dios (versículo 23). Aseguraba ser fuertes por sus propios esfuerzos. Se jactaba de haber subido a las alturas de los montes con sus carros, de cortar los cedros más altos y los cipreses más escogidos (versículo 23). Se vanagloriaba de haber excavado pozos en tierras extranjeras y de beber de sus aguas. Decía haber secado con las plantas de sus pies todos los ríos de Egipto (versículo 24). Egipto dependía del gran río Nilo para poder subsistir. Al decir que él había secado los ríos de Egipto, el rey Senaquerib estaba diciendo que él había despojado a Egipto de la prosperidad que el río Nilo le había dado. Al oprimir su nación, había desviado su fuente de riquezas hacia él mismo, dejando a Egipto infértil y desolado.

En la profecía de Isaías, el Señor habla de cómo usaría a Asiria para cumplir Su propósito de juzgar a Su pueblo. Pero Asiria se había enfurecido contra el Señor Dios, y había actuado con insolencia y orgullo. Por ello, Dios pondría un garfio en su nariz y un freno en sus labios, y la haría volver por el camino por donde había ido (versículo 28).

Para tranquilizar a Ezequías con respecto a la veracidad de esta profecía, Dios le daría una señal. Le dijo que ese año y el siguiente comerían lo que creciera por sí solo, pero que en el tercer año sembrarían y cosecharían, plantarían viñas y comerían de su fruto (versículo 29). Judá echaría raíces abajo, y arriba daría fruto nuevamente (versículo 30). De Jerusalén saldría un remanente y un grupo de sobrevivientes. El celo del Señor por Su pueblo haría estas grandes obras (versículo 31).

En cuanto al rey de Asiria, Isaías profetizó que no entraría en la ciudad de Jerusalén, y ni siquiera podría echar en ella una saeta. No se enfrentaría a ella con escudos, ni construiría contra ella una rampa de asalto (versículo 32). En lugar de ello, retornaría por el mismo camino por el que había ido (versículo 33). Dios defendería la ciudad de Jerusalén por amor a Su siervo David (versículo 34).

Esa noche un ángel del Señor salió hacia el campamento asirio y mató allí a 185,000 soldados. La mañana siguiente, cuando los que habían quedado vivos despertaron de su sueño, descubrieron todos esos cadáveres alrededor de ellos (versículo 35). Esto provocó que Senaquerib levantara el campamento y regresara a Nínive, tal y como Isaías había profetizado (versículo 36).

Un día, cuando Senaquerib estaba adorando en el templo de su dios Nisroc, Adramelec y Sarezer, sus propios hijos, lo mataron. Esto dio cumplimiento a la profecía de Isaías. Su hijo Esar-hadón ocupó el trono en lugar suyo (versículo 37).

Este conflicto con Asiria fue muy difícil para el pueblo de Dios. Judá había tenido que ser llevada al límite de sus fuerzas y de sus recursos, para poder ver cómo el poder de Dios obraba a favor suyo. Sus oraciones fueron respondidas de una manera inesperada. Dios peleó por ellos. Ciento ochenta y cinco mil asirios habían muerto sin que Judá tuviese que tomar las armas. El ejército asirio había tenido que retirarse, humillado y derrotado. Este pasaje constituye un verdadero aliento para nosotros, cuando nuestras fuerzas llegan a su límite. Dios puede defendernos y pelear por nosotros, si esperamos en Él.

Para meditar:

- Judá alcanzó un punto de absoluta indefensión. No tenía a quién acudir, salvo al Señor. ¿Ha experimentado usted situaciones así en su vida? ¿Qué aprendió Judá acerca de Dios en esta situación?
- Observemos que, a Ezequías, su problema le parecía extremadamente complicado, pero realmente la solución del mismo era muy sencilla. ¿Qué nos enseña esto sobre la diferencia que existe entre nuestra comprensión limitada y el poder y sabiduría absolutos de Dios?
- La oración y la confianza en Dios alcanzaron más resultados de los que el poderío militar y la fuerza humana hubieran podido alcanzar. ¿Qué nos dice esto acerca del poder de la oración?
- ¿Ha deseado usted alguna vez adelantarse a Dios, en vez de esperar por Él? ¿Qué aprendemos en este pasaje acerca de esperar en Dios?

Para orar:

- Agradézcale al Señor por todas las veces que Él lo ha puesto en una situación donde lo único que usted podía hacer era confiar en Él. Agradézcale por ser lo suficiente grande y fuerte como para derrotar a todos nuestros enemigos.
- Agradézcale al Señor porque Sus caminos son diferentes a los nuestros. Agradézcale porque Él puede hacer más de lo que nosotros pudiéramos incluso imaginar.
- Agradézcale al Señor por ver nuestros problemas, y por estar dispuesto a ayudarnos en nuestra necesidad.
- Pídale al Señor que le dé gracia para esperar en Él y confiar en Él, y así alcanzar la victoria. Pídale que lo perdone por

todas las veces que usted ha intentado vencer los obstáculos con sus propias fuerzas y sabiduría.

40 - LA ENFERMEDAD DE EZEQUÍAS

Leer 2 Reyes 20:1-21

Aunque el rey Ezequías fue un buen rey que buscó del Señor, no dejó de enfrentar problemas. Ejemplo de ello son las pruebas que experimentó a manos del rey de Asiria, registradas en los capítulos 18 y 19. Aquí, en el capítulo 20, vemos que también sufrió aflicciones físicas en su vida. Al comenzar este capítulo, hallamos a Ezequías en su lecho de muerte, afectado por una grave enfermedad.

En el versículo 1 vemos que el profeta Isaías visita a Ezequías, y le dice que ordene su casa, porque iba a morir. Isaías fue muy claro en el versículo 1. Le dijo a Ezequías que no se recuperaría.

Resulta interesante observar que cuando Ezequías se convirtió en rey de Judá, tenía 25 años (2 Reyes 18:1). En total, él reinó durante un período de 29 años (2 Reyes 18:2). Esto significa que murió a la edad de 54 años. En el contexto de este capítulo vemos que a Ezequías el Señor le concedió 15 años más de vida. Esto significa que Ezequías tenía 37 años cuando Isaías le dio la noticia de que moriría. Podemos comprender por qué Ezequías se sintió tan perturbado ante la noticia de su prematura muerte.

Cuando el rey escuchó esta palabra del Señor, volvió su rostro a la pared, y oró al Señor (versículos 2 y 3). En su oración le recordó al Señor que él había caminado en absoluta devoción a Dios. Había hecho lo recto a los ojos del Señor. Mientras Ezequías oraba, y buscaba del Señor, lloraba amargamente. No existe registro de que Ezequías le pidiese a Dios algo específico en esta oración.

Obviamente, estaba batallando contra el propósito que Dios tenía al quitarle la vida.

Puede resultar importante mencionar también que, en 2 Crónicas 32:25 se nos dice que, a causa de las muchas bendiciones recibidas del Señor, el corazón de Ezequías se había enaltecido. Esa pudiera ser la razón por la cual el Señor había permitido que Ezequías se enfermara gravemente.

La oración de Ezequías conmovió el corazón de Dios. Después de que Ezequías oró, el profeta Isaías regresó a él con otro mensaje del Señor. Esta vez el Señor le dijo al rey que había escuchado su oración y había visto sus lágrimas. Isaías le dijo al rey que Dios lo sanaría. Ezequías había llorado, arrepintiéndose de su orgullo, y Dios había reaccionado. El arrepentimiento de Ezequías conmovió el corazón de Dios. Isaías le dijo al rey que en 3 días debía ir al templo a adorar al Señor. Dios le añadiría 15 años de vida, y también libraría a la ciudad de las manos del rey de Asiria (versículo 6). Luego Isaías pidió que se preparase una cataplasma de higos, y se aplicase en la llaga de Ezequías. Cuando se aplicó dicha cataplasma a la llaga, el rey se recuperó de su enfermedad.

Ezequías quería asegurarse de que la palabra de Isaías había sido verdadera. Le pidió al profeta que le diera una señal de que sería sanado, y de que subiría al templo al tercer día (versículo 8). Dios accedió a darle al rey una señal para confirmarle Su promesa. Dios le preguntó a Ezequías si la sombra en su reloj avanzaba o retrocedía cuando el sol brillaba sobre ella (versículo 9). Ezequías le dijo al Señor que la sombra del sol siempre avanzaba en su reloj. Le pidió a Dios que revirtiera esto, de forma tal que la sombra retrocediera 10 grados (versículo 10). Entonces Isaías clamó al Señor, quien hizo exactamente lo que Ezequías había pedido. Hizo que la sombra, en lugar de avanzar, retrocediera 10 grados. Esa fue la confirmación que obtuvo Ezequías de que la palabra que el

Señor había hablado por medio de Isaías era verdadera. El rey viviría 15 años más.

Gracias a este pasaje aprendemos que, en ocasiones, las palabras proféticas de Dios son condicionales. Es decir, lo que Él propone ocurre, siempre y cuando se cumplan ciertas condiciones. Si esas condiciones cambian, Dios puede permitir que otras cosas ocurran también. A Ezequías le esperaba la muerte si persistía en su orgullo. Pero si se humillaba delante del Señor, viviría. Lo mismo ocurre con el pecado en nuestras vidas. Si permanecemos en nuestros pecados pereceremos a causa del juicio de Dios. Pero eso puede cambiar. Jesús vino a ofrecernos el perdón. Si aceptamos Su perdón, podemos ser salvos del juicio de Dios. Isaías le dijo a Ezequías que iba a morir. Ese vaticinio se cumpliría si Ezequías permanecía en su soberbia. Pero cuando el rey se arrepintió de sus pecados y de su orgullo, todo cambió, y su arrepentimiento lo libró del juicio de Dios.

En esa época, el hijo de Baladán, el rey de Babilonia, le envió a Ezequías una carta y un regalo, porque había escuchado que estaba enfermo (versículo 12). Ezequías recibió a sus mensajeros y les mostró toda la riqueza de la tierra de Judá. Les mostró el oro, la plata, las especias y los ungüentos preciosos. También les enseñó la casa de sus armas, y todo lo que había en sus tesoros. El versículo 13 nos dice que "ninguna cosa quedó que Ezequías no les mostrase, así en su casa como en todos sus dominios". Nos preguntamos por qué Ezequías les enseñó a esos extranjeros todas sus riquezas. ¿Era posible que Ezequías aun batallase contra el orgullo? Él quiso que Babilonia viese toda su riqueza y poder. Es posible que Ezequías estuviese arrepentido de su orgullo, pero que éste aun constituyera un baluarte en su vida.

Tras estos acontecimientos, Dios envió al profeta Isaías a visitar a Ezequías. Dios había visto el orgullo que había demostrado al enseñarles a los mensajeros babilonios todas sus riquezas. Isaías le preguntó al rey qué habían dicho aquellos varones, y de dónde eran. Ezequías le dijo que procedían de Babilonia (versículo 14). Cuando Isaías le preguntó lo que esos hombres habían visto en su palacio, Ezequías le dijo al profeta que les había enseñado todo lo que tenía (versículo 15).

Entonces Isaías le dijo a Ezequías que llegaría el tiempo en el que todo lo que él les había enseñado a esos mensajeros sería llevado a Babilonia. No quedaría nada (versículo 17). Sus propios descendientes serían llevados a Babilonia, y allí se convertirían en eunucos en el palacio del rey babilonio (versículo 18). Todas las cosas de las que él se había enorgullecido les serían quitadas, a él y a sus descendientes.

La respuesta que dio Ezequías a Dios fue de cierta manera inquietante. Estuvo de acuerdo con todo lo que el profeta le había dicho, porque se dio cuenta de que esto no ocurriría mientras él viviera (versículo 19). No le preocupaba lo que tendrían que enfrentar las generaciones futuras. Al parecer, solo se preocupaba por sí mismo. En esto vemos un indicio más de que él no había superado su orgullo.

A Ezequías se le recuerda por la construcción de un estanque y un conducto que le suministró agua a la ciudad de Jerusalén. Este proyecto pudo haber sido inspirado por lo que ocurrió mientras la ciudad estuvo sitiada por los asirios. El estanque podía suministrarle agua a la ciudad, aunque estuviese sitiada. Tras la muerte de Ezequías, su hijo Manasés ocupó su lugar (versículo 21).

La historia de Ezequías es la de un hombre que sirvió al Señor fielmente toda su vida, pero cuyas bendiciones se convirtieron en un obstáculo al final de su vida. El orgullo fue su perdición. La vida de Ezequías constituye una advertencia para nosotros, para que tengamos cuidado con el orgullo. Nos muestra que incluso las bendiciones de Dios pueden convertirse en obstáculos si nos aferramos demasiado a ellas. De ahí la importancia de no otorgarles un protagonismo excesivo a esas bendiciones, para que no ocupen el lugar de Dios.

La historia de Ezequías también nos recuerda el poder del arrepentimiento y de la oración. El orgullo de Ezequías fue su perdición, pero su arrepentimiento revirtió la maldición de Dios en su vida. Dios accedió a prolongarle la vida y a sanar su enfermedad porque él se arrepintió. Aunque no todas las enfermedades llegan como consecuencia del pecado, al parecer ese sí fue el caso de Ezequías. Solo su arrepentimiento podía proporcionarle la sanidad que él necesitaba. Gracias a su arrepentimiento y a su oración, sus circunstancias fueron cambiadas.

Para meditar:

- ¿Cuál fue la conexión entre el arrepentimiento y la sanidad en la vida de Ezequías? ¿De qué forma nos habla Dios hoy a través de las diversas circunstancias?
- Cuando Ezequías oró y se arrepintió de sus pecados, Dios estuvo dispuesto a cambiar Sus planes para con él. ¿Qué aprendemos aquí sobre los propósitos condicionales de Dios? ¿Existen circunstancias en su vida que podrían cambiar si usted se arrepintiese, o si hiciera las paces con Dios?
- ¿Qué evidencias vemos en la vida de Ezequías que indican que él realmente no había superado su orgullo? ¿Existen pecados en su vida que usted ha confesado, pero que aun no ha podido derrotar? ¿De qué pecados se trata?
- El corazón de Ezequías se había enaltecido a causa de todas las bendiciones que el Señor le había dado. ¿Existen hoy en su vida bendiciones de Dios que lo han hecho enaltecerse? ¿Cuáles son?

Para orar:

- Pídale al Señor que le muestre si existe algo en su vida que esté obstaculizando las bendiciones del Señor.
- ¿Existen cosas en su vida que Dios desea cambiar, siempre y cuando usted se arrepienta y haga las paces con Él? Pídale al Señor que le muestre esas cosas. Pídale que le dé la victoria.
- ¿Tiene usted en su vida un pecado específico que, al parecer, no es capaz de derrotar? Pídale al Señor que lo ayude a derrotar ese pecado completamente.
- Pídale al Señor que le dé gracia, para no permitir nunca que Sus bendiciones sean más importantes que su relación con Él.

41 - MANASÉS Y AMÓN DE JUDÁ

Leer 2 Reyes 21:1-25

Manasés

Manasés tenía 12 años cuando comenzó a reinar. Fungió como rey en Jerusalén durante 55 años. Se trataba de un período largo para un rey. Durante ese tiempo, Manasés hizo que la nación de Judá se rebelara contra Dios.

Gran parte del capítulo 21 de 2 Reyes se emplea para describir la maldad del rey Manasés. El versículo 2 nos dice que practicó las abominaciones detestables de las naciones que el Señor había echado de delante de los israelitas. Restauró los lugares altos paganos que su padre había destruido. Erigió altares a Baal y construyó una imagen de Asera. También adoró las estrellas.

Manasés introdujo todas esas abominaciones en el templo del Señor. El versículo 4 nos dice que construyó altares en el templo. No se trataba de altares para adorar al Señor Dios. En el versículo 5 vemos que construyó esos altares "para todo el ejército de los cielos". Eran usados para adorar las estrellas. Al usar el templo para adorar las estrellas, Manasés estaba blasfemando el nombre de Dios.

Manasés fue incluso más lejos. El versículo 6 nos dice que sacrificó en el fuego a su propio hijo, en un acto pagano de adoración. Practicó la magia y la adivinación, consultando a médiums y a espiritistas. Al hacer estas cosas, se convirtió en enemigo del Dios de sus padres, y lo provocó a ira (versículo 6).

Al leer el versículo 7 nos percatamos de que Manasés no solo introdujo altares en el templo para adorar las estrellas, sino que también tomó una imagen de Asera que él había hecho y la puso en el templo. El versículo 7 nos recuerda que Dios había prometido poner Su nombre en ese templo. Se trataba de un lugar sagrado, donde moraba la presencia de Dios. Cuando Manasés llevó estos objetos extraños al templo, demostró que no respetaba ni honraba el nombre del Señor. Desafió abiertamente el nombre del Dios de Judá y lo blasfemó.

Sorprende el hecho de que Manasés haya reinado en Jerusalén durante 55 años. Dios pudo haberlo detenido, pero no lo hizo. Le permitió que reinara. Durante ese período, Judá se hundió cada vez más en su pecado y su rebelión. Dios había prometido preservar a Su pueblo, si éste andaba en Sus caminos y obedecía Sus mandamientos (versículo 8). Pero Judá no había obedecido al Señor, ni había andado en Sus caminos. Bajo el reinado de Manasés, hizo más mal que las naciones que el Señor había destruido en la tierra delante de ellos. Fue un tiempo en el que Dios le permitió a la nación ver cuál era su verdadera naturaleza. Israel le había dado la espalda a Dios, y había sido capturado y enviado al exilio. Judá había visto esto, pero no había aprendido la lección. Cayó en la misma rebelión.

Dios les habló a sus profetas sobre Manasés. En los versículos del 10 al 12, les dijo que enviaría grandes desgracias sobre Jerusalén, porque el rey Manasés había sido más perverso que los amorreos que habían habitado la tierra antes que Israel (versículos 11 y 12). El desastre que Dios provocaría a Su pueblo sería tan terrible que al que lo oyere le retiñirían ambos oídos de terror y miedo (versículo 12).

A través de los profetas, Dios reveló que extendería un cordel sobre Jerusalén. Percatémonos, al leer el versículo 13, de que este cordel era el mismo cordel empleado contra Samaria. Dios emplearía el mismo criterio que había usado contra la casa de Acab, la cual había sido eliminada por sus pecados. Mediría al pueblo teniendo en cuenta el estándar de Su palabra. Jerusalén no había cumplido con la norma establecida por Dios, y pagaría un precio enorme. Dios limpiaría a Jerusalén como se fregaba un plato, volviéndolo boca abajo (versículo 13). La idea es que Dios eliminaría de ese plato todos los restos de pecado y de maldad. Lo pondría boca abajo, para que todo resto de pecado fuese limpiado de la tierra. Este proceso de purificación de la tierra sería muy doloroso para la nación de Judá.

Se aproximaba el día en el que el Señor Dios le daría la espalda a Su pueblo, y lo entregaría a sus enemigos. Sería presa y despojo de sus adversarios. Perdería todo lo que tenía (versículo 14). Todo esto ocurriría por causa de su pecado. Por causa de su rebelión había provocado a ira a Dios, desde que Él lo había sacado de Egipto (versículo 15).

El rey Manasés de Judá fue también un rey muy cruel y violento, que derramó mucha sangre inocente. Cuando murió, fue sepultado en el huerto del palacio. Su hijo Amón ocupó su lugar como rey (versículo 18).

Amón

Amón se convirtió en rey de Judá cuando tenía 22 años. Solo reinó durante 2 años (versículo 19). Fue rebelde como había sido su padre, adorando ídolos, e inclinándose ante ellos (versículos 20 y 21), y abandonando al Señor Dios.

Los funcionarios del rey Amón conspiraron contra él y lo asesinaron en el palacio real (versículo 23). Esto desencadenó una reacción en la tierra. El versículo 24 nos dice que el pueblo de Judá mató a todos los que habían conspirado contra Amón, y puso a su hijo Josías como rey en su lugar. Amón fue enterrado junto a su padre en el huerto de Uza. Su hijo Josías ocupó su lugar en el trono (versículo 26).

Para meditar:

- Manasés fue un rey muy malvado de Judá. Aun así, reinó durante 55 años. Dios no siempre detiene a las personas malvadas. ¿Qué nos enseña esto sobre Su paciencia?
- El rey Ezequías fue un buen rey que hizo que su pueblo se apartase del pecado que ofendía al Señor. Pero su hijo Manasés se rebeló contra los caminos de su padre. ¿Qué nos dice esto sobre la necesidad que tiene toda persona de hacer un compromiso personal con el Señor? ¿Nos garantizan las Escrituras que nuestros hijos serán creyentes solo porque hayan sido criados en hogares creyentes?
- La rebelión de Israel contra Dios provocó que cayese en manos de los asirios para ser juzgado. ¿Aprendió Judá la lección al observar esto? ¿Por qué es tan difícil aprender de los errores de los demás?
- Toda la nación de Judá anduvo tras los pasos de Manasés, y cayó en el pecado y la rebelión. ¿Qué nos dice esto acerca de la situación espiritual de la nación en esa época?
- Dios iba a usar Su cordel en Judá. Ese cordel era la palabra de Dios y Sus mandamientos. ¿Qué vería Dios hoy si emplease Su cordel en nuestras iglesias y naciones?

Para orar:

- Dedique unos momentos a orar por sus hijos. Pídale a Dios que abra los corazones de ellos a Él.
- Pídale a Dios que le revele cualquier pecado y rebelión que haya en su corazón. Pídale que le dé un corazón humilde, que se arrepienta del mal y se vuelva a Él.
- Dedique unos momentos a orar por su nación. Pídale a Dios que la renueve y la restaure, para que pueda ser más fiel a Su palabra.
- Agradézcale al Señor por Su paciencia para con nosotros, aun cuando caemos.
- Agradézcale al Señor porque Él juzgará el pecado, y porque un día, la justicia triunfará.

42 - JOSÍAS, JOACAZ Y JOACIM, REYES DE JUDÁ

Leer 2 Reyes 22:1-23:37

Josías

Manasés fue un rey malvado que derramó mucha sangre inocente y fomentó la adoración de dioses extranjeros. Profanó el templo e hizo que Judá cometiese pecados y abominaciones terribles. Cuando murió, su hijo Josías se convirtió en rey en su lugar. Josías tenía 8 años cuando se convirtió en rey. Gobernó durante 31 años en Jerusalén (versículo 1). Josías fue un buen rey, que anduvo en el camino del Señor (versículo 2).

A los 18 años de su reinado, el rey Josías le ordenó a su secretario Safán que fuese a ver al sumo sacerdote, y le ordenara que recogiese el dinero que el pueblo había llevado y que los porteros habían recolectado. El sumo sacerdote debía luego poner ese dinero en manos de hombres capaces, para que éstos les pagasen a obreros que reparasen el templo del Señor. Debían también usar el dinero para adquirir madera y piedras de cantería para las reparaciones. Hay que recordar que Manasés había causado estragos en el templo al introducir ídolos paganos y adoración extraña.

Estando en curso las reparaciones, el sumo sacerdote halló el Libro de la Ley en el templo. Este libro contenía la Ley de Moisés, y los mandatos de Dios para Su pueblo. El sacerdote le dio el libro a

Safán, el secretario, quien a su vez se lo llevó al rey Josías (versículos del 8 al 10). El hecho de que ese libro había estado perdido constituye un indicio del estado espiritual de la nación. Manasés había reinado durante 55 años. No anhelaba para nada cumplir con la ley de Dios. Tuvieron que transcurrir 18 años del reinado de Josías para que se hallase este libro. Probablemente había estado perdido durante 60 o 70 años. Es posible que algunos de los obreros del templo nunca hubiesen escuchado hablar de este libro, ni lo hubiesen visto jamás. Esto demuestra cuán pobre se había vuelto la vida espiritual de Judá en los días de Manasés.

Safán, el secretario, le leyó al rey el Libro de la Ley (versículo 10). Josías quedó tan conmovido por sus palabras que rasgó sus vestidos, lleno de angustia y temor. Se dio cuenta de que la nación no había obedecido la ley de Dios. Deseando conocer cuál era la voluntad del Señor, envió a algunos de sus funcionarios a averiguar el significado de las palabras de este libro. Sabía que Dios estaba airado contra la nación (versículo 13).

Los funcionarios de Josías hablaron con la profetisa Hulda (versículo 14). Ella les dijo a los hombres que el Señor traería calamidad sobre la nación de Judá, tal y como estaba escrito en el Libro de la Ley, porque la nación lo había abandonado, y lo había provocado a ira (versículos 16 y 17). Hulda les dijo a los funcionarios de Josías que le comunicasen al rey que Dios había escuchado sus oraciones (versículo 19). Como él se había humillado, no vería esta terrible calamidad durante su reinado (versículo 20). Los funcionarios le transmitieron al rey Josías las palabras de la profetisa.

Cuando Josías escuchó esas palabras del Señor, convocó a los ancianos de Judá y de Jerusalén (versículo 23:1). Los llevó al templo junto con los hombres de Judá, y allí les leyó las palabras del Libro del Pacto (23:2). Ese día el rey, estando en pie junto a la columna, renovó el pacto con Dios. Los que estaban presentes prometieron obedecer al Señor, y guardar Sus mandamientos, testimonios y estatutos de todo corazón (23:3). Obviamente se trató de una reunión muy intensa.

La renovación del pacto exigía una purificación considerable de la tierra, que estaba llena de idolatría y abominación. Josías les ordenó a Hilcías, el sumo sacerdote, a los sacerdotes y a los porteros, que sacaran del templo los artículos hechos para Baal, para Asera y para el ejército de los cielos (23:4). Esos artículos fueron quemados fuera de la ciudad de Jerusalén. Las cenizas fueron llevadas a Bet-el. Josías se deshizo de los sacerdotes paganos que les quemaban incienso en los lugares altos a la luna, y a las estrellas (23:5). La imagen de Asera fue sacada del templo y quemada en el valle del Cedrón, fuera de Jerusalén. La convirtieron en polvo, y esparcieron las cenizas sobre los sepulcros de los hijos del pueblo (23:6). Derribó además los lugares donde vivían los que se dedicaban a la prostitución sagrada masculina, así como el lugar donde las mujeres tejían mantos para Asera (23:7).

Josías profanó los lugares altos en la tierra donde los sacerdotes quemaban incienso, y derribó numerosos altares (23:8). En 2 Reyes 23:10 leemos cómo también profanó a Tofet, que está en el valle del hijo de Hinom, para que ninguno pasase a sus hijos por fuego al dios pagano Moloc. Quitó también los caballos que estaban a la entrada del templo del Señor, porque los reyes anteriores se los habían dedicado al sol. Quemó también al fuego los carros que habían sido consagrados al sol (23:11). Derribó altares que los reyes de Judá habían construido sobre la azotea, así como los altares que Manasés había construido en los dos atrios del templo. Éstos los despedazó, y echó los escombros en el valle del Cedrón (23:12).

Josías también destruyó los lugares altos que estaban al este de Jerusalén. Estos lugares altos habían sido edificados por Salomón, para Asera, la diosa de los sidonios, para Quemos, el dios de Moab, y para Milcom, dios de los hijos de Amón (23:13). Quebró las estatuas, y derribó más imágenes de Asera, cubriendo después el lugar con huesos humanos, para profanarlo (23:14).

En el versículo 15, Josías destruyó el altar que Jeroboam había hecho en Bet-el para el dios becerro. Quemó el lugar alto y lo convirtió en polvo. Destruyó la imagen de Asera que había en esa región. Cuando Josías miró alrededor, vio sepulcros que habían sido edificados en el monte. Entonces envió y sacó los huesos de los sepulcros, y los quemó sobre el altar para contaminarlo. Esto dio cumplimiento a las palabras que el profeta le había dicho a Jeroboam muchos años antes de estos acontecimientos. Las vemos en 1 Reyes 13:1:

"He aquí que un varón de Dios por palabra de Jehová vino de Judá a Bet-el; y estando Jeroboam junto al altar para quemar incienso, aquél clamó contra el altar por palabra de Jehová y dijo: Altar, altar, así ha dicho Jehová: He aquí que a la casa de David nacerá un hijo llamado Josías, el cual sacrificará sobre ti a los sacerdotes de los lugares altos que queman sobre ti incienso, y sobre ti quemarán huesos de hombres."

Josías también se percató de la existencia de un monumento en esa área. Indagó con los habitantes de la ciudad, y ellos le dijeron que el monumento marcaba el sepulcro del profeta que había predicho las cosas que habían ocurrido ese día. Josías les dijo a sus hombres que no tocasen el sepulcro (23:17-18).

Necesitamos recordar que, en ese momento, el pueblo de Dios estaba dividido en dos naciones. Josías estaba destruyendo y profanando los altares y lugares altos, no solo en su propia nación de Judá, sino también en la nación de Israel, que muchos años antes había sido enviada al exilio.

Josías recorrió las naciones de Israel y Judá, destruyendo lugares altos y altares paganos. Mató además a todos los sacerdotes de los lugares altos y quemó sobre los altares huesos humanos para profanarlos (23:19-20). Una vez terminada esta masiva campaña para purificar la tierra, Josías regresó a Jerusalén.

Cuando la tierra estuvo limpia de su maldad, Josías dio la orden de que todo el pueblo celebrase la Pascua del Señor, tal y como estaba escrito en el Libro del Pacto (23:11). No había habido una celebración de Pascua como ésa desde la época de los jueces en Israel (23:22). Esta Pascua se celebró en el año 18 del reinado de Josías. Esto indica que él no había perdido el tiempo a la hora de limpiar la tierra. Todo el proceso de purificación de la tierra tuvo lugar en un período aproximado de un año.

Josías se deshizo de los médiums, espiritistas, dioses domésticos e ídolos de otros dioses que había en Judá y en Jerusalén (23:24). Todo esto se hizo para cumplir con los requerimientos de la ley de Dios que se había descubierto en el templo.

El versículo 25 nos dice que nunca hubo otro rey como Josías, ni antes ni después, porque se convirtió al Señor con todo su corazón, su alma y sus fuerzas. Pero a pesar de su fidelidad, la ira del Señor no se apartó de Judá (23:26). Dios aun planeaba en Su corazón quitar a Judá de Su presencia, como mismo había quitado a Israel. Rechazaría a Jerusalén y al templo, y volvería Su rostro contra ellos (23:27). Josías se había dedicado en cuerpo y alma al Señor y a Sus propósitos. Pero esto no significaba que su pueblo tuviese la misma devoción.

Josías murió en batalla, cuando fue a pelear contra el Faraón Neco de Egipto (23:29). Su cuerpo fue llevado a Jerusalén, donde fue sepultado en una tumba. Su hijo Joacaz ocupó el trono en su lugar (23:30).

Joacaz

Joacaz tenía 23 años cuando se convirtió en rey, y gobernó en Jerusalén durante 3 meses (23:31). Le dio la espalda al Señor Dios, e hizo lo malo en Sus ojos. El hijo de Josías no tenía la misma pasión por el Señor Dios que había tenido su padre. El Faraón Neco lo encadenó, lo despojó de su poder, y lo llevó cautivo a Egipto. Joacaz murió en Egipto. El Faraón Neco entonces eligió a Eliaquim, el otro hijo de Josías, para que reinase en lugar de Joacaz. Cambió su nombre, llamándole Joacim (23:34). Egipto obligó luego a Judá a pagarle impuestos (23:35).

Joacim

Joacim tenía 25 años cuando Faraón lo hizo rey. Gobernó en Jerusalén durante 11 años (23:36). También hizo lo malo delante del Señor (23:37).

Si los hijos de Josías reflejaban el estado de la nación de Judá, podemos entender por qué Dios se negó a retirar Su juicio de la tierra. La tierra había sido limpiada, pero para conmover el corazón de Dios no bastaba con cambiar las circunstancias externas. Dios veía más allá de las apariencias, y conocía el corazón de los habitantes de la tierra. Él había visto que Josías se había arrepentido de corazón, y por ello había pospuesto Su juicio durante un tiempo. Pero Dios también sabía que los corazones de los hijos de Josías, y el corazón del pueblo en general no habían cambiado, a pesar de la limpieza que se había efectuado en la tierra. Por ello, Su juicio caería sobre toda la nación.

Para meditar:

- El Libro de la Ley había estado perdido durante toda una generación. ¿Qué nos dice esto acerca de la situación espiritual que había en Judá cuando Josías comenzó a reinar? ¿Es posible que en nuestra época la Palabra de Dios esté perdida para las personas? Fundamente su respuesta.
- Dios se conmovió ante el corazón arrepentido de Josías, y pospuso el juicio a la nación por varios años. ¿Qué influencia puede tener en Dios nuestro arrepentimiento?
- ¿Cuán meticuloso fue Josías a la hora de limpiar la tierra? ¿Cuán meticuloso ha sido usted al limpiar el pecado de su vida y de su iglesia?
- ¿El hecho de cambiar nuestra conducta significa que nuestro corazón también ha cambiado? ¿Podemos deshacernos del pecado y de la maldad de nuestras vidas, y aun así no tener un corazón íntegro delante de Dios?

Para orar:

- Pídale a Dios que le dé un corazón que ame Su Palabra. Agradézcale por darnos Su palabra, pues ella nos guía hacia Sus propósitos.
- Pídale a Dios que escudriñe su corazón, y le muestre cualquier mal que necesite ser eliminado.
- Pídale a Dios que le dé un corazón arrepentido, como el de Josías, que se angustie por el pecado.
- Josías fue un buen rey, pero sus hijos no sirvieron al Señor. Si usted tiene hijos, dedique unos momentos a orar por ellos, pidiéndole a Dios que les dé una fe personal que lo honre a Él.

43 - LLEGA EL FIN: LOS REINADOS DE JOACIM, JOAQUÍN, SEDEQUÍAS Y GEDALÍAS

Leer 2 Reyes 24:1-25:30

Joacim

Durante el reinado de Joacim, el rey Nabucodonosor de Babilonia invadió la tierra de Judá. Obligó a Joacim a ser su siervo por 3 años. Tras ese tiempo, sin embargo, Joacim decidió rebelarse contra Babilonia (versículo 1).

Por causa de su rebelión, el Señor envió a los sirios, moabitas y amonitas contra Judá. El versículo 2 es muy claro. Dios envió a estas naciones para que destruyesen a Judá. Judá se había negado a aceptar el castigo de Dios, y eso solo intensificó Su ira contra la nación.

Dios decidió castigar a Judá por los pecados que había cometido. En el versículo 3 se hace referencia a los pecados de Manasés, quien había hecho que su pueblo se desviase. El pueblo había aceptado la maldad de Manasés, y había adoptado sus prácticas abominables. Al hacerlo, rechazó al Señor y lo provocó a ira. Ya Judá no podía hacer nada para hacer que Dios cambiase de parecer. Había sido advertido por los profetas, pero había rechazado las palabras de Dios. Ahora el momento de su juicio había llegado. Se rebelaría contra ese juicio, pero no tendría éxito.

El Señor no estaba dispuesto a perdonar ni a Manasés, ni a la nación, por su rebeldía (versículo 4).

La paciencia y el perdón de Dios tienen un límite. Él está más que dispuesto a perdonar, pero cuando persistimos en negarnos a aceptar ese perdón, podemos provocar que Él retire Su oferta. No podemos dar por sentados la paciencia y el perdón de Dios. No perdurarán por siempre.

Joacim murió, persistiendo en su rebelión contra el Señor Dios. Su hijo Joaquín ocuparía su lugar como rey, en esta nación sometida a Babilonia (versículo 6). El versículo 7 nos dice que Babilonia se había convertido en una importante potencia en la tierra. Ni siquiera el poderoso Egipto pudo hacer más campañas militares, porque el rey de Babilonia había ocupado su territorio.

Joaquín

Joaquín tenía 18 años cuando se convirtió en rey en Jerusalén. Su reino solo duraría 3 meses (versículo 8). Él no sirvió al Señor (versículo 9).

Nabucodonosor de Babilonia subió contra Jerusalén durante el reinado de Joaquín, y sitió a la ciudad (versículo 10). Joaquín se rindió ante Nabucodonosor, y fue hecho prisionero (versículo 12). Babilonia se llevó todos los tesoros del templo y del palacio real. Tomaron los utensilios de oro que Salomón había hecho para el templo (versículo 13). Todo esto le había sido profetizado a Salomón en 1 Reyes 9:6-8. Nabucodonosor se llevó cautivos también a los oficiales, soldados, artífices y artesanos de Judá. Un total de 10,000 personas calificadas fueron sacadas de la ciudad y llevadas con él a Babilonia, para que sirvieran a Nabucodonosor. No quedó nadie, excepto los pobres del pueblo de la tierra (versículo 14). Joaquín, sus esposas y sus oficiales también fueron hechos cautivos, y llevados a Babilonia (versículo 15).

Nabucodonosor puso a Matanías, el tío de Joaquín, como rey en lugar suyo. Le cambió el nombre de Matanías a Sedequías. No queda claro por qué Nabucodonosor le cambió el nombre a Matanías. Su nombre significaba "don de Dios". Sedequías significaba "justicia de Dios". Tal vez Nabucodonosor quería que el pueblo supiera que él era el instrumento que Dios estaba usando para traer un juicio justo contra Su pueblo.

Sedequías

Matanías (o Sedequías) tenía 21 años cuando se convirtió en rey. Gobernó en Jerusalén durante 11 años (versículo 18). No sirvió al Señor (versículo 19). Sedequías incluso se rebeló contra el rey de Babilonia.

Por causa de la rebelión de Sedequías, Nabucodonosor invadió Jerusalén. Acampó fuera de la ciudad y construyó rampas de asalto contra ella (25:1). 5 meses después, el hambre dentro de la ciudad se había agravado. El pueblo no tenía alimentos que comer (25:3).

Sabiendo que no sobreviviría dentro de la ciudad, el pueblo abrió una brecha en el muro y escapó a través de ella en la noche. Todo el ejército se escapó a través de esa brecha en el muro, y huyó hacia la región de Arabá (25:4). La fuga fue descubierta, y Babilonia los apresó en las llanuras de Jericó (25:5). Sedequías fue capturado y llevado al rey de Babilonia. Por su rebelión, los hijos de Sedequías fueron degollados delante de él, y a él le sacaron los ojos. Hicieron esto para que la última cosa que Sedequías viese fuese la muerte de sus hijos. Lo ataron con cadenas de bronce, y lo llevaron a Babilonia.

Luego, Nabuzaradán, el capitán de la guardia de Nabucodonosor, fue a la ciudad de Jerusalén y quemó el templo, el palacio real y todo edificio importante de la ciudad (25:9). El ejército babilonio derribó el muro que protegía a la ciudad (25:10). El pueblo que quedaba en ella fue tomado y llevado al exilio en Babilonia (25:11). Solo quedaron algunos de los más pobres, para que se encargaran de los viñedos y de los campos (25:12).

Los babilonios quebraron las columnas de bronce, las basas y el mar de bronce que estaban en el templo, y se llevaron todo el bronce a Babilonia (25:13). Tomaron también los calderos, las paletas, las despabiladeras, los cucharones, los incensarios y los aspersorios que se usaban para la adoración al Señor (25:14-15). No fue una tarea fácil trasladar hasta Babilonia todos esos artículos. El peso de las columnas de bronce, las basas y el mar era tan grande, que no se pudo calcular. Cada columna medía 8,1 metros de altura. Los capiteles de bronce que estaban encima de ellas medían 1,3 metros y estaban decorados con granadas de bronce talladas en todo su perímetro.

Nabuzaradán hizo prisioneros al primer sacerdote Seraías, y al segundo sacerdote Sofonías, así como a 3 guardas de la vajilla (25:18). También tomó al oficial que tenía a su cargo los hombres de guerra, a 5 consejeros del rey, al secretario que llevaba el registro de la gente del país, y a 60 hombres más. Los llevó consigo a Babilonia, donde fueron ejecutados (25:19-20).

Gedalías

Nabucodonosor nombró a Gedalías como gobernador del pueblo que había quedado en la tierra (25:22). Cuando el pueblo que había quedado escuchó que Gedalías había sido nombrado gobernador, vinieron a él en Mizpa (25:23). Entre los que fueron a reunirse alrededor de Gedalías había oficiales militares. Entre ellos estaban

Ismael, Johanán, Seraías, y Jaazanías, así como sus hombres. Gedalías les hizo juramento, y les aseguró que no tenían que temerle a Babilonia. Mientras sirvieran al rey de Babilonia, todo iría bien con ellos (25:24).

Pero al séptimo mes de estar gobernando Gedalías, Ismael fue con 10 hombres y lo asesinó, así como también asesinó a algunos hombres de Judá, y a los babilonios que estaban con él en Mizpa (25:25). Esto provocó gran pánico entre el pueblo, que tuvo temor de las represalias de los babilonios. Los que quedaban en la tierra decidieron huir a Egipto, para protegerse de Babilonia (25:26).

Lo que resulta extraño es que, muchos antes de que todo esto aconteciera, el pueblo de Dios había sido rescatado de Egipto. Allí habían sido esclavos. Ahora regresaban a Egipto. Esto demuestra que su confianza no estaba depositada en el Señor Dios, sino en Egipto.

En Babilonia, tras 37 años de exilio, Evil-merodac se convirtió en rey. Él liberó a Joaquín de la prisión (25:27). Evil-merodac y Joaquín disfrutaron de una buena amistad. Joaquín recibió más honra que todos los demás reyes que estaban en Babilonia. Sus vestidos de prisionero fueron quitados y comía con frecuencia de la mesa de Evil-merodac (25:29). Evil-merodac incluso le concedió una pensión diaria mientras vivió.

El pueblo de Dios atrajo sobre sí la ira de Dios por causa de su constante negativa a honrarle y a obedecer Sus mandatos. Pagó el precio por su rebelión y perdió todo lo que Dios le había dado. Su tierra, su templo, y sus hogares, estaban ahora en manos enemigas. Era siervo de un rey extranjero. Pero Dios no lo abandonaría para siempre. Incluso en el exilio recibiría señales de Su presencia y bendición.

Para meditar:

- A algunos de los reyes y líderes de este período de la historia de Judá les fue difícil aceptar la disciplina de Dios, y se rebelaron contra Babilonia. ¿Alguna vez ha tenido usted dificultad para aceptar la disciplina del Señor?
- ¿Qué aprendemos aquí acerca de los límites de la paciencia y de la oferta de perdón de Dios? ¿Estará siempre disponible Su oferta para nosotros?
- El pecado y la rebelión de Judá provocaron que perdiera todas sus bendiciones. ¿Qué ejemplos hay de esto en su sociedad o en su vida personal?
- ¿Por qué las bendiciones que recibió Joaquín son una evidencia de la presencia de Dios en medio de Su pueblo, aun en el exilio? ¿De qué manera constituye esto un aliento para usted, en medio de las pruebas que tenga que atravesar?

Para orar:

- Pídale al Señor que lo ayude a estar dispuesto a someterse a Su disciplina en su vida. Agradézcale, porque Su disciplina siempre es por nuestro bien.
- Agradézcale al Señor por Su paciencia, y por ofrecernos Su perdón.
- Agradézcale al Señor por estar con nosotros, aun cuando tiene que castigarnos o disciplinarnos.
- Pídale al Señor que le restaure aquellas cosas que le hayan sido quitadas por causa del pecado.
- Pídale al Señor que lo ayude a aprender la lección que Él quiere que usted aprenda, antes de que sea demasiado tarde.

Distribuidora De Libros
"Lumbrera A Mi Camino"

Lumbrera a mi camino (LAMC) es un ministerio dedicado a la redacción, publicación y distribución de libros, y tiene como objetivo ayudar a los obreros cristianos necesitados en Asia, América Latina, y África. Muchos obreros cristianos que trabajan en países en vías de desarrollo no tienen acceso a los recursos necesarios para obtener entrenamiento bíblico, o para adquirir materiales para el estudio bíblico para sus ministerios, o para su motivación personal. F. Wayne Mac Leod es miembro de los Ministerios Acción Internacional, y ha estado escribiendo libros con el objetivo de distribuirlos de forma gratuita, o a precio de costo, entre pastores y obreros cristianos necesitados en todo el mundo.

Hasta la fecha, decenas de miles de libros se han estado usando para predicar, enseñar, evangelizar, y exhortar a creyentes locales en más de 60 países. Muchos de esos libros han sido traducidos en varios idiomas. La meta es que el mayor número posible de creyentes pueda acceder a ellos.

El ministerio de LAMC es un ministerio basado en la fe, pues confiamos en el Señor para obtener los recursos necesarios y así poder distribuir libros que sirvan de aliento y fortaleza a los creyentes de todo el mundo. Le rogamos se sume a nuestras oraciones, para que el Señor posibilite la traducción y posterior distribución de estos libros.

Si desea saber más sobre "Lumbrera a mi camino", sírvase visitar nuestro sitio web en www.lighttomypath.ca